Diários

Diários
1935-1936

Eunice Penna Kehl

Maria Rita Kehl (POSFÁCIO)

Copyright da edição, do posfácio e das notas © 2022 by Chão Editora

CHÃO EDITORA
EDITORA Marta Garcia
EDITOR-EXECUTIVO Carlos A. Inada

CAPA, PROJETO GRÁFICO E DIAGRAMAÇÃO Mayumi Okuyama
PREPARAÇÃO Márcia Copola
REVISÃO Cláudia Cantarin e Carlos A. Inada
PESQUISA ICONOGRÁFICA Antonio Kehl
FOTOS Arquivo da família
TRATAMENTO DE IMAGENS Antonio Kehl e Jorge Bastos
PRODUÇÃO GRÁFICA Jorge Bastos
TRANSCRIÇÃO DOS DIÁRIOS Camilla Liberali da Silva Ramos

DADOS INTERNACIONAIS DE CATALOGAÇÃO NA PUBLICAÇÃO (CIP)
(CÂMARA BRASILEIRA DO LIVRO, SP, BRASIL)

Kehl, Eunice Penna
    Diários : 1935-1936 / Eunice Penna Kehl ;
    Maria Rita Kehl (posfácio). – 1. ed. – São Paulo : Chão Editora, 2022.

    ISBN 978-65-80341-08-5

    1. Diários 2. Experiências – Relatos 3. Kehl, Eunice Penna
4. Mulheres – Biografia 5. Relatos pessoais II. (posfácio), Maria Rita Kehl.
II. Título.

22-130587   CDD-920.72

Índices para catálogo sistemático
1. Mulheres : Diários : Biografia 920.72
Aline Graziele Benitez – Bibliotecária – CRB-1/3129

Grafia atualizada segundo as regras do Acordo Ortográfico da Língua
Portuguesa (1990), em vigor no Brasil desde 1.º de janeiro de 2009.

chão editora ltda.
Avenida Vieira de Carvalho, 40 — cj. 2
CEP 01210-010 — São Paulo — SP
Tel +55 11 3032-3726
editora@chaoeditora.com.br | www.chaoeditora.com.br

Sumário

7 Nota do editor

9 DIÁRIOS

331 Posfácio
Maria Rita Kehl

389 Notas

NOTA DO EDITOR

Eunice Penna Kehl escreveu diários de forma sistemática entre 1935 e 1970. A família tem guardados catorze cadernos manuscritos, que foram transcritos e digitalizados. Alguns cadernos registram os dias de um único ano, como é usual na maioria dos diários. Outros são *Five Year Diaries*, que trazem cada página dividida em cinco partes, cada espaço correspondendo ao mesmo dia do mês, ao longo de cinco anos. O caderno de 1937 e o *Five Year Diary* que vai de 1943 a 1947 não foram encontrados pela família. Podem estar perdidos. É possível também, mesmo que improvável, que Eunice não tenha escrito durante esses anos, ou que tenha destruído os volumes.

Nesta edição estão reproduzidos na íntegra os dois cadernos inaugurais, de 1935 e de 1936 — foram mantidas, inclusive, as anotações das contas pagas que Eunice, como boa dona de casa, fazia com regularidade, na alegria e na tristeza. Ela tinha 34 anos quando começou a fazer registros nos diários. Nesses dois cadernos, além de registrar o cotidiano miúdo e revelar um delicado senso de humor, Eunice abre espaço para digressões e expõe mais abertamente sua intimidade, seus desejos, alegrias, frustrações e, em especial, sua dor profunda.

Ao longo do tempo, e superando a dor, ela passa a se concentrar principalmente no registro das atividades do dia a dia.

Como a leitora e o leitor verão, a escrita acabou por se tornar uma necessidade incontornável para Eunice. No final de 1936, ela diz que não voltará a escrever, para em seguida acrescentar, em adendo datado de 1939: "Escrevi *nunca mais* e não o devia ter feito. Já escrevi mais dois anos e pretendo continuar a escrever". Ela foi mesmo adiante, disciplinadamente, até 1970.

Diários

1935

Meu Diário

1935

_ Ultimo ano de felicidade completa, quando eramos ainda quatro: Renato, Eunice, Victor Luis e Sergio Augusto. _

1935
MEU DIÁRIO

1935

Último ano de felicidade completa, quando éramos ainda quatro: Renato, Eunice, Victor Luis e Sergio Augusto.[1]

13 março-1935

Tencionei iniciar estas anotações no dia 1.º do ano. Não o tendo feito, porém, neste dia, fui adiando, adiando e só hoje, resolvi fazê-lo. Bem sei que isto não me recomenda muito quanto a minha força de vontade e decisão, mas... isto é um mal de família e o simples fato de eu hoje aqui estar, de pena em punho, representa uma grande vitória sobre estes dois graves defeitos.

14-3-935

Hoje fomos jantar com China. Renato e os meninos tomaram banho de mar. Eu não o fiz, porque Renato não foi de automóvel e não pude levar minha roupa como tencionava.

15-3

Levei os meninos ao Liceu Francês, mas as aulas só começam no dia 18.

O bombeiro veio consertar o cano da mina. Passei metade do dia cosendo, nervosa e triste sem motivo. Irritei os meninos. Coitados! Não tenho motivos para estar alegre, mas vou procurar o meio de o ficar.

16-3

Manhã cheia. Ondina chegou para passar um mês no Rio. Ela muito gorda, Victor Lacombe com as mãos cheias de eczema, Claudio anão, Lucio insuportável e lindo, Cezar feio e estrábico. Mamãe, Julinha e Marina almoçaram comigo. Celina jantou. Tudo por tabela, mas, está certo!

O bombeiro não veio. Chegou ração para galinha.

17-3

Dia pau! Renato mais pau ainda! Irritante! Resultado: todos nós nos tornamos irritados. Vesti os meninos e levei-os para ver *Meu coração te chama*. Gostaram muito. Duas horas de prazer entre muitas de aborrecimento. Viva Jan Kiepura!

Não houve reunião de família, não sei por quê.

18-3

O bombeiro já consertou o cano do tanque e o jardineiro endireitou o jardim. Tudo em ordem.

Os meninos foram hoje ao colégio. Gostaram muito. Victor Luis fez um bonito, pois, entre trinta e dois alunos, foi o único que soube responder às perguntas do professor. Estou contente!

Nada mais a registrar de importante. A nova GE chegou.

19-3

Escrevi hoje à Olga. Registro o fato, para ver quanto tempo ela vai levar para me responder. Fui à casa de Maria e lá encontrei Ligia. Conversamos muito sobre eugenia e religião. Maria ainda está zangada com Renato, por causa dos pernambucanos. Renato terá que ceder, porque eles já fazem parte da família.

Julinha está doente e os filhos também.

20-3

Fui visitar Julinha. Eduardo está doente com gripe e ela aflitíssima como sempre. Lá estiveram Ligia e Ondina. Mamãe me pagou 27$000 da loção curativa. Vai para a fazenda sexta-feira. Papai lá está só e abandonado gozando o prêmio da asneira que fez. Está tudo errado!

21-3

Hoje foi dia dedicado aos carrapatos. Gastei horas com as empregadas a limpar paredes e ladrilhos com fogo, água quente, gasolina e Flit. Baiaco contaminou copa, cozinha, varanda e até o *hall*. A limpeza foi completa. Espero exterminar a praga. Assisti hoje a uma chuva espantosa! Chuva de "corda"! Renato e meninos chegaram tarde. O jardineiro plantou as heras portuguesas. Não fui à GE.

22-3

Passei o dia em casa, cosendo. O Kaelble chegou da Europa e parece que trouxe boas notícias. Pretendem fundar a firma brasileira, entrando Renato como sócio. Bom? mau? Não sei. Nunca se pode confiar na sinceridade desta gente.

Renato está se sentindo muito bem de saúde, cousa rara.

23-3

Luiz Antonio limpou o jardim do 34. Ainda não fui ver. Passei a manhã na cozinha preparando jantar para Ondina e Victor Lacombe. Pretendia sair à tarde, mas Victor Luis ficou com febre, fez-me uma série de malcriações; eu chorei e não pude sair, porque fiquei com os olhos vermelhos. Quando acabarão estas cenas? Idade? Falta de jeito meu?

O Kaelble ainda não falou com Renato.

Espero acabar bem o dia, proseando com Ondina e Victor Lacombe. Sergio está com um tumor embaixo do braço, tomando Cariogon.

24-3

Victor e Ondina jantaram ontem conosco, mas foram-se cedo para ver padre Resende, que os foi visitar.

Hoje cedo rasgamos o tumor do Sergio, que mostrou-se bem valente. Depois fomos levar Baiaco ao banho de mar. Uma tragédia!

Victor Luis já está bom da gripe, mas não foi ainda ao passeio que fizemos ao Leblon, Copacabana, etc. Levamos Ondina e Victor, que apreciaram muito o passeio. O dia foi calmo e acabou-se bem.

25-3

Fui hoje cedo com os meninos à cidade, encomendar os uniformes. Seis — 980$000! Já estão ambos curados. Levei-os ao colégio. Fui até ao Leme levar o Serra e voltamos para almoçar em casa. À tarde cosi e à noite fomos ao Alhambra assistir um belo *film* sobre a vida de Chopin.

Os alemães estão vencendo!

26-3

Ando mais ou menos nervosa e irritável. Hoje saí para me distrair. Fui ver Julinha e trouxe de lá, para Ondina, um bolo que Helena fez. Ficou muito artístico. Pena que ela gaste sua habilidade em cousas comíveis e... digeríveis. Sinto-me gripada.

Visitei João que ainda está adoentado.

27-3

Escrevi hoje cedo à Cecilia, pedindo que venha tratar do marido.

Tive um dia insípido. Gasto a manhã a lidar, ou antes, a lutar com os filhos para estudar, tomar banho, etc. O Serra veio almoçar. Trouxe-me um estudo sobre a filosofia positiva do Comte, escrito por Lévy-Bruhl. Comecei a ler agora.

Durante o dia li as vidas amorosas de Musset e Chopin, ambos enfeitiçados pela mesma mulher, George Sand. Duas de suas muitas vítimas.

Cosi um pouco e lá se foi mais um dia.

27-3
Divagações

Bem vontade tenho eu de saber escrever. Gostaria imenso de me impor a admiração e respeito de toda gente por este dom, espalhando ideias, mas boas ideias. Não sei por quê, nem em que me baseio para esperar que, futuramente, serei uma grande escritora. Nada, por enquanto, revela em mim esta tendência, a não ser uma sensação, ou antes, uma intuição muito íntima de que isto vai acontecer um dia. Não me esforço, contudo, para cultivar esta ideia e dar-lhe um sentido prático, pois raramente pego na pena para divagar, como ora estou fazendo. Sinto, às vezes, um grande desejo de o fazer, mas falta-me coragem. Não posso ainda precisar minhas ideias sobre os vários assuntos que me preocupam, porque não me sobra tempo para meditar. A mulher não pode dedicar-se à literatura, sem prejuízo para suas obrigações. A vida doméstica nos absorve a tal ponto, que é quase impossível termos sequência em nossos pensamentos. O materialismo, a banalidade das ocupações femininas combina tão pouco com as preocupações intelectuais, que já me conformei com a ideia de não pensar mais em escrever tão cedo. Outra cousa me afasta também da vida literária. Não creio que um casal possa ser feliz, quando marido e mulher lutam no mesmo campo de competições. O homem raramente se conforma com o sucesso literário da esposa, por mais que a ame. É um sentimento tão natural, tão humano e tão... masculino, que creio não poder escapar à regra. Para que o orgulho masculino nada sofresse com isto, seria necessário, que o marido fosse um espírito de uma superioridade fora do comum, ou um simples "joão-ninguém" que ficasse satisfeito em ser o "marido de fulana de tal" e nada mais.

Compreendo muito bem tudo isto e prezo muito minha tranquilidade e harmonia conjugais para tentar a experiência.

Não só Renato não se sentiria feliz, como os filhos teriam que sofrer as consequências do desvio de minhas ocupações. Raciocinando assim, é que pude fugir à tentação que me assaltou, três anos atrás, quando ainda existia *A Colmeia*. Se eu tivesse perseverado naquela ocasião, teria feito hoje progressos bem aproveitáveis.

Mas, apesar da renúncia, continua no meu subconsciente a ideia fixa de que um dia, ainda remoto, serei uma grande escritora. Por quê? Eu mesma não sei responder com segurança, pois que ao lado desta convicção, um sentimento de inferioridade e incapacidade me persegue sem tréguas. Este sentimento me foi incutido em criança, por um vício de educação muito comum. Poderei vencê-lo, adquirindo confiança em mim mesma com o correr do tempo?

Outro motivo me leva também a adiar o início de uma vida literária. A mulher é muito individualista quando escreve. Levada sempre pelo sentimento e, já pela sua própria natureza, ela é incapaz de objetivar completamente suas ideias. Raramente leio uma página feminina que me agrade. Tenho a impressão de que ela não ultrapassa as páginas do livro que escreve. Quando muito pode atingir um outro coração de mulher e nada mais. Meu desejo seria abranger horizontes mais largos. Trazer benefícios à coletividade, esclarecer, orientar, melhorar. O banal me enerva.

Mas de que maneira conseguir tão alto objetivo, se nada em mim parece confirmar este ideal tão alto?

Mesmo assim, prefiro não alcançá-lo, por muito elevado, do que conseguir um mais baixo.

Eis por quê, vou adiando a realização deste grande, imenso desejo, que talvez nunca chegue a ser executado. Acalentá-lo não equivale, porém, [a] vivê-lo a meio?

28-3

Nada hoje a registrar, a não ser a nova carta que escrevi à Cecilia, pedindo-lhe que venha.

Estou resfriadíssima; no período agudo em que se fica desprezível. Passei quase todo o dia deitada e à tarde consertei uma porção de meias.

Li um livro de Júlio Verne, no qual ele expõe as doutrinas socialista, anarquista e comunista, mostrando a insanidade de todas elas, incapazes de trazer benefícios satisfatórios quando postas em prática. Grande espírito e imortal o de Júlio Verne, votado à admiração imorredoura dos homens, sempre tão humano e atual.

29-3

Ninguém tem culpa de que uma pessoa coma uma coxinha de galinha engordurada, mas aqui em casa toda a família sofre, quando Renato se lembra de a comer. Fica impertinente e o Victor Luis é a vítima de sua má digestão. Escrevi novamente à Cecilia. Estou com pena dela. Falei com João, que vai só para a fazenda e depois irá a São Paulo. Sinto-me gripada e abatida. Passei o dia lendo a "filosofia positiva" para ter uma noção justa do pensamento do grande Comte. Lévy-Bruhl, autor do livro, é um ótimo expositor, claro e conciso, duas qualidades que raramente se encontram juntas.

Tenho grande empatia pelo positivismo, mas, no geral, não gosto do que escrevem os positivistas. Sua linguagem não me agrada com a mania que têm de escrever numa ortografia arrevesada e usar as datas do calendário positivista. Ao demais, ler um é ler todos. No seu fanatismo pelo mestre, escrevem sempre as mesmas frases, têm todos as mesmas ideias.

Um livro como o de Lévy-Bruhl é cousa rara. Estou encantada com sua leitura e adquirindo outra compreensão da doutrina filosófica de Comte, cujo espírito genialmente superior é incontestável. "A lei dos três estados" que é uma concepção tão lógica, tem sido acerbamente criticada, talvez por pessoas que jamais tenham lido seu autor. É uma filosofia tão simples e clara, que desconfio ser este o motivo da aversão que lhe votam.

Os homens só apreciam o que é absurdo e incompreensível. Só admiram quem escreve ou fala o que eles não entendem. Deriva isto de um vício de educação metafísica que há séculos perverte o espírito humano, desviando sua compreensão das cousas as mais banais. Só o tempo poderá remediar tal estado de cousas.

A anarquia de ideias que assola o mundo não é mais do que o desequilíbrio causado pelo conflito intelectual entre as concepções metafísicas e as verdades positivas impostas pelo progresso das ciências. A humanidade se acha desorientada, pois falta-lhe uma unidade de doutrina capaz de pôr cobro a este conflito. Como é impossível ao espírito humano retrogradar até a Idade Média, época de um completo equilíbrio intelectual, moral e religioso, porque para isto, ele teria de eliminar de suas cogitações todo o progresso da ciência, — não temos outro remédio senão esperar o advento de uma doutrina mais positiva que venha trazer novamente ao homem a paz de que tanto necessita.

Este o grande sonho de Comte, que aos poucos vem se realizando, sem lutas nem sangue, mas pela evolução natural dos espíritos.

Toda reforma que se vem fazendo no mundo, sob que rótulo seja imposta aos homens, é um novo passo para o estado positivo ideado por Comte. Isto porque sua doutrina não é mais do que o "bom senso sistematizado" e a humanidade, apesar dos percalços, caminha para um aperfeiçoamento lento, mas incessante.

30-3

Este mês está custando a acabar. Hoje foi um dia insípido para mim. Gripada como estou, passei-o deitada ou lendo. Sinto-

-me nervosa, abatida, impaciente, sem encontrar solução para vários problemas da minha vida. Nada tenho, pois, a registrar de interessante.

30-3
Divagações

"Não tentes medir com palavras o incomensurável, nem mergulhar a ronda do pensamento no impenetrável. O que interroga busca ilusão, o que responde engana." É sábio o provérbio, é justo o conselho e só poderia ter sido ditado por uma perfeita sabedoria.

O homem vem buscando, em vão, resolver o problema das causas primeiras e finais. Todo o seu esforço se resumiu, até hoje, na formação de doutrinas metafísicas, sem base na experiência, ditadas pela sua imaginação e amor ao maravilhoso.

No despertar de sua consciência o homem primitivo procurou explicar os fenômenos da natureza, para ele incompreensíveis, emprestando aos mesmos faculdades iguais às suas, sendo as suas próprias sensações o único campo de observação de que dispunha.

Daí a crença em um deus ou deuses, peculiar à infância da humanidade, único "sistema filosófico" capaz de satisfazer uma mentalidade primitiva, por ser também o único que dispensa premissas, isto é, uma hipótese ou dados científicos sobre os quais se pudesse basear. É uma crença espontânea, inerente à própria natureza humana e à ignorância das leis naturais que regem o mundo. Esta crença além de inevitável, foi de grande benefício para a humanidade nos primórdios de sua existência, pois ajudou-a a vencer inúmeras dificuldades, graças à convicção de que suas preces e dádivas poderiam facilmente demover as divindades, mudando assim o curso dos acontecimentos seguindo o desejo de cada um.

Só muito mais tarde puderam os homens aceitar o mundo tal qual ele é, regido por leis inflexíveis e imutáveis, não tendo eles para quem apelar, senão para sua própria inteligência, para solucionar os inúmeros problemas que a vida em comum exige. Esta transição, porém, não foi brusca. Fez-se e vai se fazendo aos poucos, até que passe o estado metafísico e abstrato em que vivemos ainda, para o estado positivo ou científico.

E o mundo caminha para lá em passos largos! Um simples olhar na nossa história bastará para verificar-se como está longe a era dos milagres... Como o século xx é exigente na demonstração científica dos mais simples fatos e dos fenômenos os mais complexos!

31-3
Último dia do mês; domingo de tédio, tédio, tédio! Foi no que consistiu o dia. Tédio, por quê? Nem eu sei. Fomos ao cinema ver Kay Francis. Melhora passageira, mas o mal cá está novamente. Só desejo que chegue a hora de dormir. Quem sabe amanhecerei melhor?

31-3
Divagações

Escrever parece fácil; no entanto quando releio o que escrevo e vejo a banalidade de minhas frases em contraste com meus pensamentos que sinto tão profundos, expostos em termos inexpressivos e frios, fico desanimada. Por que razão não posso transmitir ao papel aquilo que sinto em mim tão vivo e forte? Talvez seja ainda cedo para cogitar de assuntos que não alcançaram meu subconsciente, para onde vão os conhecimentos adquiridos após longa assimilação. Minha memória é fraca por falta de educação, pois minha instrução foi das mais rudimentares. Depois dos trinta anos, quando se deu a minha emancipação intelectual, é que comecei a ler e ter contato com os grandes espíritos. Vivo, até hoje, num deslumbramento, descobrindo cada dia um pedaço deste mundo, para mim inteiramente novo: o mundo do pensamento humano.

Tenho, contudo, uma ótima qualidade: sou *ruminante*. Quando um assunto me interessa disseco-o mentalmente, o que me permite guardar alguma cousa do muito que tenha lido. Mas como meus colóquios íntimos diferem do que escrevo! Muitas vezes sou mesmo incapaz de transmitir ao papel o que penso com a mais límpida clareza. Falta de hábito? Qual! Incapacidade da legítima! Mas, pouco importa! Hei de perseverar! Ninguém vai ler o que escrevo no meu diário, posso, pois, continuar até a verificação de que deva ou não prosseguir.

1-4-935

Primeiro de abril! Não fui enganada nem uma vez, nem mesmo por mim. Amanheci melhor humorada, depois de uma noite bem-dormida. Iniciei minha ginástica, depois de um mês de descanso.

Estou destreinada e cansei-me bastante. À tarde fui ver d. Antonieta e pagar a última conta do Victor Luis, 250$000!! D. Antonieta, como sempre, encantadora e muito nossa amiga. Renato está resfriado ou cousa parecida.

1-4

Divagações

Hoje é o Dia da Mentira! Mas foi esse o dia que escolhi para tomar uma resolução verdadeira. Não direi inabalável, pois não creio que haja qualquer cousa inabalável neste mundo. Contudo minha resolução é bem firme e tanto mais firme porque resolvi registrá-la no meu diário, apesar do muito que vai me custar levá-la a termo.

Tenho um temperamento muito impulsivo e impaciente. Creio mesmo que sou muito intolerante para com os defeitos alheios, quando o "alheio" são os meus dois filhos.

Sempre fui muito aplicada e ordeira quando menina. Não posso perdoar aos meus filhos não o serem também. Não admito a transigência de um dever por menor que seja.

Até hoje tenho me preocupado muito com eles; esforço-me para que sejam cumpridores de suas obrigações, que tenham método, etc. Meus esforços são porém baldados. Não progridem um milímetro sequer. É preciso que eu constantemente lhes lembre o que devem fazer, ou mesmo acabe fazendo tudo o que lhes cabe executar.

Creio que andei errada até agora. É preciso deixar às crianças a noção de sua responsabilidade no cumprimento ou não cumprimento de suas obrigações. Tenho ajudado tanto meus filhos, que eles nunca se esforçaram por si sós, contando sempre com minha intervenção, minha constante vigilância e auxílio para que tudo ande nos eixos.

Minha resolução consiste, pois, em deixá-los entregues a eles mesmos, e sofrerem as consequências das próprias transgressões do dever.

Terei coragem para tanto? Tenho que me esforçar para prosseguir até o fim, sob pena de ficar doente dos nervos, mal que já se manifesta de maneira assustadora, tornando-me incapaz de fazer felizes os meus filhos, pelo excesso de minhas exigências.

Esta resolução tomada em 1.º de abril, precisa ser cumprida. Por que não agir como as outras mães? Por que desejar que as crianças sejam umas perfeições, exigindo delas mais do que podem dar?

Meu papel, de hoje em diante, será aconselhar, aconselhar sempre. Se quiserem agir, bem! Se não quiserem, que sofram as consequências dos erros cometidos. Não darei um só passo para resolver as dificuldades criadas por eles, pela preguiça ou descuido. Não sei se estou certa ou errada. O tempo e a experiência mo dirão. Mas o fator principal para o sucesso será minha energia e perseverança nesta resolução tomada... em 1.º de abril!

Conversei ainda hoje com d. Antonieta a este respeito. Ela não quer que eu abandone o Victor Luis. Sabe que ele não é capaz de se guiar sozinho. Sei disso muito bem e não pretendo me desinteressar dele completamente, mas tratá-lo de outra maneira, vigiando-o sem que ele o perceba. Sinto-me mais animada agora que resolvi não me preocupar muito com as cousas pequeninas e que tanto me enervam. A sugestão é uma grande força. O que não se consegue com ela? Creio que ela nos pode levar até a loucura.

Quantas infelicidades não resultam da mera sugestão de que somos infelizes? Sempre procuro usar desta força de forma positiva, isto é, afirmativa. Ela tem me valido de muito. Ai de mim, se não fosse a sugestão!

2-4

Tive hoje um dia calmo. Pela manhã recebi a visita de Kate, que veio buscar a mala que estava no porão do 34. Almoçou conosco e tivemos uma longa prosa. É culta e simpática. Espero fazer com ela boa camaradagem. Li o resto do dia. Li e pensei a ponto de ficar com a cabeça pesada.

Pus no lago 500$ de peixinhos coloridos que o Victor Luis comprou de um molecote. Acabei de pagar o Rony!

3-4
Fui à ginástica e acabei a aula com dor de cabeça. Voltei com Renato e continuei com dor de cabeça.

À tarde d. Carlina esteve aqui.

Renato recebeu carta de Ruth Ritter, pedindo uma colocação, pois pretende vir para o Rio com d. Joaninha. Acabei o dia aborrecida com as "estrepolias" do Victor Luis e com dor de cabeça ou cousa parecida.

4-4
Fiz alguns projetos hoje, que não pude realizar. Renato não trouxe o Serra, como estava combinado, não saiu com o carro, e eu só fui à casa de Ligia, aniversário do Fernando. Soube lá que China e todos os filhos estão doentes. Vou vê-los amanhã. Comprei duas meias [de] seda. Voltei, pelo Cassiano, com Ondina e Victor Lacombe. Cecilia escreveu-me. Nair veio limpar os vidros e encerará amanhã.

5-4
Hoje foi o dia das almofadas e travesseiros. Enchi os de Renato e as almofadas do escritório. Fiz jardinagem, arrumei a *garage*, cansei-me!

À noite fui ver *Chantage*. Bela fita. Tema banal, mas ótimos artistas.

Nair encerou a casa. Trabalha bem.

6-4

Pela manhã, ginástica. Depois algumas compras, corte de cabelo. Durante o dia fiz uma gelatina, tornei a encher os travesseiros de Renato. D. Antonieta não pode vir almoçar amanhã. Pena! Vou ver se faço a reunião da família aqui amanhã. Sergio recebeu uma medalha de comportamento e aplicação, além de um grande elogio da professora.

7-4

Dia calmo. Renato foi à Urca com os meninos. Durante o dia, levei-os a ver *Ali-Babá e os quarenta ladrões*, e tomar sorvete na Brasileira. O Sergio fardou-se de branco e estava todo prosa. À tarde a família reuniu-se aqui. Reunião calma e agradável, sem crianças. Falou-se sobre maridos, filhos, modas, cinemas, fazenda, papai, caso de Cecilia. Nada de interessante! Quando saíram a casa ficou toda em ordem.

8-4

Hoje às dez horas, cá esteve o sr. Santos para me vender os aparelhos Electrolux. Comprei a enceradeira e o aspirador para pagar 95$ por mês. Já estamos bem atrapalhados, mas fiz esta nova asneira. Fui à ginástica, apesar da chuva. A cidade estava intransitável por causa da posse do Pedro Ernesto. Voltei com Renato e levei em casa a Elza, nossa pianista. Gosto dela. Estou cansada e com sono. Escrevi à Cecilia e mamãe.

9-4

Dormi mal e amanheci cansada. O dia não foi nem mau, nem bom. Insípido. Logo cedo aborreci-me, porque Renato resmungou, *à cause de l'argent* [por causa de dinheiro]. Perdi metade da graça de o receber. Durante o dia estreei a enceradeira e o aspirador na limpeza do escritório. Considero asneira tê-los comprado. Não sinto falta destas cousas. Minha casa é limpa e está sempre em ordem. Dá tanto trabalho convencer as criadas da utilidade dos aparelhos e o seu manejo é tão difícil para elas, que desanima-se logo. Cosi um pouco e li. Nada de novo.

10-4

Fiz hoje uma ginástica ótima! D. Lotte estava nos seus bons dias. Fui depois à chapeleira comprar um chapéu branco que custou 70$. Diz ela que é sisal muito fino. Comprei também um preto e mandei reformar três.

Voltei com Renato. Passei o dia cosendo. À noite fomos ver Grace Moore. Muito boa fita.

11-4

O Serra almoçou hoje conosco. Depois fui à cidade comprar o presente de Nair Carvalho. Meu chapéu ficou bom. Assisti uma aula da GE dada pela d. Adassa. Depois fui me encontrar com Renato e Victor Luis para ir ao dr. Brito Cunha. Recebeu-nos com muita amabilidade. Tenho a impressão de que ele é pirata! Fomos ver o escritório de Penna e Franca.

12-4

Nada de novo hoje. Fui à cidade comprar uma luva preta. Encontrei-me com Renato e fomos ao mercado comprar frangos, machadinha, cabides, escovas, potes, etc. Durante o dia proseei com d. Carlina e à tarde fui visitar Laura Lacombe que fez anos.

Renato saiu à noite para representar a Bayer numa festa. Vou dormir.

13-4

Tive hoje um dia cheio. Pela manhã ginástica. Fui de *bond*. A aula foi boa e alegre. Depois do almoço levei Victor ao dr. Brito Cunha. Examinou também meus olhos, mas não conseguiu acertar com o grau. Terei de voltar lá terça-feira. Continuo a considerá-lo pirata, e dos bons! Tomamos chá no Colombo. À noite fui com Renato à Cultura Artística, assistir um concerto de harpa de Lea Bach. Admirável! Estou cansada e zangada com Renato, por causa de sua estúpida aversão aos pernambucanos.

14-4

Deitei-me triste e acordei triste. Não consigo ou não sei demover Renato quando ele cisma com alguma cousa. Quanto menos razão ele tem, pior! Lógico! Fui só à casa de Julinha, aniversário dela. Toda a família, inclusive os seus novos membros pernambucanos. Kate lá estava. Continuo a gostar dela. Voltamos de *bond* juntas, proseando. Jantamos em casa hoje.

Victor Luis foi a uma excursão dos escoteiros em Niterói. Divertiu-se muito, andou a cavalo, seu *sport* predileto.

Deitei-me cedo.

18-4

Desde o dia 14 não tomei mais minhas notas. Distraí-me com o Cirano, que chegou de São Paulo. Dia 15 não fui à ginástica, mas saí à tarde para assistir *Cleópatra*. Formidável! No dia 16 Cirano almoçou e jantou conosco. Estava hospedado no Palace Hotel. Lá ficou dois dias e hoje veio morar aqui. Ontem fomos jantar com ele e depois vimos *A família Barrett*, trabalho admirável de Norma Shearer, Fredric March e Laughton. Durante o dia estive no dr. Brito Cunha, para ver os olhos. Ainda não acertou ou não quer acertar o grau, fazendo-me voltar lá mais vezes do que é preciso.

Hoje não saí de casa. Passei metade do dia proseando com Serra Netto e Cirano e a outra metade passei pensando em comida para o pessoal. Os meninos estão de férias desde ontem, por causa da Semana Santa. Cristo ainda atrapalha a vida de muita gente. Dr. Leôncio está no Rio.

22-4

Há dias não encontro tempo para tomar notas. A estadia de Cirano nos distraiu bastante. Sexta-Feira da Paixão, almoçamos no Lido com Cirano, depois de uma longa excursão pela Lagoa e visita ao nosso terreno, onde tiramos algumas fotografias. À noite dr. Leôncio jantou conosco e contou muita prosa. Sábado não saí de dia. À noite fomos ao cinema. Neste dia o jardineiro cortou as espirradeiras. Renato cismou que estas plantas o fazem espirrar.

Domingo fomos ao banho em Copacabana. Durante o dia Renato e Cirano foram a Niterói tratar do caso do Paulino. Fui com os meninos à casa de Julinha, onde houve reunião. Frege-moscas, como sempre. Passei mal à noite. Hoje, segunda, foi um dia quase perdido. Acordamos às quatro e meia para levar Amélia, nossa cozinheira, ao hospital de Raul, onde deu à luz um menino. Coitada! Durante o dia dormi e à noite fomos levar Cirano à estação. Parece que ele partiu saudoso.

23-4

Continuo sem empregada. Por um *"tour de force"* fui ao dr. Brito Cunha. Tivemos uma longa prosa. Ele mostra e diz ter por mim grande admiração e demonstra-o em termos por demais calorosos. Sincero? Pirata? Não sei. O fato é que me fez voltar ao escritório mais vezes do que o necessário sob pretexto de que não acertava o grau com a perfeição desejada. Agora que tenho os óculos, evitarei encontrá-lo. É um homem perigoso!...

24-4

Tive a ideia [mãe] de chamar Clarinda para ficar comigo uns dias, até a chegada de Cecilia. Fiz o almoço e ela veio para o jantar. Não saí de casa. O dia foi chuvoso e triste. Mamãe convidou-me para ir ao cinema. Não pude ir, porque havia lavado a cabeça.

25-4

Acabei o dia com remorso por não ter feito nada, tendo muito o que fazer. Li, li, li. O *Livro de San Michele* é adorável. Aprendi muito da vida que foi intensamente vivida pelo autor. Apesar do seu otimismo, sinto um arrepio! A realidade é bem cruel. É preciso coragem para encará-la de frente. Há dois dias canto para esquecê-la e não pensar muito nela... Choveu e fez frio. Renato não está alegre. Sente-se doente. De quê?

26-4

Hoje o Kaelble falou com Renato sobre a formação da firma Bayer brasileira. Passei o dia apreensiva, na expectativa de um resultado desfavorável. Saí com ele depois do almoço. Fomos no hospital ver Amélia, que vai bem. De lá fui à casa de Julinha, onde lanchei. Depois visitei o Teddy que se acha adoentado. Quando voltei soube que a combinação com o Kaelble estava mais ou menos resolvida para bem.

27-4

Fui à ginástica apesar de uma noite maldormida, cheia de emoções. Acho-me nervosa e abatida. Tenho medo de mim mesma... Renato finge-se indiferente... Passei quase todo o dia deitada, sonolenta. Só à tarde espertei um pouco. À noite fomos ver o Teddy, debaixo de uma formidável tempestade. Voltamos cedo; ele estava ocupado com alunos.

28-4

Dia calmo. Almoçamos em casa. Renato saiu de manhã para passear de *bond*. À tarde fui ver Amélia e levei Clarinda. Depois estive em casa de Julinha. Voltamos para jantar e não saímos mais. Victor Luis não nos acompanhou. Foi ao cinema. Depois de deitar os meninos, proseamos um pouco e deitamo-nos cedo.

29-4

Serra Netto almoçou conosco. Fui à ginástica e voltei com Renato. À noite fomos a dois cinemas. Todas as fitas medíocres.

30-4

Clarinda foi-se hoje, para arranjar a casa para Cecilia. Estou novamente na cozinha, bem a contragosto. Acabo o dia sempre cansadíssima, louca para dormir. Não aguentaria, estou certa, uma vida de privações por muito tempo. Renato sabe disto, mas acha que gosto de trabalhar na cozinha.

1-5

Filhos e marido em casa. Dia feriado. Renato saiu para um passeio de *bond*. Victor Luis foi ao cinema, depois de uma cena regular de malcriações e desobediências. Fiz o almoço. Estou nervosa e abatida. Chorei sem motivo. Os maridos não gostam de mulheres histéricas e têm razão. À tarde estivemos em casa de mamãe. Voltamos para jantar em casa, sem criada! Cecilia chegou de São Paulo.

2-5

Ainda hoje não veio a Evangelina, como havíamos combinado. Pela manhã fiz uma limpeza em regra na varanda com carrapaticida. Victor Luis ajudou-me a lavar tudo com o aspirador elétrico, que tem um dispositivo para pulverizar líquidos.

Às onze horas fui preparar o almoço. Não saí para ir à ginástica, como era do meu projeto. Sou cozinheira e cozinheiras só fazem comidas.

3-5

Evangelina veio ontem à noite. Estou livre da cozinha. Hoje não saí. Lavei a cabeça e projetei coser o dia todo, mas fui obrigada a consertar um *manteau* de Ondina, que embarcou com armas e bagagens para Belo Horizonte. Fui lá à tarde. Estou descontrolada, com a impressão de que estão me afobando para fazer alguma cousa urgente, para a qual não acho tempo.

4-5

Serra Netto ontem almoçou conosco e depois Renato levou-o à cidade. O automóvel foi para a oficina. Fui à cidade depois da ginástica fazer algumas compras. Presentes para João, Elza, Lina. Ainda falta Celina. Meu dinheiro não chega para mim e ainda sou obrigada a dar presentes. Passei o dia ou quase a fazer doces e bolos. Que delícia!... À noite fomos ver *Êxtase*. Bom para fazer dormir.

5-5

Renato saiu para passear de *bond*. Eu, depois de lidar na casa, fui à ladeira do Ascurra procurar os filhos, que tinham ido assistir uma louca corrida de automóveis. Fiquei em casa do

Schlick, até que Renato me chamou para almoçar. À tarde recebemos a visita do sr. Ahrens, da Bayer. Fui ver Amélia no hospital, continua com piuria. Fomos também ver João que fez anos. Jantamos em casa e à noite fomos assistir *Deus*, no Municipal, ótima peça de Renato Vianna.

6-5

Manhã toda tomada com estudos dos filhos. Depois do almoço fui buscar meus óculos. Não me ajeito bem com eles. Dr. Brito Cunha diz que estão certos. Fui depois à ginástica e à chapeleira. Choveu torrencialmente. Voltei para casa de táxi. À noite não saímos.

7-5

Hoje foi um dia pau. Nair veio encerar, mas não sei por quê, tudo ficou atrasado. Quis que ela raspasse o quarto do Victor Luis. Não acertou e estragou bastante o assoalho. Trabalhei muito e estou cansada. Vou dormir bem cedo.

8-5

Outro dia pau e desperdiçado. Nada faço quando estão encerando a casa. Ajudei Nair e cansei-me. A única cousa útil que fiz foi ir à ginástica pela manhã. Fiz algumas compras e cheguei atrasada para o almoço. Renato e Serra Netto me esperavam. Amélia saiu do hospital e foi para casa.

9-5

Depois de um mês, consegui sentar na máquina e coser uns aventais. Durante trinta dias não achei tempo para isto, ou não tive disposição. D. Carlina esteve aqui. Tivemos longa prosa. Alegro-me de poder levantar o ânimo desta pobre criatura.

10-5

O dia foi bem aproveitado. Esvaziei minha caixa de costuras, consertando várias cousas que estavam ficando para as calendas gregas. Ajeitei minha camisola azul e fiz uma combinação. Não fui à festa da Elza, pois julguei que a reunião tivesse sido transferida para o próximo domingo. À noite fomos ao cinema.

11-5

Pela manhã fui à ginástica. Corri depois ao cabeleireiro e voei para chegar a tempo de almoçar com o Serra na pensão. Renato foi me buscar à uma hora. Passei o dia num *dolce far niente*. Fomos jantar com Cecilia, mas voltamos cedo, porque Renato foi à conferência do Verano. Às onze e meia ainda não tinha voltado. Não sei por quê, fiquei muito agoniada. Chegou e... foi ler os jornais.

12-5

Dia cheio o de hoje. Levantamo-nos cedo para ir a um *pic-nic* da Bayer.

O automóvel está infame. Mesmo assim fomos em uma hora até a Beneficência Alemã em Jacarepaguá, onde se realizou a festa, que foi muito cordial e alegre. Boa comida, fogos, bebidas e algumas bebedeiras. Alemão sabe divertir--se. As crianças gostaram muito do passeio. Às quatro horas voltamos, Renato com enxaqueca e o automóvel pior ainda.

13-5
Meus projetos de ficar em casa hoje fracassaram. Sabendo do aniversário de Beatriz, resolvi ir à cidade com Cecilia e ela, para oferecer-lhe um chá. Comprei-lhe um livrinho e um regador. Fiquei cansada e perdi meu dia. Compensou o prazer de estar com Cecilia.

Não fui à ginástica.

14-5
Hoje foi outro dia agradavelmente desperdiçado. Ligia ofereceu um chá às abelhas e a algumas amigas de Mariazinha, que embarca para Alegrete, onde passará um ano. Foi uma reunião alegre e uma surpresa para Mariazinha, que ignorava os planos de Ligia.

Fui depois ao hotel visitar o Verano, que não encontramos.

À noite Braulio veio aqui, renovar a letra dos 50:000$000.

15-5

Quarta-feira, mas primeiro dia útil da semana. Cosi uma camisola e cortei o vestido cinza que Renato me deu. Custei a ter coragem para pegar na tesoura. Ainda não estou certa se vai ficar bom. Estou sem prática e medrosa. É um sacrifício para mim ter de coser. Fico até nervosa. Tolice!

22-5

Passei vários dias sem olhar meu diário, sem motivo justo que releve esta falta. Nada tenho de interessante a registrar. Nossa vida tem corrido calma. Tenho cosido. Meu vestido ficou bom. Estreei-o no dia 20. Segunda-feira fui com ele à ginástica e fez sucesso. Ficou bom, posto que um tanto marcial. Andei apreensiva com Renato, que não tem passado bem. Convenci-o de ir ao dr. Uchoa Cintra, que lhe receitou um remédio para o simpático, de efeito espantoso. Logo na primeira dose ele ficou outro, animado e esperançoso, cheio de bons projetos para trabalhar. Ele precisa ter saúde para encarar a vida com otimismo. Nunca vi ninguém ficar tão abatido como Renato com qualquer distúrbio nervoso. O mal é contagioso, pois também fico nervosa posto que, não o mostre. Segunda-feira à noite fomos ver Marina, que se acha adoentada. Visitamos também d. Antonieta, com quem demos uma boa prosa. Victor Luis dormiu lá ontem, por causa de um formidável temporal que desabou sobre o Rio, causando danos e contratempo. Tenho ido à ginástica. Estou com quarenta e sete quilos e meio. Mais magra, não sei por quê.

23-5

Passei toda a manhã cosendo. À tarde fui ao curso levar a loção curativa para d. Delza. Assisti depois uma aula na GE. Fiz algumas compras e voltei com Renato. Nada de novo a registrar.

24-5

Aproveitei um *sweater marron* de Renato, que estava guardado há muitos anos e consertei-o para mim. Ficou muito bom. Fui com ele ver Berta Singerman na Cultura Artística. Esteve formidável. Serra Netto almoçou conosco. Renato está meio resfriado.

25-5

Fui cedo à ginástica. Parece que tenho jeito e graça para dançar. Pelo menos é o que dizem os outros. Na minha opinião nem jeito, nem graça. D. Nilza quer que eu dance na festa que vai dar no João Caetano. (?!) Tentarei ou não?

Fomos ver *Rumba*. Grau zero.

Renato não se sente muito bem hoje, o que me aflige bastante.

26-5

O domingo hoje foi calmo. Depois do almoço fui visitar Lucia, que fez anos, com o Sergio e Victor foi ao cinema. Já não acha graça em festas de criança. Foi encontrar-se depois comigo e voltamos os três para jantar em casa, onde Renato ficou só, gozando as delícias de um completo sossego.

27-5

Cosi toda a manhã e à tarde fui à ginástica, após ter estado no Banco Mercantil, onde fui buscar informações de um rapaz que está fazendo roda à Elza. Encontrei-me, por acaso, com Ruth Ignarra, que há anos não via. Quase não mudou. Voltamos com Renato de automóvel. Passando pela rua Sacadura Cabral, antiga Carvalho de Sá, ouvi gritar: papai! Era o Victor Luis que estava com um amigo proseando. Não houve tempo de parar e ele chegou depois de nós, como sempre atrasado para o jantar.

28-5

Renato vai ser obrigado a ir de avião até Recife para resolver um caso da Bayer. Fiquei muito emocionada com a notícia, pois, receio bastante estas viagens aéreas. Ele também está comovido com a proeza.

À noite fomos jantar com Celina que fez anos e reuniu toda a família. Voltamos cedo, pois Renato tem de embarcar amanhã às cinco e meia.

29-5

Passei uma noite de cão. Nunca fiquei tão aflita com uma separação como desta vez. Às três e meia acordei para aprontar o café. Às quatro e meia Renato partiu de automóvel com seu José.

Fui à ginástica cedo, almocei com China e à tarde fui ao cinema com Julinha. Depois estive com o Serra a quem contei que Renato tinha chegado à Bahia, o que muito o surpreendeu, pois ignorava sua viagem por avião.

Jantei em casa com os filhos e deitei-me às nove horas.

30-5

Passei uma noite ótima. Dormi dez horas! Reparei o tempo perdido na noite anterior. Estou mais tranquila, sabendo Renato em terra firme. O avião chegou a Recife às doze e vinte. Escrevi-lhe uma carta. Saí com as crianças para a aula da GE e depois levei-os para ver *Sequoia* uma fita ótima, representada por um veado e uma puma. As crianças gostaram demais. Voltamos para jantar muito tarde. Renato telegrafou que chegou bem. Vou dormir sossegada.

31-5

Dia calmo. Passei-o quase todo cosendo. Tia Dulce cá esteve para que eu fizesse um *kimono* para Lucia. As crianças chegaram tarde, porque foram ao Fluminense. À noite li pouco. Muitas saudades de Renato.

1-6

Fui à ginástica cedo. Almocei com o Serra. À uma hora cheguei em casa e cosi o resto do dia na reforma do meu *manteau*.

Recebi telegrama de Renato. Tudo bem.

Deitei-me cedo e dormi regularmente.

2-6

Acordei muito cedo hoje. Victor Luis com a ideia de ir à corrida de automóveis da Gávea, acordou às seis horas. Foi com China. Almocei com Julinha, visitei Cecilia e passei a tarde com China, onde fui buscar o Victor. O dia acabou triste com a morte trágica de Irineu Correa, o melhor de nossos volantes. O entusiasmo popular arrefeceu com o desastre e as corridas perderam o interesse. Cada ano morre um bravo, nesta estúpida corrida!

3-6

Acordei hoje bem-disposta. Lidei na casa e à tarde fui à ginástica, onde o Victor Luis foi encontrar-se comigo para levar os óculos ao conserto. Comprei para ele um sapato americano para *basketball*; fizemos algumas compras e voltamos para jantar.

4-6

Tive hoje um dia trabalhoso. Passei-o inteirinho fazendo limpeza nos livros de Renato. Fiquei cansadíssima, com o corpo doído e o dedão ainda mais de tanto segurar livros.

Victor ficou preso no colégio até seis horas, diz ele que injustamente.

5-6
Acordei hoje às cinco e meia, porque dormi às nove horas. Fui à ginástica e depois fiz várias compras, cortei o cabelo e jurei não penteá-lo mais em cabeleireiro, pois nunca acertam bem as ondas. Voltei para casa, almocei e o resto do dia arranjei a casa e fiz doces e bolos para esperar Renato, que chega amanhã. Estou bem contente!

6-6
O meu dia foi dos mais atarefados. Às oito horas saí para ir ao cais. O navio só entrou às dez! Renato veio bem-disposto e satisfeito com o resultado do negócio. Passou bem durante toda a viagem. À tarde fui à primeira aula de alemão com d. Lotte e depois à GE. À noite assistimos um concerto do Kreisler no Municipal. Muito bom.

7-6
Fui hoje às dez horas visitar Edith von Machtaler no Hotel Central. Veio passar uma semana no Rio, passeando. Capricho de quem pode. À tarde fui ver mamãe, com quem passei algumas horas. Voltei às cinco horas e jantamos em casa.

Estive hoje no colégio palestrando com o Forestier a respeito do Victor. Ele prometeu providenciar quanto às prisões injustas que o Victor tem sofrido.

Fiz ver a ele, que não se pode levar o Victor com violência, pois é um menino de forte personalidade e muito brio.

8-6

Cedo estive no curso. Almocei sozinha em casa e à tarde levei o Sergio para comprar o uniforme de escoteiro e cortar o cabelo. Encontrei-me com Renato e voltamos juntos. À noite não saímos.

9-6

Passei toda a manhã nos meus afazeres domésticos.

Os operários começaram as obras no quintal.

Passamos a tarde em casa de Julinha, mas jantamos em casa. Renato não se sente muito bem, com uma forte congestão no ventre.

10-6

Que dia exaustivo! Saí cedo com Renato para encontrar-me com Edith. Rodamos juntas toda a manhã a fazer compras. Almocei com ela no hotel e saí novamente para ir à aula de alemão. De lá voltei ao hotel, trazendo Omnadina e seringa para dar-lhe injeção, pois está resfriadíssima. Passei a tarde com ela e voltei para jantar.

11-6

Fui novamente ao hotel, para dar em Edith uma injeção de Transpulmin. Fiz-lhe companhia até a hora do almoço. Voltei para casa, onde passei o resto do dia a coser. Soube depois que Edith, apesar de muito rouca, foi a um jantar de cerimônia. De que me valeu tanto sacrifício?

12-6

Não fui hoje à ginástica, nem a qualquer outra parte. Tentei acabar meu *manteau*, mas está tão sem graça que desisti. À noite passei no hotel. Edith não estava. Fomos ver *A viúva alegre* e rimo-nos muito.

13-6

Por um boato falso dos jornais, divulgando que hoje era feriado, as crianças não foram ao colégio. Renato ficou também em casa com enxaqueca. Lidei todo o dia no quintal, a dirigir os serviços do pedreiro, que vai ficar muito bom! Estou cansada e vou dormir cedo.

14-6

O jardineiro veio hoje encher os canteiros. Meu jardim vai ficar muito bonito. Fui à tarde ver mamãe e depois jantamos com Cecilia. Voltamos de táxi. Renato almoçou hoje no Germania.

15-6

Meu dia foi trabalhoso. Ginástica, aula de alemão, compras. Só voltei à uma hora para almoçar. Durante todo o dia fiz doces e bolos, lutando com os fornecedores para obter o que precisava. Cansei-me muito, mas consegui preparar um panetone, bons-bocados e uma *charlotte russe*. Tudo muito bom. Renato foi jantar no Copacabana com os alemães. De passagem deixou Victor Luis em casa de Julinha para dormir. Vai amanhã de madrugada para a fazenda com mamãe.

16-6

Amanheci trabalhando na organização do almoço que ofereci hoje à Edith. Evangelina serviu a mesa, sem errar nada. Edith apreciou tudo o que fiz. À tarde fomos visitar o hospital alemão, uma maravilha de técnica e organização. Ficamos no hotel com Edith, onde tomamos *cocktail* com batatas fritas e proseamos bastante.

Jantamos em casa.

17-6

Durante a parte da manhã pus em ordem várias cousas minhas. Serra almoçou conosco e depois fui com ele até à cidade, onde me fiz presente de um gasparino. Dei aula de alemão e fiz ginástica. Saí do curso para ir com Vera ao PRA-3. Fiquei assim conhecendo um *studio* de rádio.

18-6

Hoje consegui ficar em casa, após muitos dias de saídas consecutivas. O dia rendeu, pois arranjei uma porção de "coisinhas" atrasadas. China, que está com o Leonel bem doentinho, mandou-me o Jorge, por uns dias. Silvio veio só hoje. Os três pintaram o sete!

19-6

Tive ginástica cedo. Voltei logo para casa, onde almocei com os dois pequenos, Sergio e Jorge. Ambos estão muito ajuizados. O Leonel está melhor. Passei o dia cosendo, pondo em ordem várias cousas minhas. Plantei flox com o jardineiro. Não saímos à noite. As papoulas que comprei não pegaram. Comprarei outras.

Resolvi hoje consertar um casaquinho de malha azul, que tenho há muitos anos. Comprei-o em Portugal. Usei-o hoje pela primeira vez. Fui à cidade com Edith que fez várias compras, inclusive uma bolsa de 300$!! Que rematada tolice!! Tomamos chá na Cavé e voltamos de táxi para o hotel, onde estive vendo seus vestidos. Parte amanhã para o Sul.

21-6

Cecilia passou o dia comigo. Foi preciso uma intimação enérgica, para que ela tivesse coragem de se abalar de casa com os filhos e se resolvesse, afinal, a passar um dia inteiro aqui em casa. Tive, pois, um dia cheio. Almoçou e jantou. À noite fui com eles no "Jiló" até a casa de Julinha, ver Wanda que esteve adoentada.

22-6

Ginástica e aula de alemão, logo cedo. Choveu torrencialmente. Entrei numa loja para comprar um vestido para a noite. Comprei cetim pelica preto, de ótima qualidade. O Kaelble prometeu convidar-nos para ir ao Cassino Atlântico; vou me prevenir. Voltei de táxi à uma hora e almocei com Renato. Não saí mais de casa. Choveu o dia todo.

23-6

Tivemos hoje um domingo caseiro. Só saímos à noite para um passeio a pé pelo bairro. Durante o dia estiveram aqui o conde Debanné e o dr. Halzmuller, professor de filosofia, rapaz inteligente e boa prosa. Victor Luis continua na fazenda.

24-6

O Serra almoçou conosco. Saí depois com ele que foi até a cidade comprar bilhetes. Deu-me um gasparino. Cheguei atrasada à aula de alemão. Fiz ginástica. À noite fomos assistir *O judeu Süss, film* ótimo por um artista alemão, Conrad Veidt.

25-6

Passei o dia fora de casa. Fui almoçar e jantar com Cecilia, para cortar meu vestido preto. Evangelina foi ver o que tem Jovelina, que se acha muito doente. Terei de mandá-la para um hospital. Amélia saiu com o filho. Baiaco ficou só em casa. Fez-nos muita festa quando chegamos.

26-6

Passei a noite de ontem muito mal. Jovelina preocupou-me bastante. Fora isto, estava mesmo com insônia e aborrecida com Renato. Fui mesmo assim à ginástica, que fiz mal. Comprei na leiteria mineira um quilo de manteiga para experimentar. Cosi o resto do dia. Parece que meu vestido vai ficar bom.

2-7

Há muitos dias não tomo nota do que se tem passado. Sei que no dia 27 fui à GE com Sergio e tirei no sorteio um jogo de potes de vidro para a geladeira. Lá encontrei Araci Vasques, que há anos não via. Está mais magra e mais moça. Veio cumprimentar-me a mulher do Angelo, de quem não me recordava mais. Sexta-feira, 28, não saí de casa. Sábado, 29, fui à ginástica e dei aula de alemão. Trabalhei o dia todo fazendo panetone e outras cousas gostosas, para o Victor Luis que devia chegar da fazenda. No domingo, 30, não amanheci bem-disposta.

Havia festa em casa de Julinha, mas lá não quis ir. Esteve aqui o Roberto, filho do Alexandre, amiguinho do Victor. Lanchou conosco. À tarde fui ao cinema com as crianças. Jantamos em casa. O dia 1.º de julho, ontem, foi um dia de correrias. Dei aula de alemão e ginástica. Só então d. Nilza descobriu que, nos exercícios para barriga, faço força na espinha, por isso não obtenho grande resultado. Acabei de comprar os enfeites para meu vestido. Ficou todo ele em 195$000!

2-7
Tentei tingir meu cabelo com água oxigenada e amônia, sem o conseguir. Ficou um pouquinho mais claro. Reformei meu paletó de pelúcia para vestir com o vestido preto. Passei a comprar na Despensa Fidalga. Estivemos ontem em casa de Julinha para ver papai, que teve uma perturbação séria da digestão.

3-7
Fui cedo à ginástica e depois encontrei-me com Renato para almoçar no Heim. Compramos um presente para d. Branda. Para mim comprei dois sapatos, um preto e um branco e preto. Voltei pra casa trazendo um pacote de mudas, que o jardineiro plantou hoje.

4-7

Levantei-me hoje cedo para ir ao São Sebastião com Renato, ver Jovelina, que se acha tuberculosa, com poucos dias de vida. Fui depois ao tabelião passar uma procuração, a fim de poder retirar da caixa o dinheiro que ela lá tem para sustentar os filhos. À tarde lá voltei e fui à aula da GE.

5-7

Passei a manhã costurando panos de prato e toalhas de mão, para copa e cozinha. Depois do almoço fui sozinha a uma festa no Fluminense, promovida pelo III Congresso de Educação. Saí antes de acabar e fui à Tijuca ver Maria que fez anos. Falou-se muito em barulho comunista, mas não houve nada. A polícia prendeu meio mundo.

6-7

Hoje, sábado, fui à ginástica e aula de alemão. Cortei o cabelo. Durante o dia dormi um pouco e à tarde fui com Renato ver *Os miseráveis*. A fita não é má, mas mostra por demais a maldade e miséria humanas. Entristece.

7-7

Foi um domingo dos mais calmos. Só Renato saiu um pouco pela manhã. Passamos o dia todo em casa. Aproveitei para pôr em ordem várias cousas que precisavam de arrumação.

15-7

Vários dias sem escrever. Cheguei mesmo a esquecer meu diário. Como não pude fazer ginástica esta semana, aproveitei para arranjar várias cousas para a chegada de Dindinha e Dulce, que vieram passar um mês conosco. Havia tanta cousa para pôr em ordem que fiquei cansadíssima. Tudo isto, porque saio muito e não me sobra tempo para olhar bem a casa. No dia 11, quinta-feira, deixei de ir à GE. Passei todo o dia a fazer limpeza nos quartos. Sexta-feira, 12, Dindinha chegou e está conosco há três dias. A vida está mais animada agora. Tenho com que me preocupar. Só pensar em comida já me dá muito o que fazer. Mas o prazer de tê-la em casa compensa o trabalho. Fui sábado à ginástica. Estava abatidíssima e pouco fiz. Ontem fui à tarde assistir a festa de 14 de Julho no Liceu Francês. Uma desordem incrível! Ontem fomos também assistir *O Gordo e o Magro*. Bem divertido! No dia 13 Victor Luis dormiu no acampamento com os escoteiros. Foi uma noite ventosa, mas não o quis privar deste grande prazer, pois ele tem verdadeiro entusiasmo pelo escotismo e adora o seu chefe, dr. Jefferson de Araújo.

15-7

Amanheci o dia correndo. Estiveram aqui os filhos da Jovelina. Fui à aula de ginástica e alemão. Estava ótima. Como sempre cheguei atrasada, por causa do Serra que foi comigo para a cidade. D. Lotte sempre amável. Encontrei-me com Renato, que teve a gentileza de me oferecer um vestido. Jantamos os dois sós, em casa. Dindinha e Dulce jantaram com Cecilia e os meninos em casa de d. Antonieta. Fomos buscá-los depois de automóvel.

20-7

Há dias não escrevo e já esqueci do que devo anotar. Temos tido uma vida bem divertida com a estadia de Dindinha e Dulce, que nos fazem boa companhia. Minha vida continua normal. Só suprimi a ginástica aos sábados, por ser dia de feira e o serviço ficar muito atrapalhado. Em dois dias fiz um vestido para Dulce e fomos ao baile do Fluminense, que foi muito bonito. Havia muita gente e não pudemos apreciar bem as *toilettes*. Depois fomos levar ao Hotel Glória uma amiguinha de Dulce, Laura Cosetti, que foi conosco ao baile. Depois de dez anos sem ir a festas, nada achei de extraordinário.

Ontem Sergio e Victor desfilaram numa festa esportiva do Fluminense. Gostei de os ver, vestidinhos de escoteiros, marchando com garbo e entusiasmo. Sergio não cabia em si de contente, mas chegou em casa impertinente de cansaço.

21-7

Para comemorar a festa da cumeeira na sua nova casa, o Kaelble ofereceu um formidável churrasco aos amigos e empregados da

Bayer. Lá estivemos e passamos parte do domingo em agradável companhia. Fomos depois até a casa de Cecilia, onde nos encontramos com Dindinha e os filhos. Viemos todos jantar em casa.

22-7

O Serra hoje não almoçou conosco. Em consequência cheguei cedo ao curso e lá esperei meia hora por d. Lotte. Dei uma boa aula de alemão, mas fizemos pouca ginástica, por falta de água para os banhos. Fui depois à casa de Julinha buscar minhas roupas de *jersey*, que d. Joaninha trouxe da Europa.

23-7

Passei o dia em casa a costurar roupas e meias. Dulce e Quetinha vieram jantar conosco, porque Cecilia está com Clarinda doente. Como choveu muito dormiram em cama improvisada.

24-7

Fui cedo à ginástica. Estou bem triste com o fato da d. Nilza querer despedir, nossa pianista, a Elza. Voltei para casa e não saí mais. Dulce, Quetinha e Dindinha foram jantar com Cecilia. Jantei só com os meninos. Renato chegou mais tarde. Na mesa, por causa de uma briga tola dos meninos, bati no Victor Luis, cousa que há anos não faço. Dei-lhe um "coque" que me deixou com o dedo roxo, para lembrança do meu gesto irrefletido de impaciência. Nada me faz sofrer tanto, como o ser obrigada a estes extremos. É preciso que meus nervos estejam muito fracos para chegar a tanto. Se os filhos soubessem o quanto eu sofro, quando me vejo obrigada a castigá-los, evitariam que isto se desse.

25-7

Tive hoje um dia trabalhoso. Passei-o quase todo a pôr em ordem a *garage*, cuja desordem e sujeira eram incríveis. Preparei-a para receber o novo Ford v8, que Renato comprou, para grande satisfação do Victor Luis.

À tarde fui ver o Serra e voltei de lá com Renato no novo carro, que é ótimo. Apanhamos os meninos no Fluminense e estreamos, assim, todos juntos, o nosso v8. Um sucesso. Victor Luis está radiante!

À noite fomos assistir à Festa do Colono Alemão, que esteve muito boa. Conheci nesta noite o dr. Ildefonso Falcão, nosso ex-cônsul em Colônia.

8-8

Festejei com uma boa festinha o aniversário dos dois meninos. Tudo em ordem e muita alegria.

31-8

Renato pediu demissão do cargo que ocupa na Bayer. Só lá ficará até o fim do ano. Temos passado dias bem aflitivos.

2-9

O Kaelble chamou Renato e fez-lhe duas propostas, depois de ter dito que não havia mais conciliação possível! Parece que Renato continua.

5-9

Os meninos foram com Nonô para a fazenda e lá ficarão alguns dias. Fomos levá-los à estação.

9-9

Os meninos voltaram hoje.

15-9

Amanheci bem-disposta. Às dez horas da manhã fui ao cinema com Victor Luis. Almoçamos em casa e não pudemos mais sair, por causa da chuva. Ficamos todos a nos amolar uns aos outros, cousa bastante divertida. Acabei indo dormir, a melhor cousa que fiz hoje.

Desde meados de julho não assento uma só linha no meu diário. Não foi falta de tempo, nem preguiça, mas não sei bem o motivo. Talvez andasse muito preocupada. Depois que Dindinha partiu no dia 8 de agosto, tudo caiu na pasmaceira. Renato partiu com ela e a casa ficou muito triste, principalmente, porque seguiram no dia seguinte ao aniversário dos meninos, e a solidão pareceu ainda maior. Depois disso a vida continuou normal, sem nada de extraordinário a registrar, a não ser os atritos que Renato tem tido na Bayer, e que talvez o obriguem a sair da casa. Andamos bastante apreensivos com o que possa ser resolvido pelo Kaelble que tem procedido muito mal. De qualquer maneira, porém que as cousas se arranjem, nunca mais o serão nas condições ótimas que gozamos até agora. Felizmente Renato está bem de saúde e vai aguentando com coragem todos os percalços. Quanto a mim, se ele não se abater, tudo está bem.

Não tenho medo de caretas. Só temo o desamor, para o qual não conheço remédio.

16-9

Saí com Renato depois do almoço para ir às aulas de alemão e ginástica. D. Lotte está muito minha amiga. Tenho a impressão de que estacionei no meu progresso. Todos no curso gostam muito de mim.

Estou bem apreensiva com o rumo que tomam as coisas na Bayer. A proposta não me satisfaz.

Sinto uma imensa revolta com tanta canalhice daquela gente!

17-9

Hoje fomos ao advogado dr. Coutinho para consultá-lo a respeito das possibilidades de vitória no caso do Instituto Bhering.

Renato tem todo o direito às reclamações que deseja. De posse desta informação ele criou alma nova, posto que o próprio advogado nos tenha aconselhado qualquer conciliação amistosa, a uma judiciária.

18-9
Fui cedo à ginástica. D. Lotte não foi e fez falta. Jucira deu uma boa aula. Três alunas novas. Quando encontrei com Renato para irmos almoçar, ele me deu a notícia de que o caso tinha sido resolvido de maneira mais ou menos satisfatória. Ele continuará na firma com um ordenado de 4:500$000, sem comissões, contrato de três anos e quatro horas diárias de trabalho. Teve de renunciar aos seus direitos no Instituto Bhering. Canalhas! Sinto-me revoltada, mas minha vingança é que terão de aturar Renato o resto da vida, contra a vontade deles.

19-9
Não dormi bem, mas, mesmo assim, acordei bem-disposta. Escrevi uma carta à Olga e cosi todo o dia. Fiz minha saia de xadrezinho; parece boa. Choveu muito. Todos chegaram em casa molhados!

O contrato da Bayer vai ser assinado na próxima semana. Temos três anos diante de nós.

8-10

Desde o dia 19 de setembro não tomo notas, e muitas cousas têm acontecido. Renato assinou o contrato com a Bayer e está mais calmo. No dia 28-9 fomos passar três dias na fazenda de papai. Victor Luis ficou em casa de Julinha, porque está fazendo exames parciais e não pôde nos acompanhar. Apareceram dois furúnculos no seu braço direito e deixei Celina encarregada de tratá-los.

A viagem, como sempre, foi muito pau. Voltamos com chuva, de caminhão, cobertos com jornais, pela estrada do [Rodeio] que está infame, por causa das chuvas. Foi uma aventura que não pretendo repetir.

Lá ficou, sozinha a d. Leo, governante da fazenda, uma pobre criatura, joguete da má sorte.

Quando cheguei, fiquei sem empregada três dias e andei numa roda-viva para aprontar o vestido de mamãe para o casamento do Américo.

No dia 5-10, sábado, procurei no *Jornal do Brasil* um anúncio para cozinheira. Victor Luis achou o de um casal. Telefonei e tratei para entrar no mesmo dia. Às cinco e meia chegaram com cama, mala, etc.

Há três dias que os tenho no serviço e estou satisfeita. Parece gente boa, principalmente o rapaz, que é trabalhador e respeitoso.

11-10

Nada de extraordinário a registrar. Dr. Toledo Piza jantou conosco. Victor Luis jantou com d. Antonieta. Chegou muito tarde, porque houve uma interrupção de energia e da luz e os *bonds* ficaram parados quase meia hora. Fui esperá-lo no portão, pois estava aflita. Chegou muito senhor de si, como se fosse um grande homem.

12-10

Hoje os meninos chegaram em casa cedo, porque é sábado. Faz anos d. Mariquinhas, mãe de d. Antonieta. Resolvi ir lá com os meninos. Victor Luis não queria ir porque disse que estava com dor no braço. Um dos furúnculos abriu novamente. Não estou nada satisfeita com isto. Tenho medo de toda infecção purulenta. Renato diz que não há perigo. Sentei com ele no *divan*, enquanto tratava das unhas e deixei-o encabulado, chamando-o de menino bonito, boquinha de moça! Não gosta que se brinque com ele.

Vestimo-nos todos e saímos. Comprei umas flores no largo do Machado. A reunião em casa de d. Antonieta foi muito agradável. Todos caçoavam comigo porque o Victor está do meu tamanho.

Voltamos tarde pra jantar e lá encontramos dr. Piza novamente. Victor só comeu um pedacinho de assado, pois estava cheio de doces. Acho-o um pouco pálido. Dr. Piza caçoou com ele, porque estava de gravata, emprestada do pai. Pôs gravata pela primeira vez e ficou tão bonitinho, que me senti vaidosa de sair com ele.

13-10

Levei um grande susto esta noite. Às duas horas da madrugada, acordei com o Victor Luis me chamando aos berros. Corri ao quarto dele. Havia vomitado muito, dormindo, e estava muito prostrado com um pouco de febre. Mudei-lhe a roupa e dei-lhe um purgante de Villa Cabras, julgando ser uma indigestão, consequência de tanto doce que comera na véspera.

Não saí todo o dia. Ele passou relativamente bem, ouviu o jogo de *football* pelo rádio, que liguei bem alto, entusiasmando--se pela vitória do Fluminense. À noite recebeu a visita do dr. Piza, que embarca amanhã para São Paulo. Leu os jornais da noite e perguntou-me o que era esterilização. Expliquei--lhe tudo e animada brinquei com ele por estar muito sabido. Dormiu ainda com febre, porém pouca.

14-10

Victor continua com febre. Chamei dr. Cavalcanti que disse tratar-se de uma perturbação gástrica, receitando uma poção de citrato de sódio. Ele se queixa também de uma ligeira dor no joelho. A febre não sobe muito, mas ele tem variado um pouco, o que atribuo à falta de alimentação. Dr. Cavalcanti espremeu o furúnculo do braço, saindo muito pus. Estou bem aflita, e receio que a dor do joelho, seja também pus. Estou com medo. Passei o dia a seu lado cosendo uma camisolinha para Wanda que faz anos amanhã. Ele está indiferente a tudo. Fi-lo dormir no *divan* do meu quarto e fiquei com a lâmpada acesa, para vigiá-lo.

15-10

Esta madrugada Victor Luis queixou-se de dores insuportáveis no joelho. Levantei-me várias vezes para vê-lo, mas não sabia o que fazer para aliviar seu padecimento, que ele suportava com coragem. Só às seis horas, lembrei de pôr no joelho compressas quentes, o que fez muito bem. Ele passou o dia no meu quarto, pois mandei o Jaime encerar o dele. Não achava jeito na cama, nem posição. Telefonei ao dr. Cavalcanti, que só veio às três horas. Falei-lhe do meu receio de que houvesse alguma inflamação no joelho e insisti para dar-lhe uma injeção de Cariogon, o que foi feito. Ele teve febre muito alta e por duas vezes demos-lhe banhos.

Às seis horas mudei-o para sua cama, onde achou mais sossego. Durante todo o dia renovei as compressas quentes cada dez minutos. Está muito prostrado e varia constantemente, falando sempre nas suas preocupações infantis, seus álbuns de figurinhas, jogadores de *football*, seus amigos escoteiros. Que aflição vê-lo assim! O que terá meu filho? Renato pediu ao dr. Cavalcanti que nos trouxesse o dr. Mauriti Santos, cirurgião, para examiná-lo. Estou muito apreensiva. Só às onze e meia os dois médicos chegaram e o diagnóstico não podia ser pior, osteomielite aguda, isto é, septicemia! Renato ficou desesperado e deu o filho por perdido. Não quis desanimar e juntando todas as minhas forças resisti ao desespero e tratei logo de arranjar tudo para levá-lo para a Casa de Saúde São Geraldo. À uma e meia o Jaime carregou-o até o automóvel e deitado no meu colo fomos até lá. Não se queixou, nem mostrou-se amedrontado. Tudo, deixou fazer com indiferença e coragem. Foi tirada uma radiografia que deu negativa. Só às oito e meia conseguiu deitar-se na cama, mas ainda não foi para sossegar, o pobrezinho! Foi armado um suporte para ser-lhe injetada uma injeção de soro glicosado. Não se queixava muito da perna, quase indiferente e sempre variando. Poucos momentos tinha de lucidez. Fiquei toda a noite a seu lado, sozinha. Renato foi para casa ficar com o Sergio. Todas as vezes que se perguntava a ele como estava passando, respondia infalivelmente: "Muito bem"! Que noite horrível para mim!

16-10

Continuou na mesma, sempre com febre, delirante e agitado. Dr. Mauriti só às três horas fez a operação, depois que soube o resultado do exame de sangue, que deu grande quantidade de estafilococos. No joelho não encontraram pus!! Quando voltou da operação suava tanto, tanto que eu pensei que tudo estava acabado! Dr. Alfredo o assistente do hospital, dedicadíssimo, fê-lo voltar a si. Suas mãos estavam geladas, geladas. Meu desespero não tinha limites. Contudo ainda tinha esperança. Todo o dia foi de uma agitação medonha, sem sossego, sem alívio, querendo trocar de cama a todo instante, sem achar posição! Chamava sr. Alfredo, queria ir para casa e dizia que eu é que o impedia de sair do hospital, queixava-se de dores no corpo, na cabeça. Foi a única vez que se queixou! Pediu água. Se eu não lhe desse água pura, que ele me atiraria o copo! Meu pobre filho! Que poderia eu fazer para aliviá-lo.

À noite, já tarde dr. Rosa Martins veio às pressas para fazer-lhe uma transfusão de sangue. Injetaram-lhe duzentos e cinquenta gramas de sangue imunizado. Mas não se notou grande resultado. Passou muito mal a noite. Celina e Nonô, fizeram-nos companhia.

17-10

A noite foi um martírio para mim. Ver meu filho sofrer, sem poder dar-lhe alívio! Pedindo para voltar pra casa e eu não podendo fazer nada! Pela manhã seu estado não oferecia alteração. Estava desenganado. Todos os parentes e amigos foram prevenidos. Telefonaram para São Paulo. Mas eu não tinha ainda perdido a esperança. Ele ainda respirava! À uma hora dr. Rosa Martins fez nova transfusão de trezentos e cinquenta gramas. Nada mais lhe podia valer! Papai veio da fazenda às pressas. Toda a família se achava lá. Só eu não chorava! Nem um instante eu tive de fraqueza. Nem uma só vez eu deixei que ele percebesse que ia morrer!

Só uma cousa eu não pude evitar; foi que a família chamasse padre Lionel para dar-lhe extrema-unção. Sinto uma grande revolta, quando me lembro que Victor Luis abriu os olhos e respondeu a padre Lionel como se o tivesse visto. Teria ele percebido que ia morrer? Esta dúvida me atormenta até hoje! Às três e quinze, após uma agonia de duas horas, acabaram-se os seus padecimentos e começaram os nossos. Será possível descrever nossa dor?

18-10

A notícia da morte do Victor, rebentou como uma bomba! Ninguém podia imaginar que um menino tão forte, tão vivo, tão alegre, pudesse desaparecer em cinco dias! Todos os amigos e parentes foram dedicadíssimos nestes momentos angustiosos da nossa dor. Ao meio-dia em ponto o enterro saiu da casa de saúde, acompanhado por grande número de carros. O colégio prestou-lhe uma grande homenagem. Quase todos os alunos compareceram, seus colegas carregaram o caixão e um deles falou à beira do túmulo. Os escoteiros também fizeram-lhe uma tocante manifestação. Como era querido de todos. Consola-me o fato de poder guardar dele tantas recordações agradáveis. Foi um bom filho e um homenzinho de catorze anos cheio de personalidade e de um caráter firme, raro numa criança de sua idade. Foi uma vida curta, mas tão bem vivida, que me orgulho de o ter tido por filho, e por isso mesmo, não me consolarei jamais de o ter deixado morrer! Meu pobre filho!...

Apêndice

10-3-936

Terminei hoje a cópia do meu diário do ano passado. Mil novecentos e trinta e cinco foi o último ano de felicidade completa que vivi, a contar da data do meu casamento. Durante quase quinze anos, nossa vida foi só harmonia e paz. Éramos quatro. Todas as nossas esperanças estavam nos dois filhos, que tivemos por gosto, e que criamos e educamos para serem dois homens. O Victor Luis era meu! Muito mais meu que de Renato. No entanto, apesar de todos os meus cuidados e carinho, deixei-o morrer, porque me descuidei dele, quando menos o devia fazer. Estou certa, e esta certeza é que me mata e desespera, de que nada disso teria acontecido se eu o tivesse tratado, convenientemente, dos furúnculos quando os mesmos apareceram. Nada fiz, e do dia em que surgiram, até sua morte, decorreram somente vinte dias!! Depois que ele adoeceu, tudo, todas as providências foram tomadas com atraso! Dr. Cavalcanti não atinou com o mal, quando devia, isto é, um dia antes. Dr. Mauriti chegou atrasado; às onze e meia da noite, quando devia ter vindo pela manhã. O exame de sangue foi feito muito tarde e ficou-se esperando por ele para medicar o menino. A transfusão de sangue, as duas, foram feitas com grande atraso. Tudo enfim chegou tarde! E nosso filho morreu! Só eu não sabia, ou não queria saber, que o desfecho seria fatal! Enquanto ele respirou, e mesmo quando já agonizava, eu ainda esperava! Mas esperava o quê? Um milagre? Não. Tinha confiança na sua robustez. Como acreditar que um menino tão forte pudesse morrer desta forma? Como imaginar que o meu Victor, que eu já via um homenzinho, pudesse nos deixar tão cedo?

Foi um choque tão grande, que no primeiro momento não pude realizar a extensão de minha desgraça. Fiquei apática. Nem chorar sabia. Tudo mudou de repente na minha vida. Renato não quis mais ficar em Águas Férreas. Em poucos dias ficou decidida nossa mudança para Demétrio Ribeiro, onde moraríamos com Cecilia. Desde novembro cá estamos, vivendo juntos num casarão enorme, velho, mas confortável. Vivo cansada. Não tenho um momento de descanso.

Meu espírito, como um nômade, não mora comigo. Vagueia ansioso na nossa casa de Águas Férreas. Em cada canto, lá ficou uma saudade, uma recordação triste ou alegre dos dias felizes que lá vivemos, durante nove anos! Não me conformo de ter abandonado minha casa! Por meu gosto lá ficaria, e não mudaria nada dos seus lugares, nem dos meus hábitos. Cada noite ficaríamos os três no escritório, como dantes, e junto de nós invisível, mas presente, o nosso Victor querido. Em cada lugar em que eu fosse, ele também estaria, sempre ao meu lado, sempre presente! Mas aqui? Nada me lembra meu filho. Tudo me é indiferente, nem um cantinho guarda uma recordação dele. Tudo mudou! Tudo está frio. Porque ele lá ficou e eu não posso estar com ele. Seu último pedido foi para ir para a casa de Águas Férreas. Foram as últimas palavras que pronunciou, já quase sem voz. Não pude levá-lo vivo! Não lhe satisfiz o desejo. Mas seu espírito, para lá se foi e eu me desespero, por não poder estar com ele. Meu pobre filho! Perdoa-me ter traído a confiança que você depositava em mim!

— Fim —

Carne	1 500
verdura	100
	1 600

carne	800
verdura	400
ovos	1 300
bond	800
alface mamãe	400
armazém Y.	3 200
	7 100

200$000 duraram dez dias mas foram muito bem empregados! nem um vintém posto fora!!

Carne	1 500
ovos	1 400
verdura	300
tangerinas	400
	3 600

Cinema	2 000
bond	1 000
cigarros ca[uc]a	2 500
	5 500

Carne	1 500
verdura	300
batatas	400
Queijo	1 500
Com. Mendes	500
doce leite	500
	4 700

Limonada p.	1500
Luiz	10 000
Livro Cultura p.	9 000
cabelo Renato	3 000
	23 500

verduras	800
Armazém Colombo	26 700

	27 500

Jardineiro	21 000
Costureira	8 000
cinema	2 000
bond	1 200
Sabonete	6 500
pasta dentes	2 000
creme	9 000
films	7 200

	56 900

Carne	2 300
verdura	500
tangerina	600
	3 400

bond	800
Lavadeira	15 000
	15 800

Guarda Noturna	5 000
Venda	42 680
Casa	207 000
Criada	10 000
Luz	4 310
Gás	30 740
Pão	4 900
Gelo	7 800
Lavadeira	30 000
	342 430

Dívidas

Costa	pg. 400 000
Raul	pg. 500 000
papel carta	pg. 90 000
Hedea	pg. 90 000
Estante	pg. 280 000
Alfaiate	pg. 60 000
China	pg. 50 000
Rapa[ilegível]	pg. 550 000
Raul	pg. 700 000
Silvério	800 000
Vignoli	pg 32 000
Imp. prof.	pg. 48 000
Serra Netto	55 000

Janeiro 1
1936

Começa hoje o novo ano. Entrei nele viajando de trem de S. Paulo para o Rio com Renato e Sergio. Fomos descançar em Poços de Caldas, onde passamos dez dias e em S. Paulo onde ficamos 12 dias. Foi uma estadia agradavel. Todos nós lucramos com as ferias. Chegamos ao Rio com um calor medonho, eu adoentada, com uma especie de cistite. A casa estava mais ou menos abandonada. Cecilia na feira com João. Receberam-me duas empregadas novas. Não havia copeira. Adelaide saiu deixando Cecilia sem substituta para ela. Principiei o ano trabalhando de copeira e arrumadeira. Belissima estréa! Mas que importa isso, estes transtornos materiais, com a angustia moral que me acabrunha, desde que deixei morrer meu querido Victor Luis. O que me reserva o novo ano? Já não sei mais esperar cousa bôa da vida, depois do que me aconteceu. Perdi a confiança e a alegria de viver.

1936

[Janeiro 1]

1936

Começa hoje o novo ano. Entrei nele viajando de trem de São Paulo para o Rio com Renato e Sergio. Fomos descansar em Poços de Caldas, onde passamos dez dias e em São Paulo onde ficamos doze dias.

Foi uma estadia agradável. Todos nós lucramos com as férias. Chegamos ao Rio com um calor medonho, eu adoentada, com uma espécie de cistite. A casa estava mais ou menos abandonada. Cecilia na feira com João. Receberam-me duas empregadas novas. Não havia copeira. Adelaide saiu deixando Cecilia sem substituta para ela. Principiei o ano trabalhando de copeira e arrumadeira. Belíssima estreia! Mas que importa isso, estes transtornos materiais, com a angústia moral que me acabrunha desde que deixei morrer meu querido Victor Luis. O que me reserva o novo ano? Já não sei mais esperar cousa boa da vida, depois do que me aconteceu. Perdi a confiança e a alegria de viver.

[Janeiro 2]

O dia todo a lidar com casa, cozinha e crianças. Não passei bem. Só à tarde melhorei um pouco da cistite. Cecilia foi à cidade e eu fiquei pajeando Beatriz. À noite estivemos em casa de mamãe.

Nossa cozinheira, Maria Inácia, trabalha bem, é asseada e respeitadora. Mas que moleza, que trapalhada! Quanta paciência preciso ter com ela!

[Janeiro 3]

Terceiro dia do ano a lidar na casa. Limpei e varri tudo embaixo. Estou cansadíssima. Para piorar a situação a empregada telefonou dizendo não poder vir amanhã como havíamos combinado. Apareceu aqui meu antigo peixeiro a cobrar conta de outubro. Estava todo almofadinha. Irreconhecível!!

Valerá a pena escrever um diário para contar tanta cousa sem importância?

Paguei hoje ao peixeiro		28 000	×
	D. Lili	100 000	×
Tenho ainda a pagar	Esc. Frazão	20 000	×
	Asilo Itap.	10 000	×
	" I. Conc.	15 000	×
	Capa	50 000	×
	Farmácia	7 500	
	Sergio	40 000	
		167 500	

[Janeiro 4]

Amanheci hoje mais mole do que nunca. Não sei o que me abate tanto. Telefonei à Francisca para vir me ajudar. Tive um dia mais folgado. À tarde fomos, eu e Renato, ao *atelier* do professor Modestino Kanto para ver o busto do Victor Luis. Está ficando muito bom. Seria para mim um desconsolo, se ele não acertasse com a expressão do Victor. Quero que ele fique o mais vivo possível. Não me é difícil orientar o escultor. Tenho-o tão nítido diante dos olhos, como se fosse vivo. Nenhum traço de sua fisionomia me escapa. Está gravada em meu coração pela sua constante lembrança e uma saudade infinita. Pobre filho!

Estivemos depois no dr. Sinval Lins, que nos receitou 58$ de drogas!! Ou vai ou racha!

[Janeiro 5]

Tive hoje um domingo aborrecido. A única cousa agradável foi ir ao cemitério visitar o Victor Luis. Renato está uma pilha de nervos; eu idem. Estou tão enfarada de lidar com casa e pensar em comida, que só tenho vontade de sumir.

À tarde estivemos em casa de China e depois fomos buscar Olga à estação. Chegou com um grupo de jocistas e foi uma barafunda tamanha para achar as malas, etc. que Renato, como sempre, bufou e foi "amabilíssimo".

Jantamos sem João, Cecilia e companhia. Foram à casa de Julinha.

Fomos dormir cedo. E é só.

[Janeiro 6]

O dia de hoje foi um dia como os outros. Nada de novo. A mesma lida, o mesmo cansaço. Serra Netto almoçou conosco. À tarde fui encontrar-me com Helena e Maria para vermos o busto do Victor Luis. Fizemos algumas modificações para melhor, isto é, orientamos o escultor.

Depois tomamos um sorvete e viemos para casa.

À noite fomos visitar d. Antonieta com Olga. Encontramos o Salu doente e só se proseou sobre fígado, etc. Saindo de lá, demos um pulo até à cidade para mostrar à Olga a praça xv de Novembro. Acabado tudo isto, cama e bom sono.

[**Janeiro 7**]

Fui cedo à feira com Cecilia. Não gosto de ir à feira. Gastei quarenta mil-réis!! Durará uma semana? Toda a manhã lidei na arrumação da geladeira, banho de Baiaco e comidas! Ao meio-dia já estava com olho fundo e cansadíssima. Às três e meia saímos para ver o busto do Victor Luis. O professor Kanto não foi. Esperei até cansar mais do que já estava. Voltamos para ver o Salu que já melhorou. Depois fui à casa de Julinha visitar Wanda que foi operada das amígdalas há dois dias. Está muito bem, nada sentindo. Comprei um automóvel para o Sergio 8 500. Dei 5$000 ao carteiro. Paguei 4 800 de sorvete.

total	8 500
	5 000
	4 800
	18 300

[**Janeiro 8**]

Tive um dia mais descansado. Pela manhã lavei a cabeça. Depois do almoço tivemos a visita do Leonidas e da Altina que vieram passear no Rio. Fomos com eles ao *atelier* do Modestino Kanto para verem o busto do Victor. Lá fiquei uma hora com Helena, Lina e Renato. O trabalho vai melhorando aos poucos com nossa colaboração. Já é para mim um consolo esta hora que lá passo a fazer reviver em massa o meu filho. Doce ilusão que me faz pensar na sua presença real! Não posso me conformar com sua perda e quanto mais passa o tempo, mais cruciantes são as saudades que sinto. Imaginar que nunca mais o verei, é horrível!!

Dia 17 - janeiro

Faz hoje três meses que o Victor faleceu. Como numa fita de cinema, passam pela minha memória as cenas tristíssimas de sua doença e de sua morte. Foram os dias mais cruéis que já vivi, depois da doença que Renato teve e que o deixou quase em estado de coma. Victor sofreu durante três dias dores cruciantes. Ele não merecia isto. Tão bom o nosso filho! Como poderei me penitenciar da culpa de o ter deixado morrer? Porque foi o meu descuido que o levou à morte tão prematura. Nunca poderei reparar tal perda, mas hei de expiar de qualquer forma esta grande falta.

Tenho deixado de registrar diariamente os fatos de nossa vida, eu mesma não sei por quê. Andei ocupada com Altina e Leonidas. No dia 10 eles jantaram aqui com o Serra Netto. Correu tudo às mil maravilhas. O jantar muito bem-feito e bem servido. Não passei muito bem da minha cistite, em todo caso dei conta do recado.

Olga tem-nos feito boa companhia. Depois que o pessoal da JOC [Juventude Operária Católica] foi-se embora, ela fica mais em casa conosco. Foi ver o busto do Victor, mas não gostou muito, assim como o Sergio. Com pequenos reparos melhoramos bastante a expressão. Creio que falta pouco para terminar.

Paguei	
Macramé Almofada	15 000
Colchão *divan*	50 000
Frete mala	44 300
Flores	7 500

Há três meses não o vejo. E as saudades aumentam. E meu desespero cresce. E minha angústia não tem fim.

[Janeiro 18]
Sábado

Tive um dia exaustivo. Quase todos os meus dias são exaustivos.

Passei a parte toda da manhã a lidar na casa. Fiz doce; fiz bolo. Dormi um pouco depois do almoço. À tarde fomos ver o busto de Victor Luis. Estamos quase atingindo a perfeição possível de ser alcançada. Na volta passei pelo hospital para ver d. Leo. Pretendia levar Renato ao cinema para distrair-se um pouco. Infelizmente Olga e João também resolveram sair e fiquei com pena de deixar o Sergio inteiramente só neste casarão. Ficamos e fomos dormir cedo. Passamos bem a noite.

[Janeiro 19]
Domingo
Levantei-me às seis e meia. Às oito saímos para o cemitério, tendo eu deixado tudo em ordem. Minha manhã rendeu.

Depois do almoço fomos todos tirar uma soneca. À tarde João nos levou à Gávea para vermos as obras. Passeio lindo. Sergio ficou em casa de China e Celina foi conosco. Trouxemos areia do Leblon. Estivemos um pouco com China e jantamos em casa. À noite fui ao cinema com Renato. Não achei graça em nada. Pelo contrário, entristecemo-nos em vez de nos distrairmos. Que falta nos faz nosso filho!

[Janeiro 20]
Hoje foi feriado. Renato ficou em casa desde cedo. Fomos levar Sergio ao banho em Copacabana. Quanta recordação nos trouxe do Victor! Como ele gostava do mar! Com que trabalho o tirávamos da água! Pobre filho! Só pensar que foi tão cedo privado dos prazeres desta vida, me tira todo o gosto de viver. Nada me traz alegria porque ele também não pode sentir. Como me sinto culpada!

À tarde fomos ver Ondina e Braulio. Não achamos ninguém em casa. Deitamo-nos cedo. Noite bem-dormida.

[Janeiro 21]

Tivemos hoje um dia estafante de trinta e cinco graus à sombra. Amanheci na feira. Gastei 42$, com grande escândalo da família. Não sei mesmo fazer economia. É inútil! Acho que com alimentação deve-se gastar o que for preciso e bom.

À tarde fui ao Modestino com Renato ver o busto. Está pronto, pode-se dizer. Se não é bem ele, é porque barro não pode ser gente. O dr. Jefferson achou-o ótimo. Não teve um só reparo. Para mim tem um grave defeito. É amostra de Victor Luis. Não é ele. Mas... não é só com isto que terei de me contentar daqui por diante? Por que deixei morrer meu filho? Como é triste o irremediável!

[Janeiro 22]

Ondina veio hoje almoçar conosco. Tenho pena dela. Está com a vida tão incerta! Victor Lacombe ainda não veio de Belo Horizonte. Está ultimando os negócios que lá ficaram para resolver.

À tarde fomos ao *atelier* ver o busto de Victor Luis. Foi a última sessão em barro. Vai ser tirada a forma em gesso, que devemos ver na próxima segunda-feira. Olga, João, d. Antonieta e Celina lá estiveram. Só Celina achou reparos a fazer, e eram justos. É impossível fazer mais parecido, baseando-se só em retratos de frente. De qualquer forma parecido ou não, não é ele. E eu queria a ele, só a ele!... Queria o impossível... se possível fosse. Meu pobre filho!! É tudo o que podemos fazer por ti.

[Janeiro 23]

Nada a registrar de espantoso hoje. O dia correu calmo, sem novidades. D. Carlina esteve aqui muito tarde, quase seis horas. Proseamos uma hora mais ou menos. Ela continua remando contra a maré. Evangelina, nossa ex-empregada veio nos ver. E foi só.

D. Leo vai ser operada amanhã.

Deitamo-nos muito cedo. O calor está medonho.

[Janeiro 24]

Hoje consegui sentar-me à máquina. Resultado: consertei as camisas de João e fiz as tripas de areia para tapar chuva. Tive uma discussão estúpida com Olga sobre religião, provocada por ela, é preciso ser dito. Ambas nos excedemos como é natural, quando duas pessoas enxergam as cousas de pontos diametralmente opostos. Ela está convencida de que a existência de Deus é uma "verdade absoluta"; eu penso que ninguém pode afirmar ou negar sua existência, que a meu ver, é uma incógnita. Como discutir seriamente com uma pessoa que acredita no DIABO?!!...

Francisca também crê nele, e é natural isto. Mas, Olga?...

Maria brigou com Francisca e vai-se embora.

Fui à cidade com Renato comprar fazenda para a cortina e *divan* do escritório.

[Janeiro 25]

Não fiz nada propriamente útil. Passei a manhã na cozinha. Arrumei uma bela e boa salada de legumes para o almoço. Luis almoçou conosco. Chegou quase às duas horas. Mudou a borracha da geladeira e ganhou uma caixa quase cheia de charutos. Foi para a fazenda com China.

D. Leo não está passando bem. Parece que o coração não resistirá ao choque operatório. Não fui vê-la, o que pretendo fazer amanhã.

Durante o dia fiz um bolo e um sorvete de goiaba. Fomos ao cinema ver Jan Kiepura em *Amo todas as mulheres*. D. Leo faleceu às nove e meia.

[Janeiro 26]

Fui cedinho ao cemitério. O dia estava muito quente. À tarde lá voltei para enterrar d. Leo com Renato, Ligia, Celina, dr. Alarico etc. Fomos cumprir com este triste dever de caridade. Depois vieram cá pra casa, onde ofereci um refresco de uva ao pessoal. Às seis horas saímos para jantar em casa de Ligia. Levamos Celina e fomos pelo caminho da rua Alice. Uma beleza! Tivemos um jantar bem agradável. João lá apareceu de surpresa. Passou o dia assistindo discursos integralistas. Nem almoçou em casa. Voltamos às dez horas pelo Cassiano.

[Janeiro 27]

Passei mal a noite. Amanheci muito mole. O dia foi normal. Fiz uma limpeza em regra na geladeira.

À tarde fomos ver o busto do Victor Luis com d. Antonieta. O Modestino não foi, mas o sr. Eduardo Tecles Pol, abriu-nos a porta do *atelier* e nós pudemos ver o busto em gesso. Tive uma grande desilusão. Acho-o agora pouco parecido com o Victor. Creio que precisaremos fazer muitas modificações na cera.

Saindo de lá fomos à casa Nunes comprar a fazenda para a janela do escritório. Voltamos para casa mais mortos que vivos com o calor. Pretendo ir dormir com as galinhas.

[Janeiro 28]

Hoje passei o dia em casa. Só saí pela manhã para ir à feira. Arrumei a cortina para o escritório de Renato. O calor foi medonho. Acabei o dia descalça e de combinação.

[Janeiro 29]

Logo cedo pedi ao sr. João, o encerador, para colocar a cortina, que ficou muito boa, sem ser propriamente o que eu queria. O escritório tomou outro aspecto. À tarde fui ao escritório do dr. Paulo César de Andrade fazer uma cistoscopia para ver o que tenho na bexiga. Receitou fazer uma radiografia dos rins. Não passei bem a tarde. O exame irritou muito a uretra. Celina e Luis jantaram conosco. À noite fomos passear em Ipanema para refrescar. Passamos em casa de Luis, onde tomamos um sorvete delicioso.

Que saudades tenho tido do Victor Luis!

[Janeiro 30]

O João, encerador, não veio hoje. Andei varrendo o quintal e pondo ordem nos vasos. Cansei-me. Isto faz-me mal. Depois do almoço fomos ao dr. Duque Estrada tirar a radiografia. Correu tudo bem. Tomei sem reação uma injeção de Per-Abrodil, um preparado Bayer de iodo. As radiografias parecem negativas. Vamos saber o resultado amanhã, após exame mais meticuloso. Parece que não tem pedra nem pielite. Renato tirou um peso do coração. Ele estava aflitíssimo, pensando em cousas gravíssimas. Coitado, tão nervoso! Fico mais aflita por ele, do que pela doença, que me deixaria indiferente se não fosse o seu pavor de complicações.

[Janeiro 31]

Há dias em que as saudades que sinto do Victor, são tão fortes, que só encontro alívio olhando todos os retratos seus e chorando. Hoje foi um deles. Sergio foi cedo para a casa de China. Senti-me só e entristeci-me muito. À tarde Renato foi buscar as radiografias, felizmente negativas. Fomos depois à casa de Mariquita. Ela está convalescente de uma pneumonia. Mora numa caixa de fósforo, quente e inconfortável. Tem cinco filhos e está sem criados. Tudo, dizem, "graças a Deus". De lá fomos diretamente à casa de China, onde jantamos muito bem. Passamos uma noite agradável. Há três dias passo sem cistite. Desde que tomei a injeção de Per-Abrodil. Sr. João não voltou ao serviço; mandou um outro que só trabalhou hoje.

Janeiro 1936

Armazém		390 000
Quitanda Conf.		28 000
Quitanda Volunt.		70 100
Padaria Flaviense		20 400
Padaria seu João		23 000
Leite		38 000
Açougue		81 600
	$\frac{2}{3}$	651 100

Gás	87 100	Maria		× 130 000
Luz	87 200	Francisca		120 000
Telefone	71 000	Jardineiro		50 000
	245 300	Sr. Greg.		× 58 000
			$\frac{1}{2}$	358 000

D. Lili	100 000
Capa	50 000
Esmola	15 000
Sergio	40 000
	205 000
Farm.	36 600
	241 600

Aluguel Casa		763 000
Despesas gerais	½	302 000
Alimentação	⅔	434 200
Extras		241 600
		1:740 800

[**Fevereiro 1**]

Novo mês que começa. Parece que não me excedi nas despesas, apesar do regímen de Renato e da quantidade de frutas que comprei na feira. Tive hoje um dia cheio. Dei injeção no Sergio. A nova cozinheira Wanda veio e parece muito boa. Durante o dia Ligia, Nonô e filhos estiveram aqui. Vieram ver a casa 20 da travessa Leandro. Parece que vão morar aqui. Pelo menos estão encantados pela casa. Para mim é bom, não ficarei tão isolada. Olga foi hoje para São Paulo. Pela primeira vez viajou só, à noite. Fez-nos companhia durante quase um mês e passou bem aqui. Vou viver muito só agora.

Que falta me faz o Victor Luis! Já era tão boa companhia! Como eu gostava dele. Meu pobre filho.

[**Fevereiro 2**]

Hoje, domingo, o dia foi calmo. Olga seguiu ontem para São Paulo e a casa ficou triste. Estamos reduzidos a quatro pessoas: Renato, João, Sergio e eu. Toda a família está veraneando na fazenda. Marina e Teddy, os únicos, além de China, que estão no Rio, ainda não nos apareceram.

Fui cedo ao cemitério. D. Tita nos conheceu e cumprimentou-nos. Quase todos os domingos nos encontramos. Vai visitar o túmulo do marido e do filhinho.

Dormi um pouco depois do almoço. Estou triste e desanimada. Renato tem me aborrecido com suas exigências e impertinências. Hoje estribei e estou zangada. À tarde fomos ver *Carmen Loura* para espairecer. Distraí-me um pouco. A fita é boa.

Jantamos e ficamos em casa. Vou ler as provas de *Tipos vulgares*.

Nota O Chaninho comeu o peixe branco do nosso lago.

[**Fevereiro 4**]

Minha manhã hoje foi quase nula. Não fui à feira porque choveu. O Rosendo não veio. Jardim e quintal sujos, abandonados; Baiaco sem banho há três ou quatro dias. Estou desanimada com o pessoal que contratei. À tarde fui visitar Raul para um exame ginecológico. Nada de grave. Um pequeno desvio do útero para trás. Preciso usar pessário, coisa muito pau. Tivemos depois uma longa prosa com ele e Guiomar. Pela primeira vez depois de cinco anos tocamos um pequeno disco postal que o Cirano mandou ao Victor Luis pelo seu aniversário em julho de 1930. Ele não o ouviu. Que desespero quando me lembro que nunca mais...

Celina esteve ontem aqui com Oswaldo, José e Fabio de Naninha.

[**Fevereiro 5**]

Levantei-me cedo para ir à feira. Levei comigo Maria Wanda, a cozinheira, para ensiná-la a comprar. Até doze horas não me sentei; lidando com uma cousa e outra. Os médicos querem que eu leve vida bem repousada!... Depois do almoço fomos ao dr. Paulo César levar as radiografias. Ele acha que minha cistite é reflexo de uma colite crônica. Saímos de lá para o dr. Sinval que confirmou o diagnóstico e receitou-me remédios, vacinas e regímen. Vou ser obrigada a usar cinta, a fim de fazer voltar ao seu lugar, um rim meio torto. Nada mais sinto na bexiga. Fiquei contente com este resultado, pois assim, livro-me da faca.

[**Fevereiro 6**]
Não tenho nada a registrar hoje. Foi um dos dias mais aborrecidos por que já passei. Desde ontem à noite chove torrencialmente, sem interrupção. Não se pode abrir uma janela. Nossa casa tem goteiras e entra água por todas as portas e janelas. Todo o assoalho está estragado.

Não passei bem. Tive pela primeira vez, com trinta e quatro anos, dor de cabeça. Não achei nada agradável. Só posso atribuí-la à mudança de alimentação. Meu organismo não está gostando do regímen do dr. Sinval!

Apesar do meu mal-estar, ajeitei as almofadas do escritório. O resto do dia deitei e pensei muito no Victor Luis. Preciso ter sempre o que me preocupe materialmente. Do contrário não poderei suportar tanta angústia e desespero.

Sergio passou o dia preso na cama, resfriado. Cousa pouca.

[Fevereiro 7]

Triste foi o dia de hoje. Parece que todos os meus dias serão tristes agora. As saudades do Victor aumentam cada momento. Ainda hoje ele me fez muita falta. Precisei serrar os pés de um *divan* e como não o posso fazer, não tenho quem o faça. Só ele seria capaz de me ajudar. Adorava a marcenaria. Tanto desejou ele um banco de carpinteiro e agora que não mais existe, encontrei um, perfeito, no quintal da nova casa! Meu pobre filho!

Ligia esteve aqui. Fui com ela ver uma casa na rua Mena Barreto. Durante o dia arranjei o *divan* da minha sala. Foi só o que fiz hoje de útil. À noite fomos assistir o *Cardeal Richelieu*, um *film* admirável, interpretado por George Arliss. Voltamos muito tarde.

[Fevereiro 8]

Fui cedo ao cabeleireiro da rua Voluntários, que ajeitou muito bem meu cabelo.

Sergio hoje saiu da cama. Não esteve doente, mas simplesmente resfriado. Prendi-o dois dias e o efeito foi ótimo. Curou-se completamente. Serra Netto almoçou conosco. Às quatro lanchamos e depois fomos levá-lo. Estive na casa de Raul, que colocou meu útero no lugar.

Há tempos que vivo a correr médicos. Detesto estar doente, principalmente, quando a doença não passa de pequenas "mazelas" que só servem para atormentar a gente. Temos gastado um dinheirão em remédios. E o pior é que não acredito nem neles, nem nos médicos! Dei a Celina 30$ para que ela compre o chapéu de chuva de mamãe.

[**Fevereiro 9**]
Domingo
Hoje domingo, a primeira cousa que fiz foi ir ao cemitério levar flores ao Victor Luis. É a única cousa que posso fazer para ele. Dizem que devíamos dar aos pobres o dinheiro que gastamos em flores para os mortos. Também pensava assim antes de morrer meu pobre filho. Se não lhes enfeitamos os retratos e os túmulos com flores, qual outra homenagem material, digamos, podemos prestar aos nossos mortos queridos? Como expressar nossa saudade?

Celina almoçou conosco e depois foi passear com China. Nós também saímos de auto com d. Antonieta e Salu. Estivemos na represa do Tatu e no Joá. Quanta recordação da última vez que lá estivemos com o Victor Luis! Como ele gostava de passear! Eu queria que os meus olhos nunca mais pudessem ver, aquilo que ele também nunca mais poderá apreciar!

[**Fevereiro 10**]
Amanheci bem-disposta, cousa rara. Ultimamente estou passando melhor. Tenho até engordado. Toda a manhã estive na

cozinha, pois Maria só chegou às dez horas. Trabalho tanto como as duas empregadas que tenho. Sou a terceira. Ao meio-dia já estou cansada, quase sempre. Tudo preciso ver e ensinar. Depois que Francisca arruma a casa eu começo a arranjar o que ela deixa fora do lugar. Quase tudo! Hoje preparei o *divan* do escritório. Aos poucos meu apartamento vai ficando decente. Logo comprarei o chitão para meu quarto e o biombo. Vou fazendo tudo automaticamente. Nada me desperta interesse. Não posso nem ao menos ler. Meus olhos ainda veem muito nítida a cena da morte de Victor Luis.

[**Fevereiro 11**]

Há quatro meses atrás, foi este o último dia em que Victor teve saúde. Lembro-me como se fosse hoje. Ele foi jantar com d. Antonieta. Às nove horas ainda não havia voltado. A luz apagou-se durante meia hora. Dr. Toledo Piza estava conosco. Fui esperá-lo no portão. Eram dez horas quando ele chegou. "Meu homenzinho! Já parece um homem de verdade! São horas, então, de chegar em casa?" Disse-lhe eu, em tom de caçoada. Eu sabia que o *bond* havia parado no caminho — mais tarde, eu soube que ele não quis vir a pé, porque estava com uma ligeira dor no joelho. Foi esta dor que lhe causou a morte. Se a gente pudesse adivinhar!...

Cosi hoje o dia todo. Almofadas e *divans*. À noite fui ver Julinha, que chegou de São Paulo. Papai almoçou conosco.

[**Fevereiro 12**]

Hoje não fui à feira. Maria trouxe tudo direitinho e gastou menos que eu. Estive no cinema vendo uma fita da GE. Não gostei. Tirei uma radiografia dos dentes e vim almoçar em casa.

Há quatro meses passados saí com o Victor Luis pela última vez. Fomos ao aniversário de d. Mariquinhas. Ele estava tão alegre tão bonitinho. Um pouco pálido. Cinco dias depois estava morto! Como é cruel a vida! E ainda há quem creia em Deus! E um Deus de bondade!!...

Fomos hoje ver seu busto em cera. Está muito bom. Renato pagou 5:000$ pela obra. O Modestino Kanto parece que ficou satisfeito. Mais um mês e tudo estará pronto. Ficaremos com o original em gesso.

Minha radiografia acusou vários dentes doentes. Vou começar amanhã o tratamento.

[**Fevereiro 13**]

Fui cedo ao dentista. Felizmente só tenho um dente para obturar. Estive na cidade fazendo compras e voltei com Renato para almoçar.

Sr. Rodrigues, o jardineiro, começou hoje o serviço. Trabalhou todo o dia com outro homem e pôs o quintal em ordem.

Passei o dia muito abatida. Quase não fiz nada. A lembrança do Victor me aniquila. Quando me lembro que ele poderia estar vivo, se dr. Cavalcanti tivesse percebido o mal um dia antes! Por que não chamei outro médico? Faz hoje quatro meses que ele adoeceu. O dia 13 caiu num domingo. Ele ouviu o *football* pelo rádio e entusiasmou-se com a vitória do Fluminense. Dr. Piza jantou conosco e visitou-o. Foi o último dia que ele passou bem. No dia seguinte começaram os delírios e as dores. Meu filho querido, perdoa-me não ter cuidado melhor de ti!... Como tenho sofrido!

[Fevereiro 14]

Foi hoje um dos dias mais tristes que tenho tido. Muitas e muitas saudades! Renato também está muito abatido. Chorou. Para espairecer fiz com que ele saísse para ir à cidade comigo. Encontramo-nos com Maria, Elza e China no Patrone. Fui trocar meu sapato e depois demos um passeio até o Leme, de onde assistimos o pôr do sol. Depois visitamos a piscina do Copacabana Palace, que é uma beleza.

Voltamos às sete para jantar.

Há dias em que precisamos fugir de nós mesmos. Recordo-me do dia de hoje, há quatro meses atrás, como se o estivesse vivendo. Victor com febre e dores na perna. Já delirava um pouco. Não arredei o pé de sua cabeceira, cosendo um vestido para Wanda. Como adivinhar que ele três dias depois estaria morto? Por que não descobriu-se em tempo o seu mal? Meu pobre filho!...

[**Fevereiro 15**]

Passei bem a noite. Toda a manhã lidei na casa. Apanhei um cesto de jabuticabas do nosso quintal. Creio que não me fez bem comê-las. Deveria ir hoje a Raul, mas como pedi a Renato que me levasse mais cedo para fazer uma visita a Ondina, que está com o Claudio doente, ele expôs tantas razões contrárias ao meu projeto, que deixei-o falando sozinho e fui de *bond*. O Claudio não está pior, como supus, segundo um recado telefônico mal interpretado. Perdi minha viagem, pois Ondina ia saindo com ele para o médico. Fui, então, ver o Serra e lá fiquei mais de uma hora. Sinto necessidade de me distrair. Estando parada penso muito no Victor, e pensando nele sinto uma angústia e um desespero invencíveis. É impossível a gente resignar-se com o irremediável, quando este irremediável tinha remédio!...

[**Fevereiro 16**]

Cedo fui com Renato e Sergio ao cemitério. Quero que o Sergio não se esqueça do irmão.

João partiu ontem para a fazenda. Almoçamos os três sozinhos. Às duas e meia fomos levar o Sergio até a casa de Maria de onde saímos todos para a estação. Maria levou-o para passar dez dias com ela na fazenda. Sinto muito separar-me dele, mas não posso exigir que ele fique conosco. Somos tão triste companhia para uma criança! Depois fomos tomar chá e ao cinema. Levamos Elza conosco e entregamo-la a d. Mocinha, com quem parte amanhã para Cambuquira.

Cada vez ficamos mais sós.

Amanhã Ana vem coser para mim, o que vai me distrair um pouco. Estivemos em casa de d. Antonieta à noite. João chegou bem da fazenda.

[Fevereiro 17]

São três e quinze minutos. Há quatro meses atrás, precisamente a esta hora, nosso filho faleceu, e com ele, foram para o túmulo, nossas esperanças e nossa alegria de viver. Até hoje não sei o que seja consolo. E cada dia que passa aumentam as saudades que sinto dele. Jamais poderá ser preenchido o vácuo que ficou em nossos corações. Jamais terá cura o remorso que me atormenta a consciência, por não ter previsto em tempo a gravidade do seu estado.

Perdoa-nos, pobre filho!

[Fevereiro 18]

Fui hoje ao Raul. Tudo em ordem. Estive também no *atelier* do Modestino tratando do busto do Victor em cera. Parece que vai ficar muito bom. Encomendamos um pedestal em granito preto, para o Fluminense.

Ana veio hoje coser. À noite fomos ao cinema Ipanema ver uma fita que já havíamos visto.

[Fevereiro 20]

Recebi hoje uma cartinha do Sergio. Ele vai bem e alegre na fazenda. Temos muitas saudades dele.

[Fevereiro 22]

Não tenho tomado nota todos estes dias. Ana continua cosendo até hoje.

Pouca cousa a registrar.

Estamos em pleno Carnaval. Não achamos um só lugar para fugir do Rio. Tudo cheio. Vamos ficar sós em casa. João segue para São Paulo hoje.

Tia Zezé passou o dia aqui, cosendo fantasia para as filhas de tio João. À noite fui visitar d. Joaninha, que não anda muito bem de saúde.

China seguiu para a fazenda com toda a filharada. Só Ligia e nós ficamos no Rio.

[Fevereiro 23]

Domingo

Amanhecemos no cemitério. É o nosso consolo. Nada mais podemos fazer por ele. Levamos-lhe saudades, as do coração e as flores, que trazem este doce nome. Em torno de nós tudo é alegria e barulho. Só ele não pode divertir-se! Com que direito continuo a viver, eu que não soube preservar sua vida?

Toda família está na fazenda divertindo-se. *"Les morts vont vite!"* [Os mortos vão-se rápido!] Eu não acho graça em nada. Hoje durante o dia, para fugir de nós mesmos fomos ao Leblon. Passamos lá uma hora na areia, apreciando a beleza do pôr do sol. Nem d. Antonieta, nem d. Joaninha, nem Serra Netto, puderam acompanhar-nos.

À noite ficamos em casa. Colei os retratos do Victor num álbum.

[Fevereiro 24]
Segundo dia de Carnaval. Mais barulho e mais alegria. Dentro de nós uma angústia sem fim.

Fomos ao barulho no Leblon. Durante o dia, ficamos em casa lendo. Li um livro do Victor: *O náufrago do espaço*. É um livro de aventuras fantásticas. Gosto de ler os seus livros. Tenho a impressão que ele está ao meu lado. É como se estivesse conversando com ele, fazendo reviver personagens que ele conheceu e dos quais gostou. Sinto, quem sabe, as mesmas emoções que ele sentiu e isto me consola.

Tive muitas saudades do passado hoje. Minha casa, os dias felizes que lá passamos!...

À noite fui ver Ligia e vesti-la para o baile do Municipal. Ficou muito bonitinha.

[Fevereiro 25]

Para nos distrair, fomos novamente ao banho. Não entrei na água, uma tristeza imensa me abatia. Lemos todo o dia. Só à tarde fomos buscar o Serra para um passeio pela Lagoa. Lá estivemos até à hora de jantar. Saímos um pouco para andar pelo bairro e voltamos cedo para casa.

É o último dia de Carnaval.

Amanhã ou depois o Sergio deve chegar da fazenda. Estou com muitas saudades dele.

[Fevereiro 26]

Desde que Victor Luis morreu, pela primeira vez, sonhei com ele, esta noite. Estávamos a bordo de um grande navio. Ele veio pelo *Arlanza* encontrar-se conosco. Com que sofreguidão com que ardor eu o abracei e beijei! Minha saudade de tantos meses manifestava-se no carinho que lhe dispensava e na alegria imensa de o ver! Durou pouco minha felicidade. Acordei! E a realidade se me tornou mais crua ainda! No entanto, mesmo sabendo que foi de mentira, que era sonho, sinto-me consolada de o ter visto, beijado e abraçado depois de tão longa ausência. Foram alguns segundos de enganadora felicidade, após tantos meses de angústia real.

Depois do almoço fomos ao cemitério. Choveu muito. Nada fiz durante o dia, a não ser consertar algumas roupas e ler.

À noite não saímos. Sergio chegou da fazenda e foi uma grande alegria para nós.

[Fevereiro 27]

Hoje amanheci melhor. Tomei ontem uma ampola de Alfa Lactozim e tive uma crise fortíssima de cistite. Hoje Renato achou que eu devia tomar uma pastilha de Colicistina. Uma hora depois fui atacada de forte urticária. Já não me entendo e duvido que os médicos me entendam melhor do que eu.

Cosi o dia todo com Ana, reformando vestidos. Tive imensas saudades do Victor. Mamãe escreveu-me. Ela procura sempre consolar-me, mas há um abismo entre minha maneira de pensar e a dela.

Depois do jantar Sergio começou a queixar-se de dores na sola dos pés, joelhos e cabeça, com fortes pontadas. Tomei um susto medonho, mas felizmente não foi nada. Dei-lhe uma Aspirina e pu-lo na cama.

Chove continuamente. Não saímos à noite.

[Fevereiro 28]

Tive hoje um dia insípido. Choveu continuamente. Cosi todo o dia com Ana e, com isso, distraí-me bastante. Sinto-me fraca e cansada. Estou abatida e com pele muito ruim. Renato não perde ocasião de me lembrar que estou velha, feia parecendo casa que está caindo o reboco!... Amabilidades de marido. Não me incomodo porque acho que ele está certo. Mas gostaria que tivesse a gentileza de não o dizer. De nós dois não sei qual o mais arrebentado. No entanto de mim ele não ouve nada.

É tão natural o estado em que estou depois do choque moral que sofri! Não tenho vontade nem de me vestir com elegância. Um vestido branco me deixa sem jeito. Quando melhorarei?

[Fevereiro 29]
Passei mal a noite passada. Uma insônia de três horas, porém sem nervoso, nem aflição. Amanheci, no entanto, bem-disposta. Fiz, logo cedo, dois doces, suco de uva, um bolo. Cosi todo o dia com Ana. Não acabamos o vestido. Ela vem amanhã para arrematar o que falta.

Estive mais ou menos cansada e abatida durante o dia. Não pensei muito no Victor hoje e sinto um grande remorso. Não tive tempo.

Celina veio jantar conosco. Tive uma discussão aborrecida com Renato por causa de d. Carlina. A eterna incompreensão dele a respeito desta pobre criatura. Não há nada que o convença de que ela é uma necessitada. Parece que tem a inteligência de cimento armado! Por que é que todo homem, por mais superior, tem certos pontos fracos irremovíveis?

———

Acabou-se o mês de fevereiro. Mais um que se vai e que nos aproxima cada vez mais depressa do fim da jornada. Estamos sempre desejando que o mês acabe. Para quê? De que nos adianta correr? Cedo ou tarde caminhamos sempre para o mesmo destino: morrer.

Nunca tive saudades do passado. Hoje, porém, vivo dele. O presente não me interessa e o futuro não me sorri. Só a lembrança do que se foi, me traz alguma alegria, mas uma alegria amarga, uma saudade pungente, de uma angústia de não poder fazer voltar aquilo que já passou.

Sinto-me nervosa, irritável. Qualquer cousa me aborrece, me faz perder o controle. Brigo com Renato por cousas que, antigamente, me fariam sorrir.

Se a vida continuar assim, prevejo uma situação quase insustentável. Hei de me esforçar para evitar estes atritos, que quanto mais repetidos, de maiores amarguras e rancores nos enchem o coração.

Preciso muita força de vontade para isto. Mas, onde encontrá-la?

Não quero que a minha vida conjugal se torne um inferno, como muitas que vejo por aí. Detesto a situação de mulher e marido, propriamente ditos, isto é, duas criaturas que são obrigadas a viver juntas sem se gostarem, ou simplesmente indiferentes entre si. Não compreendo casamento onde não haja amor, ou, pelo menos, uma profunda amizade e respeito mútuos. Se algum dia eu perceber que Renato não gosta de mim e me tolera por obrigação, eu me separo dele!

Despesas de fevereiro

×	Aluguel		763 000
×	Despesas de casa	½	267 300
	Alimentação	⅔	348 000
×	D. Lili		100 000
×	Capa		90 000
×	Ana		90 000
	Asilos		15 000
×	Sergio		40 000
	Farmácia		14 000
	Total —		1:727 300

	Armazém	305 800
×	Quitanda	103 600
×	Açougue	57 200
	Leite	22 000
	Flaviense	18 000
×	Seu João	15 000
×	Maria	100 000
×	Francisca	120 000
×	Jardineiro	84 000

[**Março 1**]
Domingo

Novo mês que começa. Nova repetição de tudo o que se passou no outro. Os dias se sucedem numa monotonia de pasmar. Não sinto prazer em cousa alguma.

Como sempre fomos ao cemitério levar saudades ao nosso filho. Na florista encontramos um colega de Renato, dr. Álvares Condestável Pereira, pai infeliz e inconsolável como nós, que há três anos perdeu uma filhinha de três anos e, como nós faz todos os domingos uma romaria ao seu túmulo. Enganadora consolação.

À tarde fomos assistir com Celina a reprise da *Sinfonia inacabada*, fita maravilhosa que revi pela terceira vez com prazer.

Não saímos à noite, mas demos um passeio a pé pelo bairro. Tratei hoje a nova cozinheira que virá amanhã. Francisca vai-se embora, porque não quer ser ama-seca de Cecilia.

[**Março 2**]

Amanheci hoje chorando. Quando penso que o Victor Luis poderia estar vivo se o médico, um dia antes, tivesse percebido a gravidade do caso, sinto um desespero de enlouquecer! Minha angústia ainda aumenta mais, quando me lembro que tudo poderia ser evitado, se ele tivesse tomado uma série de Cariogon, logo que apareceram os furúnculos no braço. Minha culpa! Minha grande culpa. Passei o dia em grande abatimento. À tarde melhorei, após uma injeção de soro hormônico.

Papai e Celina vieram jantar conosco.

Não pude contratar a nova criada, porque a Wanda, à última hora, não quis sair da cozinha. Cedi, mas foi ato de fraqueza imperdoável. Isto me aborreceu bastante.

[Março 3]

Acordei muito cedo, pensando sempre no Victor. Antigamente, a vida para mim era um prazer. Hoje é uma pesada obrigação. Não sinto alegria em cousa alguma.

Tratei uma nova empregada, Yolanda de Oliveira, rapariga nova, forte e bonita. Parece boa cousa. Francisca continuará conosco mais alguns dias. Sinto ter de mandá-la embora, mas não é possível ficar com ela. Velha, distraída e mole.

Fui novamente a Raul. Tudo em ordem. Tive uma prosa com Guiomar e Sazinha, que está muito depauperada. Raul sempre amável.

Nada fiz, de propriamente útil. Li um pouco do livro *Maria Antonieta*, cochilei depois do almoço e depois saí com Renato.

À noite ficamos em casa.

[Março 4]

Caiu uma tempestade formidável durante a noite. Amanheceu, chovendo e choveu torrencialmente durante o dia inteiro.

Renato não almoçou em casa. Senti falta dele. Já estou acostumada a vê-lo sempre a meu lado. Depois do almoço dormi um pouco, porque passei mal a noite. Iniciei a cópia do meu diário de 1935. Não que ele tenha alguma cousa de extraordinário ou seja uma obra literária, mas porque nele se acham registrados os dias que vivemos no último ano de felicidade que tivemos. Victor ainda estava vivo; éramos ainda os quatro unidos e felizes. Gostarei de relê-lo de vez em quando, não sei se para me consolar ou me desesperar ainda mais. Talvez, durante alguns momentos, tenha a ilusão de que ele não morreu.

À noite fui ao cinema. Fita sofrível.

[**Março 5**]
Amanheceu chovendo e continuou a chover durante todo o dia. Houve um desabamento que soterrou seis casas, perecendo cinco pessoas soterradas. Uma pobre senhora perdeu o marido e um filhinho único de três anos. Logo...

Já estou cansada de tanta umidade e frio. Tenho saudades do sol. Nada fiz o dia todo. Li e escrevi meu diário. Não tenho coragem para sair ou trabalhar. Meu desânimo é completo.

Renato publicou o seu novo livro *Tipos vulgares*. É um bom livro; pena que a impressão não me agrade muito.

João falou ontem com Cecilia, que só vem no dia 15. Ligia e Nonô estiveram aqui. Creio que vão ficar com a casa de Mena Barreto.

Mandei fazer dois quadrinhos para os retratos do Victor Luis. Tenho-o em três poses diante de mim: rindo, lendo e numa pose séria de homenzinho. Mas nunca mais o terei de fato junto a mim!

[**Março 6**]
Ainda hoje continuou a chover. Estou com um *spleen* invencível, enjoada de tanta chuva, presa em casa há uma semana.

Nada fiz a não ser copiar meu diário. Estou cansada. Li e acabei a vida de Maria Antonieta a pobre rainha mártir, vítima de si mesma, de um grande recalcamento sexual e dos costumes e ideias de seu tempo. Foi uma mártir. Sabendo sofrer com estoicismo, reabilitou-se de todas as suas faltas passadas.

Tomei hoje minha última ampola de vacina. Não me sinto nem melhor, nem pior. Estou desejosa de dar baixa em todos os remédios.

Tive muitas saudades do Victor. Todas as vezes que tomo uma injeção dolorosa, lembro-me das dezenas que lhe deram quando doente e do seu grande e imerecido sofrimento. Meu pobre filho!!

[**Março 7**]
Dormi bem, mas acordei cansada. Pela manhã nada fiz de extraordinário. Os arranjos caseiros de sempre. Depois do almoço fui ao curso de ginástica encontrar-me com d. Lotte,

que me telefonou ontem pedindo que não deixasse de ir. Lá encontrei Jucira e tivemos uma longa prosa. D. Nilza abandonou o curso, fechando-o da noite para o dia sem prevenir ninguém. Seu procedimento foi incalculável! Mandou buscar o piano e deixou d. Lotte inteiramente desprevenida. Seu fito era impedir que o curso continuasse a existir. Mas errou o alvo. Vamos revivê-lo e foi para isto que d. Lotte pediu minha colaboração, o que farei com muito prazer. Na volta passei em casa de mamãe que já voltou da fazenda. Ondina e Victor continuam lá. À noite fomos ao cinema, aqui no bairro. Duas ótimas fitas! Deitamo-nos muito tarde. Renato chorou muito.

[**Março 8**]
Dormi pouco e acho-me cansada. Estou com uma injeção um pouco inflamada e dolorida. Receio um furúnculo, o que será bem cacete. Fomos cedinho ao cemitério. Sergio acompanhou-nos. João está em preparativos para receber Cecilia: rede, balanço, pinturas, carpinteiro. Passou o dia trabalhando. Depois do almoço fui ver Shirley Temple com o Sergio, no Guanabara. À saída encontramos o Gilberto, que há meses não via. Como me lembrei do Victor Luis! Ia sempre com ele à sessão infantil na cidade. Sergio não gostava de cinema. Com que orgulho eu o acompanhava! Bonito, bem-vestido, compenetrado de que era um grande homem! No cinema

nenhum menino era mais bonito, nem mais elegante, nem mais bem-comportado! Meu coração de mãe ficava vaidoso. Já do meu tamanho, quando sua companhia já era um prazer, deixei morrer meu pobre filho!

[**Março 9**]
Toda a manhã ocupada na casa. Serra Netto veio almoçar conosco. Não está passando muito bem. Depois do almoço fomos levá-lo em casa e de lá segui para o curso de ginástica, onde fui me encontrar com Jucira e d. Lotte para combinar o que devemos fazer para manter em ordem o curso. Com surpresa lá encontrei d. Nilza, a se meter em tudo, dando ordens como se aquilo fosse dela. Lotte e Jucira estão abarbadas para se livrar dela.

Fomos as três juntas até a Pernambucana ver fazenda para os novos uniformes. Trouxe o material para fazer um em casa e levar lá para ser aprovado. Voltei com Renato e trouxemos seu Mário no automóvel. À noite não saímos.

[**Março 10**]
Passei mal a noite. Pensei muito no Victor Luis e no nosso curso.

Logo cedo comecei os preparativos para o *lunch* que vou oferecer a Lotte e Jucira. Fiz um sorvete, um bolo, torradas com queijo e *sandwiches* de presunto. Correu tudo muito bem. Lotte, como sempre gentilíssima e muito amiga. Mostrei-lhe toda a casa. Ficou encantada com tudo. Combinamos tudo o que temos que fazer no curso. Pretendemos reformar as pinturas e o ladrilho, não vai ser barato. D. Nilza está uma fúria. Ninguém entende aquela mulher! Nossa dificuldade está toda na falta de dinheiro para as obras. Proseamos muito até seis e meia. Gosto delas, porque são francas e sinceras. Servem para minhas amigas. À noite não saímos.

[**Março 11**]

Passei bem a noite, mas custei muito a dormir. Fiquei muito contente com a visita de Lotte e Jucira. Creio que o encanto foi quebrado e que agora Lotte virá mais vezes me visitar. Lidei na casa toda a manhã. Só às duas horas pude começar a coser o novo uniforme para o curso. Ficou muito triste. Trabalhei todo o dia e só à noite pude fazer as casas, enquanto visitava mamãe. Lá ficamos até tarde. Luis e Julinha tinham ido ao cinema. Estou inteiramente dissociada de minha gente. Creio que é mal sem remédio! Renato deve parecer-lhes o homem mais convencido do mundo. Meu pessoal não reconhece nele, nenhum valor intelectual. Santo de casa... Além do mais ele tem um modo de falar, que faz parecer que ele é muito prosa. Para completar somos, os dois, inteiramente descrentes e eles são [ilegível] crentes!

[**Março 12**]

Hoje saí muito cedo de casa. Fiz algumas compras e fui ao curso levar o uniforme. Ficou resolvido que se fizesse outro para modelo e experiência. Tive uma longa prosa com Lotte e fiquei sabendo toda a sua vida, sucessos e fracassos. É uma ótima criatura. Voltei para almoçar e à tarde fui à chapeleira, fiz compras e voltei ao curso, onde fomos resolver o caso da d. Nilza. Ela vai continuar. Parece que está arrependida do que fez. Conseguimos conciliar as cousas. João lá esteve hoje para fazer o orçamento dos ladrilhos.

D. Lotte faz de mim um juízo muito melhor, do que eu mereço. Conversamos um pouco sobre Victor Luis. Pela primeira vez. Voltei pra casa tarde. Renato reclamou. Tenho pavor que ele implique com d. Lotte, como costuma fazer com as pessoas que muito gosto e às quais me dedico.

[**Março 13**]

Cosi toda a manhã. Acordei muito cedo. Às cinco horas perdi o sono e fiquei pensando no meio de fazer render o nosso curso de ginástica. Gosto muito de Lotte, e quero corresponder ao juízo que ela faz de mim. É pena que não me possa dedicar inteiramente a isto, porque Renato é a criatura mais insuportável que conheço quando resolvo me dedicar a qualquer outra cousa, ou pessoa, que não seja ele.

Hoje esteve lá o pintor para fazer o orçamento. Custará tudo 1:200$, sem contar os ladrilhos. Não sabemos onde arranjar dinheiro. Se eu tivesse uns cinco contos!...

Já tive a primeira discussão com Renato por causa disso. Pretendo não falar mais nada a respeito. Tudo farei a sua revelia. Depois queixa-se de que estou diferente!

Sergio foi comigo. Comprei-lhe dois sapatos. À noite não saí.

[Março 14]

Depois de muito pensar, apesar de ter resolvido não falar mais com Renato a respeito do curso, fui propor a ele fazer-me sócia do curso, entrando eu com o capital necessário para fazer face às despesas. Ele acha que aquilo tem muito futuro, sendo bem administrado, pois que me ajude! É um meio de ganhar dinheiro como outro qualquer. Mas não consigo entrar em acordo com ele, porque o que ele faz com uma mão, destrói com a outra. Prontifica-se a me dar o dinheiro e depois dana-se porque prometeu. Será possível que ele não chegue a compreender que eu preciso me ocupar numa cousa como esta? Hoje fiz um uniforme para modelo que ficou muito bonitinho. Vou levá-lo segunda-feira. Que bom se Renato quisesse me ajudar de fato, como um amigo de verdade! Estou só, sempre vivi só, e continuarei só. Quem podia ser meu companheiro, meu filho, foi-se. Era o meu temperamento. Dedicado e sempre pronto a servir, como eu. Quanta saudade!

[Março 15]
Domingo
Acordei às cinco horas. Às seis e meia levantei-me. Fomos cedo ao cemitério. Lá encontramos flores que Laura havia levado. O carpinteiro veio hoje e fez um galinheiro e várias coisinhas que estávamos precisando. Tive um dia ocupado, arranjando daqui e dali. Contudo achei tempo para dormir depois do almoço. À tarde fomos buscar o Sergio em Águas Férreas e depois fomos ao Orfanato Nossa Senhora de Nazaré ver se tinha vaga para pôr as filhas da Wanda. Nada conseguimos. Na volta estivemos em casa de China, onde houve reunião da família. Todos lá estavam, menos mamãe que havia ido ao cinema. Não estive com ela. Jantamos em casa e não saímos à noite. Renato queixa-se de que a família não nos visita. Acho isto tão natural, que não estranho. Ele mesmo criou esta situação com sua neurastenia e horror ao barulho, e, principalmente sua mania de dizer desaforo aos outros.

[Março 16] **Serra doente**
Cinco meses faz hoje, que ele foi operado! Se ele pudesse saber a falta que está fazendo! Se ele pudesse saber a situação em que vivo depois que ele morreu! Meu pobre filho! Que falta está fazendo! Renato está uma pilha elétrica. Tão nervoso que não tem mais controle. Diz desaforo, ofende, comete injustiças. Já nem sabe mais o que diz, tais as suas incoerências! Fez hoje

uma cena que me causou vergonha. E o pior é que mamãe estava presente. Detesto que toda a família fique sabendo que Renato não tem educação, ou pelo menos, não sabe se controlar. Tenho feito o impossível para evitar que ele seja detestado por todos, não falo mal dele com ninguém, pelo contrário. Só faço elogios. Mas ele mesmo se incumbe de destruir a opinião boa que possam fazer dele.

Estive hoje no curso. O uniforme ficou muito bom. Tudo continua na mesma. Falei com Frau Igel sobre os ladrilhos. Fui depois visitar Serra Netto. Está melhor.

[**Março 17**]

A primeira cousa que fiz hoje foi ir ao cemitério visitar Victor Luis. Encontrei-me lá com mamãe e Celina. Fui depois ao curso ver o que há de novo. Por enquanto nada. Quinta-feira pretendo falar com d. Nilza definitivamente. Cheguei para almoçar e às quatro horas fui ao consultório de Raul. Tudo em ordem. Só precisarei voltar dentro de quinze dias. À tarde, enquanto Renato foi ao cemitério, fui dar uma prosinha com Ligia. Celina jantou conosco e Renato foi levá-la em casa, para fazer um pouco de exercício. À noite não saímos. Foi este o meu dia. Jucira telefonou-me sobre questões do curso de ginástica. Muito tenho pensado sobre isto, o que veio me distrair um pouco de minhas tristezas. Estou quase me convencendo que Victor Luis... Não! não devo nem posso escrever tal cousa!

[Março 18]

Já se passaram cinco meses, mas parece que foi ontem! Quando olho os seus retratos e vejo-o tão vivo, tão risonho, chego a esquecer que ele morreu. Tenho a impressão de que está fora, numa viagem, mas vai voltar um dia. Nunca penso nele morto, quando olho as fotografias. Não posso até hoje conceber, nem imaginar a realidade, tal qual ela é. Há dias, porém, em que só me lembro dele para chorar.

Não saí hoje durante o dia. Pela manhã fui à Santa Casa, mas não encontrei dr. Rogério Coelho. Depois do almoço cosi um pouco o uniforme do curso.

Renato continua mudo e eu idem. Se fosse possível, continuaria sempre assim, pois desta forma não ouvirei o que não quero. Ultimamente Renato só abre a boca para lastimar-se de tudo, ou implicar com os outros, e comigo, quando não se torna grosseiro. É mesmo melhor que não nos falemos.

[Março 19]

Tenho andado preocupada com o que vou falar com d. Nilza. Lotte não quer que ela continue e eu acho mesmo que ela deve sair. É impossível viver às claras com uma criatura que só sabe andar pelos atalhos. Passei toda a manhã em casa. Lavei a cabeça e cosi. À tarde fui ao curso. Falei com d. Nilza e foi tudo tão facilmente resolvido que estou espantada. Desistiu da melhor boa vontade para que eu continuasse. Fico até desconfiada com tanta calma que manifestou. Saí de lá tarde e fui ver o Serra meia hora. Cheguei em casa para jantar. Renato está mais manso e procura me agradar. Se ele soubesse o quanto sofro com suas crises de "estupidez" (não há outro termo para qualificar certas cousas que faz e diz) procuraria me poupar! Os homens são tão inconscientes, que não acho estranho que se diga que "o casamento é o túmulo do amor". Quanto esforço e coragem são precisos, para manter de pé o amor, e muitas vezes só conseguimos salvar as aparências! À noite fomos ao cinema. Ótimo!

17-1-938 — Hoje penso diferente — O casamento consolida o amor. Porque só o amor verdadeiro resiste a tais embates.

[Março 20]
Resolvi fazer as pazes com Renato. Não trocamos uma só palavra a respeito da causa da briga. Tudo continuará calmo até que ele dê novo motivo. Mas sempre fica no fundo da alma, um arranhãozinho indelével. Quando muitos se acumularem, haverá remédio?

Metade do dia passei cosendo. À tarde fui à chapeleira e depois estive no curso. Saí de lá às seis e para chegar em casa precisei tomar três ônibus! Renato não saiu de casa. Os papéis agora estão invertidos. Ele não se sente bem de saúde. Nada tenho falado sobre o curso. Pretendo dizer o menos possível aquilo que faço. Parece que não chegaremos a nos entender. À noite estivemos em casa de Ligia. Deitamo-nos muito cedo. Agora que já decidi a questão de d. Nilza e não tenho mais com que me preocupar muito, estou ficando outra vez angustiada, com saudades loucas do Victor Luis.

[**Março 21**]

Hoje foi um dia em que tudo saiu às avessas. Acordei angustiada, em pranto, porque sonhei que o Victor Luis tinha morrido afogado. E não tive o consolo, quando despertei, de verificar que era só um sonho. Já não me basta o que sofro acordada. É preciso que sofra também dormindo.

Fui cedo para o curso e de lá saí de táxi às pressas, para ir à Santa Casa, tratar do asilo para os filhos da Wanda. Não encontrei dr. Rogério. Perdi meu tempo. Voltei para almoçar e à tarde fui ao escritório de Penna e Franca encontrar-me com João para vermos os ladrilhos no sr. Igel. João não pôde ir e eu perdi minha viagem. Tudo fracassou. Jantamos em casa de Ligia e depois fomos buscar o Sergio em casa de China, aniversário de Norma. Deitamo-nos cedo. Muito calor.

[**Março 22**]

Às seis e meia estava de pé. Fomos cedo ao cemitério. Toda a manhã estive providenciando para a chegada de Cecilia, que veio pelo Cruzeiro com armas e bagagens. Fez boa viagem e acham-se todos bem-dispostos. Vai começar a vida nova. Principiei "muito bem", com uma crise de colecistite. Passei mal o dia. Celina almoçou conosco. À tarde saímos de automóvel para um ligeiro passeio e na volta paramos em casa de Ligia onde estivemos proseando com Julinha e Luis, que lá estavam. À noite fomos ao cinema ver G. Moore. Ao chegar encontramos a porta da rua aberta, as torneiras da cozinha abertas, a luz do banheiro "aberta". Bela estreia! Tive muitas saudades do meu filho. Tenho tido crises de fraqueza. Choro quando não devo e onde não devo chorar. Sonhei novamente que ele tinha morrido. Será possível que eu não o veja mais vivo, nem nos sonhos?...

[**Março 23**]

Tive uma noite regular. Acordei muito cedo. Toda a manhã passei cosendo e lidando na casa. Cecilia não quer ajudar-me em cousa alguma. Acha que já lhe bastam os filhos. Também, do jeito que ela os cria, com uma ama-seca pirralha, não terá tempo para cousa alguma a mais na vida. Saí depois do almoço para ir ao curso. Não estive com Lotte. Levei-lhe um livro de Renato. Saí de lá e fui encontrar-me com Renato e Sergio para ir ao dr. Orlando. Achou o Sergio muito bem, mas receitou nova série de bismuto. Pretende livrá-lo para sempre da sífilis. Cheguei em casa cansada e desanimada. Tenho tido muitas saudades do Victor Luis. Vejo-o sempre ao meu lado, tão vivo, sempre amoroso e amável. Como num caleidoscópio, sua imagem se sucede ininterruptamente diante dos meus olhos, mas tão distante, inacessível. Que sofrimento!

[Março 24]

Tornei a sonhar com o Victor Luis, mas tão impreciso foi o sonho, que não me lembro mais. Só me ficou a angústia. Fui cedo ao curso resolver várias cousas com Lotte. Depois estive na Santa Casa. Nada consegui para os filhos da Wanda. Dr. Rogério foi amabilíssimo e apresentou-me ao dr. Miguel de Carvalho provedor-mor da mesma. De lá fui ver o Serra Netto, com quem estive uma hora. Não está passando bem. Voltei pra casa com Renato e depois do almoço fui à casa do dr. Artur Ribeiro, falecido hoje às sete horas da manhã. Não sei de que fibra sou feita. Não senti emoção alguma, apesar de tantas recordações tristes que a cena me poderia trazer. A morte sempre me deixa indiferente. Tenho muitas saudades do Victor Luis, mas vivo. Não me faz chorar lembrar das cenas que se sucedem à morte. Depois dela o que mais me poderia emocionar? Toda esta praxe é idêntica para todos.

Renato jantou com os alemães e deitei-me cedo. Está ameaçando uma formidável tempestade.

[Março 25]

Ontem, quando menos esperava, Renato voltou pedindo jantar. A festa dos alemães foi um fracasso. Arranjei-lhe um prato de aveia com torradas. Diz ele que dormiu com fome. Fui ao dentista às dez horas. Dr. Wesley não cobrou nada, porque ele foi a causa da quebra do meu dente. De lá fui ao curso esperar Lotte e fomos juntas ao escritório da Singer falar com o sr. Meyer, chefe-geral, sobre o aluguel. Conseguimos que ele não aumente nada. Voltei para casa e cheguei mesmo na hora do almoço. Todos já estavam me esperando inclusive papai. Durante o dia nada fiz, isto é, nada de extraordinário. Tia Dulce veio ver-nos e ficou até cinco horas aqui. À tarde fiquei só, pensando no meu pobre filho, que tão estupidamente deixei morrer. Não posso, nem devo pensar muito nele, meu desespero não tem limite. Preciso estar sempre ocupada com cousas que me distraiam. Por isso é que me aferrei à ideia de levar avante o curso, sei que isto vai me dar vida. Do contrário...

[Março 26]

Saí hoje às nove horas para ir ao curso. Deixei Cecilia dormindo. Sr. Kruk o pintor esteve lá e escolhemos a pintura. Creio que vai ficar bom. Achei Lotte meio desanimada. Está com receio que eu perca dinheiro e depois ponha a culpa nela. Se ela soubesse, então, que Renato está contra mim, desistiria quanto antes de minha colaboração. Que luta para conseguir uma cousa tão simples! Por causa de uns miseráveis dois contos, que muitos têm a rodo para pôr fora! Eu não duvido que fracasse tudo, mas a culpa será toda dele que se nega a me ajudar.

Sou tão desanimada já por natureza, que fico desnorteada quando me perseguem como Renato está fazendo agora. Mas ele não quer compreender que eu me apego a isto como a uma tábua de salvação. Ele não leva em consideração meu sofrimento meu esforço para vencer, meu amor-próprio ofendido cada vez que discutimos, a impossibilidade de retirar minha palavra dada, *meu horror de trair a confiança que Lotte e Jucira depositam em mim. Nada disso conta para Renato. Eu sou uma desmiolada, filha de Belisário Penna, sem senso, nem critério, um dom-quixote explorado pelos outros! Tudo por causa de dous contos! Mas ele não desconfia que eu procuro nisso uma satisfação à necessidade que sinto de fugir à vida insípida, sem interesse que eu levo em casa, morando onde não gosto, com quem não quero, assoberbada com questões domésticas de uma chateza irritante, aturando um marido neurastênico, derrotista, querendo morrer todo dia, achando todo mundo ruim, cheio de defeitos, só ele uma perfeição. Não faz caso de mim; parece, até, que me despreza, não me olha, nem sabe se ando vestida ou nua, só lembra que tem mulher e resolve agradá-la quando precisa dela. Que belo quadro! Ao menos no curso todos me gostam e me admiram. E não hei de me dedicar a quem me mostra tanta amizade? Agora eu gostaria de saber por que escrevi tudo isto. Vou dar para Renato ler!*

27-março 1936

Dei! Ele leu e parece ter compreendido. Eu sabia que ele acabaria cedendo. A questão toda está em eu não saber falar. Choro logo. Escrevendo, as cousas são mais fáceis de ser explicadas e parece-me que ele está convencido. Como poderia eu trabalhar e me dedicar a qualquer cousa, sem sua aprovação e auxílio? Seria, para mim, um sacrifício imenso. Nunca deixamos de nos ajudar mutuamente, mas nestes últimos tempos temos andado tão desunidos, havia tanta indiferença entre nós dois, que eu pensei não encontrar mais remédio para o mal. Vou ver se ele não desanima e vai até o fim. Que falta me faz o Victor Luis! Creio que morreria de angústia e desespero se não me entregasse a esta distração. Para ele também vai ser bom. Mas não sei por quê, depois que consegui o que queria, sinto-me amedrontada. Conseguiremos ir até o fim? Haverá sempre entendimento entre nós? Por que será que Lotte e Jucira gostam tanto de mim?

[Março 27]

Como sempre, depois dos meus arranjos domésticos e tudo determinado, saí de casa para várias cousas. Parei no marceneiro para falar ao seu Bastos. Não havia ainda feito o orçamento do armário. Fui visitar o Serra Netto. Mandei fazer dois orçamentos para a banqueta; depois fui encontrar-me com Lotte e Jucira para ver se aprovavam as resoluções que tomei com Renato. Ficaram satisfeitíssimas com tudo o que decidimos e estão entusiasmadas com nossa colaboração, principalmente a de Renato. Durante o dia não saí e foi bom. Tive muito o que fazer. Nem pude dormir um pouco, como havia determinado. Em todo caso deitei-me depois do banho para descansar, pois dormi muito mal a noite passada. Ficamos até onze e meia a resolver o que devíamos fazer para uma boa propaganda do curso e hoje às seis horas já estávamos na máquina a escrever. À noite não saímos. Chove torrencialmente.

[Março 28]

Não tenho dormido bem. Acordo muito cedo pensando num mundo de cousas que precisamos fazer para o curso e na falta de dinheiro, para realizá-las. Estive lá hoje com Lotte; proseamos muito. Só não conseguimos resolver o caso dos ladrilhos. Voltei com Renato na hora [do] almoço e paramos no barracão do Modestino Kanto para ver o busto do Victor Luis. Estava apreensiva, mas ficou ótimo! Estamos muito satisfeitos. Só sinto não poder trazer um para casa. Está uma verdadeira obra de arte. Mas não me consola de o ter perdido. Tenho reagido valentemente contra o desespero. A reforma do curso de ginástica me absorve muito, mas não dá para me distrair da minha angústia. Sinto tantas saudades dele, que há momentos em que eu o vejo como se vivo fosse.

Não saí à tarde. Cecilia foi a um chá e eu fiquei pajeando as crianças.

[**Março 29**]

Acordei às cinco horas da madrugada e até sete e meia fiquei na cama a pensar. Fomos ao cemitério. Depois levei o Sergio à sessão das dez horas no Metrópole ver um programa infantil. Lembrei-me muito do Victor, pois lá estive com ele assistindo uma fita de Tarzan no dia em que havíamos ido ao médico para ver sua sinusite. Se em vez de ir ao cinema, eu o tivesse levado ao radiografista, não teria sido evitada em tempo a causa de sua morte? Mais uma dúvida que me atormenta. Sergio estreou a roupa do Victor Luis que mandei consertar para ele. Isto ainda tornou mais viva a sua lembrança. Papai almoçou comigo. Durante o dia dormi um pouco e depois trabalhei na máquina escrevendo o contrato e o plano de propaganda do curso. Foi um domingo muito calmo. Sergio e Beatriz estiveram em casa de Julinha. Choveu torrencialmente. À noite não saímos.

[**Março 30**]

Mais uma noite maldormida. Pego no sono depois da doze e acordo antes das cinco. Não sei o que tenho. Penso muito no curso e no muito que temos a fazer. Não saí pela manhã; choveu muito. Depois do almoço fui com Cecilia ver o Serra que não está passando nada bem. De lá fomos até à cidade. Levei-a ao curso e tomamos chá na Cavé. Voltei para conversar com Lotte e Jucira. Não voltei muito animada. Lotte está com medo que a Nilza nos faça alguma traição. Corre o boato de que ela vai abrir um curso na avenida. Nada receio e espero que ela não nos faça cousa alguma.

Cheguei em casa muito tarde e muito cansada. Mesmo assim fui ao cinema. Fitas medíocres. Para dormir tomei uma abasina. Estou muito nervosa. Preocupada com meus compromissos, com o Serra e com muitas saudades do Victor Luis.

[**Março 31**]
Consegui dormir mais calma, mas acordei às cinco horas. Toda a manhã lidei na casa e consertei as camisas do Serra. Depois do almoço saí para várias cousas. Andei léguas, penso eu, à procura de fazendas que sirvam para nossas cortinas do salão e vestiário. Conversei com Lotte e Jucira sobre as despesas. Há pouco dinheiro para tanta cousa, mas havemos de dar um jeito. Ainda não conseguimos quem coloque os ladrilhos, o que muito me tem preocupado. Vamos colocar o telefone de sociedade com Frau Igel. Saí do curso muito tarde e corri a ver o Serra Netto. Acho-o muito abatido. Tenho medo que ele não levante mais desta. É um grande amigo que vou perder. Cheguei para jantar ainda em tempo. À noite não saímos. Tudo tenho feito para me distrair, mas nada tem adiantado. Penso muito no meu filhote querido.

Despesas de março

		Aluguel	763 000
	½	Casa	293 000
	⅔	Alimentação	474 000
Colégio	30 000	D. Lili	100 000
		Jardineiro	20 000
		Galinheiro	12 000
		Farmácia	19 800
		Professora	70 000
			———
			1:751$800
		Sebastiana	40$000
			———
Maria	120$000		1:791$800
Yolanda	130$000		
Jardineiro	100$000		
		Armazém	430 000
		Quitanda	116 000
		Açougue	79 600
		Leite	43 900
	×	Flaviense	26 200
		Seu João	16 400
			———
			712 100

[**Abril 1**]

Tive uma manhã muito agitada. Não sei por quê, tudo ficou atrasado. Saí às carreiras para ver o Serra, levando uma marmita com uma sopa bem forte para ele, mas cheguei atrasada. Já havia almoçado. Não acho que esteja bem. Fiquei com ele uma hora e voltei com Renato para almoçar. Ligia e tia Dulce estiveram aqui. Quase não pude ajudá-las a coser tão ocupada estive. Mesmo assim cortei o vestido de tia Dulce. Depois do jantar fomos visitar papai. Lá encontramos o Carlos Botto com a mulherzinha, muito simpática e amável. Lá estavam China, Ligia, Nonô, Celina, Oswaldo, Julinha, Luis, papai e nós.

Estou muito preocupada com o Serra Netto. Já tenho tanto o que pensar, e mesmo assim, não me sai do pensamento a lembrança do Victor Luis.

[**Abril 2**]

Saí de casa muito cedo hoje, para ver o Serra. Encontrei-o dormindo. Fiquei com ele até nove e meia. Fui à cidade fazer algumas compras e depois estive no curso, resolvendo várias cousas com Lotte e Jucira. Voltei com Renato para almoçar e às duas e meia estava novamente na cidade. Fui com Jucira à rua Camerino tratar do "habite-se" do curso. Fomos à Light encomendar o telefone e voltamos ao curso. As alunas não foram. Comprei vinte e três metros e meio de fazenda para o biombo e janelas do vestiário. Tomei um sorvete com a Vera e cheguei em casa para jantar. Ando muito nervosa. Assusto-me à toa. Tudo aflição e medo que as cousas não deem certo e o dinheiro não chegue. Tenho andado demais à procura de fazendas baratas para as cortinas. Tenho muitas saudades do Victor Luis. Estou certa que seria uma companhia ótima para mim agora.

[Abril 3]
Acordei muito cedo. Às quatro e meia. Renato também sem sono, acendeu a luz e foi ler. Toda a manhã lidei na casa e às onze horas fui ver o Serra, não acho que esteja passando bem. Renato levou-lhe o dr. Renato Pacheco, que acha seu estado muito melindroso. Depois do almoço fui com Jucira à cidade. A licença da Prefeitura não estava pronta. Andamos correndo casas a comprar fazendas para cortinas. Estive depois no curso com d. Lotte. Ela está desanimada. Fizemos as contas e verificamos que com menos de três contos não podemos fazer face às despesas. Não sei o que fazer. Sinto-me bem aflita. Só tenho 2:200$.

Hoje chegou o busto do Victor Luis. Não está bem ele, mas lembra-o bastante. Fiquei emocionada e espero poder guardá-lo aqui. Sua saída para o Fluminense equivalerá a uma segunda separação. Não posso me conformar até hoje, quase seis meses já passados.

[**Abril 4**]

Tive um dia hoje de grande agitação. Saí cedo com Renato e fomos ver o Serra. Achei-o pior. Às onze horas lá voltei depois de ter rodado na cidade com Jucira à procura de fazendas para as cortinas. Vim almoçar em casa e voltei novamente a ver o Serra, cujo estado se agravara muito. Fiquei com ele toda a tarde, preveni os amigos, que foram todos visitá-lo. Às quatro e meia mais ou menos ele faleceu rodeado de todos os que mais lhe queriam. Foi uma agonia calma, posto que há dias já viesse sofrendo de grande dispneia que muito o deixava aflito. Morreu com coragem e soube sofrer com estoicismo suportando tudo sem queixar-se. Senti e sentirei sempre a perda deste grande amigo que tão bem soube fazer-se querido. Tudo fiz dentro de minhas forças para que seus últimos dias lhe fossem o mais suaves possível. Se ele pudesse saber do que fiz, sinto que ficaria satisfeito.

[**Abril 5**]

Passei toda a noite velando o corpo do Serra, cuja essa foi armada no próprio quarto em que ele viveu mais de trinta anos. Fizeram-me companhia as duas Macedo Costa, Helena e Maria, dois rapazes da pensão, d. Dila, d. Maroquinhas, o Cincinato Braga, dr. Silvio, d. Olga, que se revezaram. Às cinco horas vim pra casa descansar um pouco. Levantei-me às sete, fui ao cemitério visitar o Victor Luis, compramos uma coroa em nome dos irmãos do Serra e voltamos à pensão, onde ficamos até a saída do enterro. Acompanhamo-lo ao cemitério, onde foi enterrado perto da quadra do Victor Luis, o que vai ser fácil, para nós, visitá-lo todos os domingos. Estou profundamente abalada com tantas emoções. Sinto uma tristeza imensa de ver morrer um amigo tão querido e cuja vida parecia inabalável, tão habituados estávamos de vê-lo sempre o mesmo, inalterável. Que falta vai me fazer a sua assistência espiritual!

[**Abril 6**]
Depois de uma noite bem-dormida senti-me hoje refeita de tantos abalos. Fui cedo ao curso decidir várias cousas com Jucira e Lotte. Comprei o resto das fazendas e voltei para almoçar. Depois do almoço fui com Cecilia à pensão para arranjar as cousas do Serra. Não foi sem emoção que profanei um santuário que há mais de trinta anos ninguém mexia a não ser ele. Tudo velho, tudo empoeirado. Vêm móveis e papéis para aqui, de onde darei destino conveniente. Voltamos para casa às sete horas, cansadíssimas, mas satisfeitas por termos cumprido este sagrado dever. À noite Ligia e Nonô estiveram aqui. Fui dormir cedo.

José "Costeleta" ajudou-nos bastante na arrumação.

Ontem d. Antonieta esteve aqui. Veio ver o busto do Victor Luis.

[**Abril 7**]
Amanheci hoje disposta a ficar em casa. Às oito horas, porém,
Jucira telefonou-me que eu precisava ir ao curso, para resolver várias cousas que só eu poderia fazer. Lá fui correndo e lá
fiquei até meio-dia. Quando cheguei em casa não encontrei a
cozinheira. Cecilia estava afobadíssima na cozinha a preparar
o almoço. Arranjamos o melhor que pudemos um almoço bem
simples. Depois estiveram aqui China, Elza, Maria e Ligia, que
passaram a tarde conosco. Nada pude resolver do mundo de
cousas que tenho a fazer. Madame Bebiano me trouxe o Chaninho que está comendo todos os peixinhos do nosso lago. Sergio
está radiante. Maria levou os uniformes para fazer. À noite não
saímos. Tive uma imensa saudade do Victor Luis hoje. Que
auxiliar precioso ele seria para mim, no arranjo do curso!

[**Abril 8**]
Como sempre muito cedo estava de pé. Agora acordo todos
os dias às cinco e meia. Não sei por quê. Maria saiu cedo para
levar a filha ao Hospital São Francisco, onde vai ser operada do
ouvido. Almocei na cidade com Renato. Cecilia foi para a casa
de Ligia. Não voltei pra casa. Fiquei rodando a ver fazendas e
móveis para o curso e depois encontrei-me com Lotte e Jucira.
Fomos até a rua Visconde de Itaúna procurar móveis baratos.
Nada encontramos. Voltamos à Cavé onde tomamos sorvete.
Voltei para casa cansadíssima. Deitei-me até à hora do jantar.

Os móveis do Serra já vieram, mas ainda não tive tempo de olhar para eles. Escrevi para Campinas e estou esperando a decisão deles. Acho tão esquisito o Serra ter morrido! É como o Victor. Não posso me habituar à ideia de que tudo se acabou.

[Abril 9]

Hoje não saí de manhã e consegui lavar minha cabeça, o que há muito vinha adiando. Cosi quase todo o dia as cortinas do curso. À tarde resolvi sair para comprar alguns preparos que me estão faltando e acabar tudo amanhã. Fui até a casa de Nunes e depois encontrei-me no curso com Lotte e Jucira. As obras estão bem adiantadas, mas o ladrilheiro está relaxando. Contudo esperamos que tudo esteja pronto na próxima terça-feira.

Voltei com Sergio para jantar.

A lembrança de Victor Luis não me abandona. Vejo-o interessado por tudo quanto estou fazendo, entusiasmado com o carpinteiro, ajudando-me em tudo. Que ótima companhia me faria ele agora, nas arrumações e limpeza do salão. Meu pobre filho. Privei-o de tudo quanto gostava. Com que direito continuo a viver?

[Abril 10]

Hoje Sexta-Feira da Paixão não saí de casa, mas trabalhei todo o dia na confecção das cortinas e almofadas do curso. Aprontei quase tudo até seis horas da tarde, apesar da minha fraqueza. Não estou passando bem da colite. Dormi muito mal, sentindo grande mal-estar. Sinto-me fraca e abatida. Renato ainda está pior que eu. Passou todo o dia deitado, numa fraqueza invencível. Não sei o que tem. À noite não saímos. Escrevi à Dea pelo seu aniversário, e comunicando-lhe a morte do Serra. Deitamo-nos muito cedo. Às dez e meia João foi chamado para ir à sede integralista para ficar de prontidão. Estavam esperando barulho para meia-noite. O país vive em polvorosa. Há sempre boatos de revolução.

[**Abril 11**]

Amanheci mais bem-disposta, após uma noite mais ou menos bem-dormida. Saí cedo com Renato e fui ao curso ver o serviço. Parece que fica tudo pronto amanhã. Lotte e Jucira lá estavam e combinamos o serviço para amanhã. Depois do almoço fiz várias cousas de casa e acabei as almofadas do curso. Está tudo pronto e parece que vai ficar bonito. Victor Luis me tem feito grande falta. Era tão prestimoso e amável! Penso muito nele e nada consegue me distrair de sua lembrança. Em toda parte onde vou tenho uma recordação dele. Vejo-o constantemente junto a mim e sofro o martírio de não poder vê-lo de fato. Olho sempre seu busto, mas não o sinto. É tão impassível, tão mudo! Meu pobre filho! Que consolo enganador!

[Abril 12]

Dormi bem. Logo cedo fomos ao cemitério levar nossas "saudades". Pus duas no túmulo do Serra que ainda estava com as coroas. Fomos ao sr. Oliveira encomendar o mausoléu. Parece que vai ficar muito bonito. Almoçamos em casa e depois fui para o curso ver se adiantamos o serviço. Lotte e Jucira também foram. Quase nada pudemos fazer; está tudo atrasado. Fiquei conhecendo a mãe de Jucira, uma senhora muito simpática. Renato foi me buscar. Jantamos em casa e não saímos à noite. Hoje faz seis meses que Victor Luis adoeceu. De hoje ao dia 17 comemora-se a época mais triste, os seis dias mais agoniados da minha vida. Não os posso recordar sem que meu desespero desperte e me faça sofrer horrivelmente.

[Abril 13]

Tive um dia muito trabalhoso hoje, mas pouco tenho que contar.

Fui muito cedo para o curso. Voltei depois do almoço e lá fiquei com Lotte e Jucira até seis horas em altas arrumações. Os pintores estão atrasados. Nós é que pintamos os armários para adiantar o serviço. Seu Albino já começou a limpeza. Seu Carvalho foi-se e deixou o serviço por acabar, Lotte está furiosa. Fez uma droga nas paredes do banheiro. Deixou o ralo entupido e vai nos custar mais 90$000 para consertá-lo.

Estou muito cansada, nem pensar posso. Escrevi à Cássia. Vou tomar banho e dormir.

[**Abril 14**]

Mais um dia de trabalho intenso. Passei-o inteiro no curso, nem almocei em casa. Pintamos, limpamos, arrumamos. O bombeiro desentupiu o ralo, de maneira que amanhã toda a limpeza será terminada. Passei o dia com dois *sandwiches* e duas maçãs. Lotte e Jucira trabalharam como dois homens. Está tudo uma beleza! Esperemos que nos renda alguma cousa mais, do que aborrecimentos. Estamos todas três confiantes no futuro.

Quase não penso no Victor Luis quando estou no curso. Chego a esquecer minha desdita. Mas basta que saia de lá, para cair na realidade e o desespero tomar conta de mim.

Tenho voltado para casa muito tarde, todos os dias. Renato está muito paciente e interessado pelo curso.

Hoje foi aniversário de Julinha e eu me esqueci completamente.

[**Abril 15**]

Mais outro dia de labuta exaustiva. Tudo ficou pronto e ótimo. Lotte está cansadíssima, mas satisfeita. Fui para o curso depois do almoço. Até às seis e meia trabalhamos como "mouros", para aprontar tudo para a primeira aula amanhã. Seu Albino ficou derreado de cansaço! Tive pena dele! Renato foi lá me buscar e ficou encantado com as reformas. Parece tão entusiasmado quanto eu. Agora só pensamos na propaganda para obter o maior número possível de alunas. É preciso que nos renda dinheiro, pelo menos para os alfinetes.

Quase não tenho vivido em casa e já estou me desabituando de viver nela. Sinto uma grande atração pelo curso. O ambiente lá está muito agradável. Como o Victor Luis haveria de gostar de tudo o que fiz. Ele tinha admiração e confiança em mim. E eu deixei que ele morresse.

[Abril 16]

Amanheci pensando no meu filho. Faz seis meses hoje que ele foi operado. O tempo passa e eu não consigo me consolar.

Fomos hoje à missa do Serra, mandada rezar pelos irmãos. Eu não o faria nunca, pelo menos com a intenção que eles tiveram. Fomos depois à pensão liquidar suas contas e de lá fui ao curso, com Cecilia. Receberam-me com uma ovação e a Celeste fez um discurso: tudo pândega! Lotte está radiante! Cada uma chegou lá com um pacote de coisas para enfeitar o curso. Está um ambiente familiar, encantador. Todas as alunas gostaram demais. Nenhuma imaginava que a mudança fosse tão radical.

Voltei lá à tarde e com Jucira arranjamos várias cousinhas que faltavam. Cheguei em casa para jantar.

[Abril 17]

Seis meses hoje que Victor Luis morreu! Meio ano já e parece que foi ontem! Tenho cada dia mais saudades dele. Agora que o curso de ginástica já não me dá mais trabalho quase, volto a pensar nele e sinto uma tristeza irremediável. Meu pobre filho!

Fomos cedo ao cemitério levar-lhe alguns cravos. Estivemos no sr. Oliveira tratando do túmulo do Serra. Vai ficar bom, por 9:300$000. Creio que ele gostaria se pudesse ver.

À tarde estive no curso. Fui com Lotte ao dr. Sinval. Ele recusou o meu pedido de figurar como médico do nosso curso. Achei suas razões boas e não me aborreci. Lotte ficou furiosa, mas já consegui acalmá-la. Voltei a falar com Jucira e vim pra casa bem tarde. Não saímos à noite. Hoje é um dia bem triste para nós. Renato está muito nervoso e adoentado. Parece que está virando a casaca.

[**Abril 18**]

A família mandou rezar uma missa pelo Victor Luis. Lá estivemos a fazer figuração, bem contra a minha vontade. De lá fomos ao curso; Cecilia, Beatriz e eu. A aula foi esplêndida. Cecilia voltou encantada com d. Lotte e Beatriz não queria mais sair de lá. Fiquei lá até doze horas, quando Renato foi me buscar. Tivemos longa prosa e ficou decidido que eu cuidarei da escrituração. Vamos ver no que dará isto. Durante o dia dormi um pouco e cosi várias cousas. Ligia veio ver-nos e aqui ficou até a hora do jantar.

Renato não está passando bem e eu já descobri que a causa é um arroz mofado, que estamos comendo há vários dias.

Nunca pensei que eu fosse tão estúpida. Estou indignada! Já deixei morrer o filho e não faltava mais nada, senão ser causa da morte do marido!

[Abril 19]
Passamos muito bem a noite, só porque ontem no jantar não comemos do tal arroz. Acordamos às seis horas e juntos lemos um bom trecho do Farias de Brito. Fomos ao cemitério e já encontramos o túmulo enfeitado pela Laura. Não sei definir o que sinto, mas não gosto que outros se lembrem do Victor Luis. Tenho ciúmes mesmo que falem sobre ele. Bem sei que é um sentimento pouco nobre e, por isso, procuro recalcá-lo, mas não consigo vencê-lo. Depois do almoço estive no curso com Lotte e Jucira, que lavaram e limparam tudo, porque a Nair nada faz. Renato foi me buscar para vermos *Anna Karenina*. A fita é ótima, mas não me causou a mínima impressão. Cheguei a me esquecer dela. Chegamos tarde para jantar e achei tudo por fazer. Yolanda é uma pasmada!

À noite não saímos.

[Abril 20]
Tive saudades imensas do Victor Luis hoje. À hora do crepúsculo, sempre que estou cosendo, lembro-me dele. Era quando chegava em casa e ia me beijar e conversar comigo enquanto eu acabava as costuras! Todas as vezes que choro,

Cecilia pergunta se estou resfriada. Bem bom! Não gosto de fazer exibição de tristezas. Não saí cedo. Só às dez estive no curso com Maria Clara, Lotte e Arminda. Parece que a licença vai ser resolvida. Maria Clara aceitou nossa proposta para ensinar dança. Comprei um espelho e um caderno para notas.

Durante o dia dormi um pouco e cosi, coisa que há muito não faço. Renato estava muito bem hoje. Obriguei-o a chupar duas laranjas em jejum e foi um desastre! Espirrou o dia inteiro.

[**Abril 21**]

Renato, felizmente, amanheceu melhor. A noite foi boa para ambos. Ontem fomos ao cinema ver uma ótima fita: *A melodia perdura*. O cinema Ipanema é muito bom. Fomos no "Jiló" com João e Cecilia.

Cedo fui ao curso. Renato não trabalhou hoje, feriado. Só eu saí de casa. A aula tinha pouca gente. Ganhei uns abios de primeira ordem. Jucira mos deu. Depois do almoço caí num sono profundo até três e meia. Um escândalo. Sergio foi ao cinema com o Silvio e o Juca do Franquinha. Pouco fiz hoje. Não me sinto bem do estômago.

Renato telefonou ao Modestino. Não conseguiu falar. Dr. Jefferson telefonou sobre o busto. Fiquei triste de ter de me separar dele. Convidou o Sergio para uma festa no Fluminense quinta-feira.

À noite não saímos.

[Abril 22]

Não saí hoje cedo. Lidei com costuras e tentei mexer na papelada do Serra. Acho muito difícil destruir o que ele guardou durante anos, com tanto carinho. Esvaziei uma lata cheia de papéis e levei-a para o curso.

Às quatro horas encontrei-me lá com Lotte. Levei-lhe umas mães-bentas e ela comeu mais de uma dúzia. Não gosto de ir ao curso quando não há aula. Tenho a impressão de que está tudo morto. Mas é só impressão. Voltei para jantar. À noite fomos assistir *Baboona* uma boa fita sobre a África. Estive muito triste durante todo o dia de hoje. Muitas saudades do Victor Luis.

Minha cistite está ameaçando voltar. Tive dores no rim. Não estou gostando disto.

[Abril 23]

Pela primeira vez acordei sem me lembrar que Victor Luis tinha morrido. Ainda meio dormindo sentia uma grande tristeza porque há muito ele estava fora de casa e eu não o via. Quando despertei de todo é que compreendi e lembrei-me da realidade. Que angústia!

Renato não passou bem a noite. Acordou mais tarde. Fomos juntos para a cidade. Assisti a aula da manhã que foi ótima. Voltei para almoçar. Durante o dia quase nada pude fazer. Renato teve muitas dores no estômago. Não sabe o que é. Cosi uma almofada para o curso. À tarde, seis horas, fui levar o Sergio ao Fluminense, onde havia um jantar de confraternização dos escoteiros. Tantos estavam lá, menos o meu Victor Luis, ele que era a alma do escoteirismo do Fluminense. Por que é que o mundo continua a rodar?

[Abril 24]
Hoje não saí de casa, coisa excepcional. Passei a manhã arranjando umas almofadas para o curso e projetei ir até lá à tarde. Aconteceu, porém, que Renato não estava se sentindo bem. Fiquei tão nervosa e acabrunhada que não tive coragem de sair.

Recebemos carta de Cássia e Jerônimo e Renato já foi tratar do túmulo do Serra Netto. Na próxima semana iniciarei o arranjo de sua papelada.

Tive muito sono depois do almoço. Penso ser dispepsia.

À noite Renato melhorou e resolvemos ir ver *Metropolitan* pelo Lawrence Tibbett um barítono formidável.

E assim acabou-se agradavelmente, um dia bastante aborrecido para mim.

[Abril 25]
Renato acordou ainda queixoso das dores reumáticas, que tanto o têm atormentado e a mim também. Amanheci triste. Fui ao curso e lá animei-me um pouco. Lotte e Jucira continuam com a melhor boa vontade. As alunas estão voltando aos

poucos. Em maio teremos muitas mais. China assistiu à aula e gostou muito. Vai também fazer. É a primeira das irmãs que se animou a ir ver o meu "negócio". Depois do almoço Renato melhorou e passou bem até a hora de dormir.

Falei com Araci Vasques no telefone e tive a surpresa de saber que vai ter um filho dentro de dois meses! Falei também com B. Brigido e ela prometeu-me ir ao curso na próxima semana.

Não tenho pensado no Victor Luis, e isto me atormenta mais do que se chorasse o dia todo.

À noite não saímos.

[Abril 26]

Domingo caseiro. Só saí para ir ao cemitério de manhã. Todos foram à praia. Depois dos arranjos caseiros, dei início à arrumação da papelada do Serra. Passei o dia neste mister, a cumprir um dever que a mim mesma impus. E foi bom não mandar aos irmãos antes de revê-la. Tenho encontrado cousas íntimas, cartas que revelam uma fase da vida do Serra que não sei se ele gostaria que fosse parar na família. Pergunto a mim mesma: "Gostaria ele que eu estivesse a revolver-lhe o passado?". Não sei o que pensar. Sinto um grande remorso. Sou uma intrusa. Mas quem iria prestar-lhe este último serviço? Pelo menos nada revelarei do que ler da intimidade de sua vida, que teve também seus dias de grande alegria e dores profundas.

[**Abril 27**]
Segunda-feira é o dia da preguiça. Não passei bem a noite. Pensei muito no Serra. Devo ou não devo destruir certas cousas que encontrei nos seus papéis? Perdi o sono a querer resolver o problema.

Não saí pela manhã. Fui ao curso depois do almoço assistir à aula de três e meia dada pela Jucira. Levei-lhe uma tigela de manjar-branco, que ela gostou muito. A aula foi assistida por cinco novas candidatas. Saíram animadas, prometendo entrar para as aulas. Lotte não foi. Sei que estiveram lá ontem trabalhando o dia todo. Saí de lá às cinco horas e fui ver Marina que há dias está doente sem que eu soubesse. Está com anemia geral. Na volta encontrei-me com d. Joaninha. À noite não saímos. Tive muito sono e impliquei com o Sergio que não me deixava dormir sossegada. Coitado!

Tive um grande abalo com o suicídio de Sílvia Serafim. Terminou tristemente sua triste vida. Que sua memória descanse em paz.

[**Abril 28**]
Saí cedo com Renato para o curso. Ando muito aborrecida. Renato não passa bem de saúde. Esta noite teve muitas dores e não sabe a causa. Voltei com ele para o almoço, que foi dos mais desagradáveis que já tive. João acha que minha paciência

é ilimitada e que devo ouvir sem replicar todos os desaforos que me diz e todas as asneiras que emite a respeito de política, religião, etc. Faz de mim o pior juízo. Só falta me dizer que sou uma mulher à toa. E só. Porque o mais tudo já disse em letras redondas. Por um motivo que ignoro, gritou tanto, disse tais tolices e desaforos, que fui obrigada a sair da mesa para não chorar diante de todos. De hoje em diante não lhe dirijo mais a palavra. Pode dizer as asneiras que quiser. É estúpido, ignorante e grosseiro. Só tenho a ganhar, ficando calada. Confesso que custa-me ter de *tolerar sua presença. Não guardo rancor a ninguém, mas não admito que sejam injustos comigo e façam de mim um juízo que não mereço. João perdeu minha amizade. E ele não sabe o que perdeu, modéstia à parte.*

[**Abril 29**]

Hoje pretendia passar o dia em casa, mas fui obrigada a sair de manhã para cuidar da questão dos uniformes. Houve um protesto contra o preto e resolvemos fazer a blusa verde e a calça preta. Comprei vinte e cinco metros nos Armazéns Brasil. Fui depois ao curso e despachei Nair. Lotte e Jucira não estão satisfeitas com ela. Voltei com Renato e o resto do dia fiquei em casa cosendo o uniforme que ficou muito bonitinho. Não fiz mais nada. À noite fomos um pouco em casa de Julinha e demos uma boa prosa. A família está cada dia mais dispersa. Ninguém se visita nem se interessa uns pelos outros. A compra da fazenda resultou nisso. Depois que Victor Luis morreu a coisa ainda piorou mais. Vivemos num isolamento completo.

[**Abril 30**]
Passei mal a noite. Insônia, pesadelos, angústia, muita tristeza. Acordo sempre assustada, com o coração aos pulos. Fui cedo ao curso e tive bastante que fazer. Fichar, medidas, pesagens, etc. Jucira não foi pela manhã. Voltei com Renato que está passando muito bem agora, depois que começou a tomar injeções de Naiodine.

Resolveu ir a São Paulo passar uns dias e segue hoje à noite. Sinto imenso separar-me dele. Depois que Victor Luis morreu é a primeira vez que isto se dá. Mas reconheço que ele tem grande necessidade de viajar de vez em quando. Papai chegou da fazenda e fomos visitá-lo. Lá estava toda a irmandade. Nonô trouxe-nos em casa.

O Sergio vai dormir no escritório de Renato, assim ficará mais perto de mim. Já deve estar no sétimo sono, enquanto escrevo. E Renato estará dormindo? Faço ideia do calor que sente no trem.

×	Helena	30 000	×
×	Comp.	168 000	×
×	chaf.	40 000	
×	luvas	20 000	
	Serra	23 000	

2:032$200

×	Light	265 300
×	Armazém	440 000
×	Quitanda	77 200
×	Açougue	86 400
×	Leite	62 000
×	Flaviense	24 800
×	Seu João	24 600
×	Maria	120 000
×	Yolanda	130 000
×	Sebastiana	100 000
×	Jardineiro	50 000

1:380 300

×	Aluguel	763 000
×	Casa	690 200
×	D. Lili	100 000
×	Colégio	100 000
×	Farmácia	35 000
×	Asilos	25 000
×	Despesas	200 000
×	extraordinário	34 000
×	excedente	85 000

2:032$200

[**Maio 1**]

Dormi esta noite como há muito não durmo. Não sei a que atribuir um sono tão reparador. Penso que foi devido a uma injeção de Naiodine que Renato me deu ontem. Li até meia--noite e dormi até oito e meia. Há quantos anos não faço isto? É preciso que Renato vá a São Paulo para que eu possa ficar na cama até esta hora. Renato telefonou-me. Fez boa viagem e encontrou todos bons. Passei o dia todo a coser o uniforme de dança para o curso. À tarde tomamos um grande susto com o Leonel que queimou-se e precisou ir para a Assistência fazer curativo. China não estava em casa. Cecilia, João e eu lá estivemos para prestar-lhe os primeiros socorros. Ficou bem queimado nas nádegas, pernas e braços. Faz dó ver uma criancinha sofrer deste jeito! Como é possível acreditar-se em providência divina, anjo da guarda, etc.? No tempo em que eu acreditava em Deus, estas cousas me deixavam perplexa.

[**Maio 2**]

Minha noite não foi muito boa. Tive insônia de madrugada. Acordei muito cedo e fui para o curso. A ginástica hoje foi muito boa. Compareceram dez alunas. Estive bastante ocupada fichando o pessoal. Saí de lá para ir fazer algumas compras. Não almocei em casa. Cheguei às duas e meia e principiei logo a coser o biombo do nosso quarto. Infelizmente não ficou nada pronto. Errei as medidas e vou ser obrigada a desmanchar tudo. D. Carlina esteve aqui. Nunca a vi tão desesperada. Sua situação é crítica! Como é inesgotável a capacidade humana para sofrer! Será possível que não haja solução para sua vida? De ontem para hoje duas pessoas me falaram em suicídio, recurso único para os grandes desesperos. Não haverá outro?

De que fibra sou eu feita, para já estar tão conformada com a vida, depois da desgraça que me atingiu?

[Maio 3]

Fui cedo ao cemitério com Sergio. Acho a semana tão comprida. Qual o consolo que posso ter em visitar um túmulo? Ando tão atarefada que não acho tempo para pensar no meu filho. Quando penso é para me martirizar e me censurar a mim mesma minha indiferença. Sinto um remorso imenso e sofro de não saber sofrer. Estarei errada? Serão os outros como eu?

Passei o dia cosendo meu biombo e uma colcha. Julinha almoçou conosco e passou o dia inteiro aqui com as crianças. À tarde Sergio foi com eles ao cinema. João e Cecilia estão numa discussão tremenda por causa das contas. Falta de dinheiro é cousa muito séria e causa de muita desavença entre marido e mulher. Parece que as despesas ultrapassam suas posses. Teremos de dar um jeito nisso. Não saí à noite e cuidei da papelada do Serra.

[Maio 4]

Meu dia foi estafante. Amanheci cosendo. A noite não foi das melhores. Li até meia-noite e acordei às seis horas. Fiz um uniforme para a empregada do curso. É uma lambisgoia ultra sem graça. Saí às três horas. Fiz algumas compras e fui assistir as aulas de ginástica e dança. Maria Clara iniciou hoje com Jucira, Heres e Celeste. Todas alunas de empréstimos. Voltei tarde e muito cansada. Mamãe voltou da fazenda. Veio passar o aniversário de João com ele. Cecilia foi vê-la hoje à noite. Eu fiquei para acabar os arranjos do meu quarto. Ficou tudo bem bonitinho. Vamos ver se Renato gosta. Recebi carta dele. Chega amanhã cedo. Não lhe escrevi desta vez. A primeira! Perdi a hora do correio e não havia mais tempo de mandar a carta.

Estou muito cansada. Vou dormir.

Fez um mês, hoje, que o Serra faleceu. Não me esqueci dele.

[Maio 5]

Amanheci arranjando tudo para a chegada de Renato. Às oito horas ele me telefonou da Bayer. Não veio em casa, pois fez ótima viagem e não se sentia cansado. Fui para o curso e de lá, ao meio-dia, voltamos juntos. Fez-lhe muito bem a viagem. Voltou corado e bem-disposto. Chegou a engordar. Passei o dia em casa com ele. Estava muito "saudoso" da mulherzinha. Mamãe e tia Zezé jantaram conosco, aniversário de João. À noite todos estiveram aqui reunidos. Cecilia ofereceu-lhes um refresco e alguns docinhos. Renato estranhou que ela não se mexesse para ir arranjar as bandejas como lhe competia. Ela acha que sou a dona da casa, de forma que mesmo o aniversário sendo de João, a obrigação de fazer as honras da casa é minha e não dela. Não estranho isto. Ela tem uma maneira esquisita de encarar os fatos.

À reunião só faltou China, que está com o Leonel ainda doente. Victor Luis estava representado em dois bustos e um retrato. De que vale isto?

[Maio 6]

Quarta-feira é o dia em que fico em casa. Cecilia não foi à feira porque Beatriz está gripada. Foi a Maria. Ela já está dando um jeito para não ir mais. Fiz o projeto de ir ver China, mas comecei a lidar com as cartas do Serra e nisso passei o dia e fiquei muito cansada. Depois de jantar lá estivemos alguns minutos. Pobre do Leonel! Ficou muito queimadinho. Faz dó olhar para ele! Saímos de lá e fomos a um cinema. Fitas medíocres.

Fiquei muito pesarosa com a morte do dr. Beleza, o médico da Assistência que socorreu Renato em 1930, por ocasião de sua súbita doença. Como a vida é traiçoeira! Quando me lembro que o meu Victor Luis já partiu tão cedo! Tenho tido muitas saudades dele. Hoje estou com o "breque" frouxo.

[**Maio 7**]

Estou com muitas saudades do Victor Luis. Umas saudades doídas, fundas, dessas que a gente não pode matar! Não me consolam os seus retratos, nem os seus bustos. São tão mortos, tão frios! Prefiro que a minha imaginação o lembre sempre vivo, e alegre. Levo a procurar nos meninos que encontro, um traço, uma expressão parecida com ele. Mas nada me contenta. Era tão bonito, que será difícil encontrar outro igual.

Recomecei hoje minha ginástica depois de parar seis meses. Estou cansada. Depois do almoço fui ajudar o curativo do Leonel. Um horror! Mais de uma hora de sofrimento atroz para esta pobre criaturinha! De lá fui ao curso buscar uns cartões para levar à minha chapeleira que prometeu fazer propaganda para mim. Encontrei-me com d. Amália Colônia, que me fez muita festa. Voltei cedo pra casa e não saímos à noite.

[**Maio 8**]

Passei bem a noite. Acordei toda doída da ginástica de ontem. Quase não posso me mexer. Aproveitei o dia para liquidar de uma vez a papelada do Serra e arrumar os caixotes. Não pude fazer tudo porque faltou quem me removesse os caixotes pesados. Escapei de morrer, hoje. Fui queimar os papéis e cartas do Serra e não sei como algumas balas de revólver foram junto. Quando menos esperava, começaram a explodir e uma atingiu-me no ombro. Por sorte foi só a cápsula e não passou tudo de uma queimadura ligeira e um susto. Como é fácil a gente morrer! O Serra seria indiretamente o causador de minha morte! Que ironia! Dr. Jefferson telefonou falando na carta que escreveu à diretoria do *club*, sobre o Victor Luis. Fez-lhe um grande elogio! Que pena ter morrido o meu filho!

[Maio 9]

Fui logo cedo ver a Laura, nossa antiga empregada, que se acha muito doente. Renato receitou-lhe umas injeções de Naiodine. De lá fui à ginástica. Sinto-me muito cansada. Não sei se devo parar ou se meu mal-estar é devido a eu ter deixado de fazer durante seis meses. Lotte está ensaiando para nossa próxima exibição. Vamos ver no que vai dar isto. Estou tão desanimada! Hoje passei o dia numa tristeza atroz. Não fiz nada por falta absoluta de ânimo. Só tenho vontade de ficar deitada. À tarde colei algumas cartas de Renato, que pretende colecioná-las num livro. À noite Renato convidou-me para ir ver *Lord Fauntleroy*. Distraí-me um pouco, mas estou irritadíssima, de mau gênio, insuportável. Não sei o que tenho. Minha vontade é ficar num quarto escuro sem ver ninguém, nem falar.

[**Maio 10**]

Amanheci melhor hoje, mas ainda estou nervosa. Fomos cedo ao cemitério. Que saudades do Victor Luis! Sinto revolta quando me lembro que ele poderia estar vivo! Pela manhã acabei de arranjar e encaixotar as cousas do Serra para despachar para São Paulo. Seu Albino me ajudou muito. Mamãe almoçou comigo e à tarde fomos visitar Elza que fez anos. Lá estava um punhado de moças bonitas. Dezoito anos! Com esta idade fiquei noiva.

Estive com a Lizeta que há muito não via. Jantamos em casa e não saímos à noite. Ligia esteve aqui. Com Renato, fiz um folheto de propaganda para o curso. Fui dormir muito tarde. Senti imensas saudades do meu filho! Foi preciso um esforço imenso para parar de chorar e não pensar nele e conseguir dormir.

[**Maio 11**]

Amanheci disposta a ficar em casa e lavar a cabeça. Recebi, porém, um telefonema da Laura, pedindo-me que a levasse para o hospital, pois havia piorado. Fui à casa dela em Cosme Velho e de lá seguimos para o Hospital São Francisco de Assis, onde foi internada. Voltei atrasada para o almoço e encontrei Renato aborrecido e os homens me esperando para levar as cousas do Serra. Depois de uma complicação regular, fomos almoçar à uma hora. Fiquei muito cansada, mas mesmo assim, saí para ir ao curso e fazer algumas compras.

Ligia e Nonô jantaram conosco. À noite não saímos. Estou com o olho no fundo e vou dormir bem cedo.

[Maio 12]

Estive no curso cedo e fiz ginástica. Sinto-me melhor, menos cansada e doída. Lotte está aborrecida comigo porque não quero tomar parte na ginástica. Ela não compreende que meu filho morreu somente há sete meses! Que não tenho ânimo para me exibir em público, nem coragem! Creio porém, que não poderei fugir, sob pena dela zangar muito comigo. Passei o resto do dia em casa, cosendo e lavando várias roupas minhas. Fiz projeto de ir ao cinema, mas na hora de sair Renato mostrou má vontade e desisti. Não estamos bem sincronizados! Tenho tido muitas saudades do meu filhote. Faz sete meses hoje que ele adoeceu para não mais se levantar. Terá ele percebido que ia morrer? Como isto me atormenta! Se eu pudesse adivinhar qual foi seu último pensamento!

[Maio 13]

Sergio esperou que hoje fosse feriado, mas não foi. Passei o dia em casa. Não rendeu muito. Lavei a cabeça, cosi algumas roupas, fiz companhia a Renato e foi só. Celina jantou conosco por ser aniversário da Beatriz. Cecilia não recebeu, porque os pequenos estão doentes. Renato está escrevendo uma cartilha de moral. Parece que vai ficar muito boa. Ele não tem saído de casa entretido com este trabalho. Não posso ficar em casa, sem ter muito o que fazer. Dá-me uma tristeza que me leva às lágrimas. Tenho chorado e não acho forças para me conter. Não posso me conformar com a perda do meu filho! Tantas esperanças, tantos sonhos! Como eu gostava dele! E que falta me faz! Como posso continuar a viver? Meu castigo é este: viver para expiar meu crime. Nada me interessa e tudo que faço é para me distrair, sem que o consiga.

[Maio 14]
Fui hoje à aula de ginástica disposta a satisfazer Lotte. Fiz o primeiro ensaio para a festa. Não sei se darei conta do recado. Acho tão difícil conseguir alguma cousa!

Voltei para o almoço e passei o dia ao lado de Renato a coser meias, etc. Pouco fiz. Ando preguiçosa para trabalhos domésticos. Contudo cortei um vestido, que pretendo fazer amanhã.

Comprei várias cousas para o curso. Ontem seguiu carta para Campinas. Recebi uma de Olga, que há muito não me escrevia. Ela está ocupadíssima na organização da JOC. Trabalhando inutilmente para impedir a marcha espiritual do mundo. O mais que pode fazer é atrasar um pouco uma evolução inevitável. Ai de mim, se lhe disser tal cousa!

Como tenho tido saudades do meu filho!

[**Maio 15**]

Sexta-feira. Dia em que posso ficar em casa, mas como sempre há qualquer cousa que me obriga a sair. Hoje tive de ir ao Hospital São Francisco visitar Laura, nossa ex-empregada, que foi internada esta semana, com uma forte dor ciática. Está passando melhor e muito bem tratada pelo dr. Sales Guerra. Fui com Celina. Na volta comprei um sapato e estive no curso. Voltei pra casa sozinha, pois Renato não almoçou em casa. Durante o dia cosi meu vestido de xadrezinho, que não ficou pronto. À noite fui ao cinema com Renato e vimos uma ótima fita da Katharine Hepburn, cheia de bons ensinamentos.

Ando bem desanimada da vida. Nada me distrai. Tudo pra mim é desengano. Sinto às vezes uma vontade imperiosa de não mais sentir nada, morrer! Covardia?

[**Maio 16**]

Estive cedo na ginástica. Não dei aula, pois havia ensaio e eu tomei parte. É o segundo e já fiz alguns progressos. Lotte está impertinente, mas não desanima. Voltei com Renato, que não tem passado muito bem com as tais dores que não entende. Fico tão aflita quando ele está doente! Quando me lembro que ele também pode desaparecer e que terei de ficar só com o Sergio, sinto uma espécie de preguiça de sofrer, do sofrimento que me espera! Parece um absurdo ter pensamentos tão tristes, mas prefiro habituar-me a esta ideia, para não ter choque muito grande.

Cosi o resto do dia. Penso muito no Victor Luis, enquanto coso, o que me deixa sempre profundamente triste. À noite não saímos.

Ondina chegou ontem da fazenda. Jantou hoje com Ligia, mas não me procurou.

[**Maio 17**]
Coincidiu o dia de hoje, sétimo mês da morte do Victor Luis, cair num domingo. Fomos ao cemitério levar-lhe saudades, como fazemos sempre. Sergio nos acompanhou. Não quero que ele esqueça o irmão. Tenho a impressão de que ele não pensa mais no Victor e isso me entristece muito. Ele não me sai do pensamento e sinto, às vezes, uma revolta surda, por tê-lo deixado morrer. É impossível me consolar. Passamos todo o domingo em casa. Renato não quis sair. Só à noite fomos levar o Salomão e dar uma prosa com d. Antonieta.

Levamos o busto do Victor para ser colocado no túmulo. Qualquer dia destes lá irei para o ver. Breve irá o outro para o Fluminense. Já sinto saudades antecipadas.

[**Maio 18**]
Hoje não saí pela manhã. Lidei muito na cozinha, pois Maria só chegou às dez horas. Depois do almoço cosi meu vestido, mas não tive tempo de aprontá-lo, porque tive de sair. Fui ao curso conversar um pouco com Lotte. Há muito não encontro

tempo para isso. Fiz umas compras, fui à chapeleira, tomei lanche e lá estive uma hora com ela a decidir o meio melhor para fazer render o curso. Uma aluna de Frau Igel assistiu à aula e gostou muito. Tentei cativá-la para nossas aulas, mas penso que não consegui. À noite não me animei a sair. Voltei hoje num autolotação. Renato não gostou.

[**Maio 19**]

Fui cedo ao curso. Não fiz ginástica, mas ensaiei para o dia 6. Não sei no que vai dar a exibição. Os ensaios vão melhorando aos poucos, mas não vejo grande entusiasmo por parte das alunas. Lotte é muito animada. Admira-me sua disposição.

Depois do almoço não saí. Estive muito mole e indisposta. Minha pele está infame, pois tenho comido muita cousa indigesta. Renato não está nada satisfeito. Deitei-me um pouco e li um romance de Stefan Zweig, *Vinte e quatro horas na vida de uma mulher*. O autor é um fino psicólogo e escreve muito bem. Distraí-me um pouco. Às cinco horas fui à casa de Ligia e lá encontrei Mariazinha e Alicinha. Dei uma boa prosa.

Depois do jantar fui levar o Jorge em casa de China, onde ficamos uma hora. Voltamos a pé e cansados.

[**Maio 20**]

Quarta-feira é um dia trabalhoso para mim. Maria vai à feira e eu tenho que lidar na cozinha toda a manhã. Depois que ela chega, arrumo as compras na geladeira. Hoje fiz doce também, dei almoço ao Sergio.

Subi e acabei meu vestido que ficou muito bonitinho. Deitei-me vinte minutos e depois saí para encontrar-me com Lotte e Jucira. Compramos presente para Arminda e depois do lanche, levei Lotte ao meu cabeleireiro, para cortar e pentear. Ela gostou muito, e pretende voltar lá. Está tão bonitinha, que é um encanto olhá-la. Voltei para casa em três etapas. À tarde é uma dificuldade encontrar-se lugar nos ônibus.

À noite não saímos.

[**Maio 21**]

Fui ao ensaio. Cada dia tenho menos vontade de tomar parte na festa, mas não consigo convencer Lotte e Jucira. Temo fazer um feio. É o que vai acontecer. Voltei com Renato. Nada fiz durante o dia a não ser ler um pouco. À tarde fomos, Cecilia e eu, tomar lanche em casa de China com todas as irmãs. Foi uma reunião agradável. Ondina lá estava, gorda, inchada, disforme. Como tenho pena dela! Como deve ser penoso ver-nos a todas bem-vestidas esbeltas e ela sempre grávida, sem jeito, enfeada sem o ser! Tudo isto, porque acredita que existe céu e inferno. Como pode gente inteligente pensar tão errado! Como pode ter tanta falta de senso! Permitir que venham quantos filhos vierem, quando não tem saúde para nenhum!!

À noite fomos ao cinema. Renato esteve muito triste e à noite chorou. Saudades!

[Maio 22]
Tive hoje um dia calmo. Lavei a cabeça pela manhã, fiz um bolo de fubá para Renato e lidei na casa.

Durante o dia quase não fiz nada. Li um pouco e dormi de dia. Renato à tarde foi dar um passeio de *bond* no Leblon. Não me convidou como sempre. Prefere andar só. Não nasceu para ter família. Tudo o incomoda e não gosta de ter a menor contrariedade.

Depois do lanche cosi um pouco e à noite dei um passeio a pé pelo bairro.

O Sergio anda muito esquisito. Não faz a mínima questão de estar ao meu lado. Só quer viver em casa de Ligia. Não adiantam carinhos nem agrados. Mesmo quando está em casa, não permanece cinco minutos junto a mim. Qual o motivo? Será que ando muito tristonha? Perceberá ele que penso muito no Victor Luis?

[Maio 23]
Sábado hoje. Fui à ginástica cedo e tive uma manhã bem trabalhosa. Criada para tratar, sapateiro, homem de anúncio e mais a Ligia Vivacqua que foi assistir a aula e vai entrar para o curso. Nosso ensaio hoje foi melhor. Parece que a coisa vai.

Lotte não perde o entusiasmo. Eu é que ainda não me sinto bem segura. Depois do almoço deitei-me para ler e acabei o romance de Stefan Zweig, *Confusão de sentimentos*. Ótimo! Depois do lanche fui com Renato à cidade. Coisa rara! Estou tão desabituada a sair com ele, que chego a me sentir constrangida. Fui visitar a Livraria Alves e conhecer sr. Paulo Azevedo, homem muito simpático.

Proseamos até depois das seis e voltamos pra casa de *bond*. Foi uma bela tarde, mas minhas alegrias têm sempre um travo tão amargo!... Nunca mais poderei ser inteiramente feliz.

[**Maio 24**]

Domingo insípido, como todos os domingos. O eterno conflito entre o desejo de Sergio de sair e o comodismo de Renato para ficar em casa. Cedo fomos ao cemitério. O busto já está colocado e ficou bom. Vou gostar ainda mais de ir lá. Tiramos algumas fotografias assim como do túmulo do Serra, que também ficou muito bom. O número dos nossos mortos vai aumentando.

Passamos todo o dia em casa. Só à tarde fomos dar uma volta no Leblon e ver o pôr do sol. Levamos o Salomão e na volta demos uma prosinha com d. Mariquinhas. À noite não saímos. Beatriz está novamente com febre e Cecilia muito aflita. Penso e espero que não seja nada de grave. Nestes dias mais calmos é que sinto falta do Victor Luis. Criar um filho e deixar morrer...

[**Maio 25**]

Foi um dia perdido, o de hoje. Praticamente não fiz nada, mas não parei também. Lidei em várias cousas até à hora do almoço. Preguei a estantezinha para os retratos do Victor Luis. Uma droga, muito malfeita. Depois do almoço fui ao curso, mas perdi minha viagem. Lotte lá não esteve. Voltei cedo para casa e durante o trajeto de ônibus fiz inúmeros projetos de ir visitar várias pessoas para aproveitar a tarde e acabei vindo para casa. Cheguei triste, triste e fui para a casa de Ligia, onde proseei um pouco para me distrair. Sinto tantas saudades do meu filho que há dias em que me sinto desnorteada. Não tenho com quem falar nele e mesmo que tivesse não sei me queixar a ninguém. Creio que as grandes dores são mudas.

[**Maio 26**]

Sergio tossiu muito hoje. Fui para o curso e deixei-o na cama. Não fiz ginástica, pois fiquei esperando o ensaio e afinal Lotte resolveu nada mais fazer e desistir da festa. Maria Clara não quer dançar, alegando pretextos tão fúteis, que dá raiva. A Mirtzi ia fazer uma dança acrobática, mas não quer fazer ponta para substituir Maria Clara. Resultado: não se pode fazer uma exibição sem gente. Desistimos. Lotte ficou bem aborrecida. Voltei pra casa e achei o Sergio com febre. Pouca. Mediquei-o energicamente. À tarde não tinha mais febre. Não sei o que fiz hoje. Ando dispersiva e distraída. Muito cansaço, sem motivo.

[**Maio 27**]

Sergio hoje teve um pouco de febre pela manhã e muita tosse. Passei o dia todo em casa cuidando dele e cosendo. Animei-me a consertar as fronhas, porque já estava reduzida a uma única muda. Um escândalo! Passei, pois, o dia todo a coser, e a pensar no meu Victor. Estou custando a me convencer de que nossa separação é eterna. Às vezes tenho a impressão de que ele vai voltar. Sergio sonha sempre com ele. Por quê? Eu não consigo sonhar uma só vez, por mais que o deseje. Como é que uma mãe pode continuar a viver, depois que perde um filho? E um filho como o Victor Luis? Como é ordinária a natureza humana! Um cão costuma ter mais sentimento...

[**Maio 28**]

Sergio hoje amanheceu sem febre. Ainda tosse. Não saí cedo com Renato, como sempre. Fiquei para cuidar do Sergio e deixar tudo em ordem. Só às nove horas fui para o curso. Encontrei o homem colocando a placa, que ficou muito boa. Lotte está nervosa e esgotada. Impacientou-se com d. Erondina que ficou bem aborrecida. Espero poder conciliar as cousas e fazer com que ela fique conosco. É uma ótima criatura que a má sorte atirou na desgraça.

Voltei com Renato e cosi o resto do dia, velando pelo Sergio no meu quarto. Quanta recordação do Victor!

À noite fomos ver Celina que fez anos. Renato ficou em casa. Na volta o "Jiló" desarranjou-se e tivemos de vir a pé, depois de uma trabalheira enorme.

[**Maio 29**]
Sergio já está bom, passou o dia aqui em cima. Fez-lhe muito bem uma injeção de cálcio com Ostelin. Não saí pela manhã. Fiquei em casa e cosi o calção de China. À tarde fui ao curso e tive a desagradável notícia de um roubo sofrido por uma aluna de Frau Igel. Desconfiamos que tenha sido a Olívia, coisa muito à toa que esteve quase um mês conosco e quase nos deu cabelos brancos. Fiz uma limpeza no telhado, que estava repleto de papéis e pontas de cigarro que ela lá atirava. Uma pinoia. Voltei com Renato para jantar e à noite fomos ao cinema ver uma fita medíocre da Claudette Colbert. Tempo e dinheiro perdidos.

[**Maio 30**]
Cheguei muito cedo no curso hoje. Encontrei d. Erondina afobada, fazendo uma arrumação em regra no salão. Ajudei-a a limpar e pôr tudo em ordem. Não fiz ginástica. Saí para comprar algumas cousas de que precisávamos. Lotte hoje esteve esplêndida! De bom humor e inspirada para a ginástica. Tivemos uma longa prosa. Voltei com Renato e durante o dia não saí por causa de uma espinha no pescoço e um marido pouco amável. Acabei o calção de China. À noite não saímos.

Fez um ano ontem, que Renato foi a Pernambuco de avião. Meu filho ainda existia e fez-me tão boa companhia durante sua ausência. E agora?...

[Maio 31]

Acabou-se o mês de maio. Hoje, domingo, como sempre fomos ao cemitério levar nossas saudades. Tivemos um dia agradável. Convidei Ligia para almoçar, mas não pôde vir. Comemos um *Irish stew* [cozido irlandês] de estrondo! Depois do almoço uma soneca, e à tarde fui ver Laura e deu-lhe Renato uma injeção de Naiodine. Visitamos Raul Penna e depois estivemos em casa de China, aniversário de Jorge.

Criança e barulho até dizer chega. Todos presentes. Só meu Victor lá não estava. Como ele gostava destas reuniões de família! Era a figura principal das reuniões. Sempre amável, sempre alegre. Que falta ele me faz! E o mundo continua a girar e eu continuo a viver! Como pode isto ser?...

			×	Aluguel	763 000
			×	Casa	708 900
Compras —			×	D. Lili	100 000
1 blusa e	}		×	Colégio	120 000
1 vestido		105$000	×	Farmácia	12 500
1 bolsa		40$000	×	Asilos	40 000
1 meia		12$000	×	Despesas	200 000
1.ª prestação		100$000	×	Baiaco	25 000
					———
Tinturaria		12$000			1:969$400

×	Light	271 600
×	Armazém	467 700
×	Açougue	86 500
×	Leite	71 200
×	Quitanda	21 100
×	Flaviense	34 800
×	Seu João	24 900
×	Maria	120 000
×	Yolanda	130 000
×	Sebastiana	100 000
×	Seu Albino	50 000
×	Jardineiro	40 000
		———
		1:417$800

[Junho 1]

Mais um mês que começa. A vida sempre a mesma. O dia começa e acaba sempre da mesma forma. Não saí pela manhã. Acabei o calção de China. Chamei d. Catarina para me trazer um *tailleur* e um *manteau*. Pela primeira vez resolvi-me a comprar roupa feita e à prestação. Não gosto disto, mas não tenho outro remédio. Vou para São Paulo e quero ir bem-vestida.

À tarde fui ao curso. Fiz minha escrita e assisti as aulas de ginástica e dança. Olívia lá esteve. É uma boa pinoia. Estou quase convencida de que roubou o dinheiro. Seus antecedentes não são dos melhores. Senti-me bem mal hoje, de repente. Um formidável resfriado. Voltei tarde. Encontrei-me com Cristiano Bianchini, que há muito não via. Viemos proseando no ônibus.

[Junho 2]

Faz hoje um ano que houve a célebre corrida de automóveis em que faleceu o Irineu Correa. O Victor também estava vivo. Quatro meses depois já não existia! Meu pobre filho! Vejo-o tão animado com a corrida. Levantou-se às seis horas. Vestiu-se de escoteiro, arrumou farnel, e lá se foi encontrar-se com China para assistir a corrida. Que paixão ele tinha pelo esporte!

Hoje tudo está diferente na minha vida. Não sinto entusiasmo por cousa alguma. Fui cedo ao curso, mas não fiz ginástica, porque estou resfriadíssima, desprezível, humilhada!

Passei o resto do dia lendo. Só à tarde animei-me a me levantar e senti-me um pouco melhor.

[Junho 3]

Quarta-feira. Amanheci disposta a sair depois do almoço para fazer algumas compras. Toda a manhã lidei na cozinha e na casa. Depois do almoço senti-me tão desanimada com o resfriado, que resolvi ficar em casa. Passei o dia deitada, lendo um livro sobre o Galileu, escrito por um jesuíta inglês, que dr. Lessa me emprestou. Tivemos o prazer de sua visita ontem à noite. Coisa rara recebermos visitas! No entanto eu gosto de recebê-las, mormente quando sabem prosear. Sinto necessidade absoluta de conversar com gente inteligente. E dr. Lessa é uma boa prosa.

À noite não saímos. Tomei suadores, etc.

[Junho 4]

Faz dois meses hoje que o Serra faleceu. Não sei por quê, tenho a impressão de que foi há muito mais tempo, ao passo que o Victor parece ter morrido ontem, tão vivo está na minha memória.

Apesar do meu resfriado fui cedo ao curso. Princípio de mês é época de muito trabalho. Não fiz ginástica. Lotte esteve ótima, alegre e animada. O Fritz foi tirar as fotografias do salão. Depois do almoço voltei à cidade com Cecilia para compras.

Assisti a aula de dança e na volta senti muito frio no *bond*, o que me fez piorar. Fui ao cinema com Renato e vimos duas fitas medíocres. Estamos sem sorte ultimamente.

[**Junho 5**]
Hoje foi um dia perdido para mim. Amanheci muito pior. Tentei, durante o dia, coser uma blusa, mas não foi possível fazer nada. Fui obrigada a me deitar tão mal me senti. Renato deu-me uma injeção de cânfora, quinino e eucaliptol, sem resultado algum.

Só com duas cápsulas de euritmina, consegui melhorar à tarde. Fico imprestável quando me resfrio. E não há nada para humilhar mais uma criatura do que uma doença, que não é doença, que abate e deixa-a desprezível.

Um dia perdido! Nem pensar posso.

[**Junho 6**]
Não amanheci melhor. Mesmo assim fui ao curso, porque tinha alguns pagamentos a fazer. A cabeça está tão ruim, que esqueci o dinheiro em casa, perdendo assim minha viagem. Voltei com Renato e passei o dia deitada, sentindo-me muito mal. Só melhorei à tarde depois de tomar uma cápsula de um preparado Bayer para resfriado, com quinino e Novalgina.

Seria um dia perdido, se eu não tivesse ajudado Renato a corrigir alguns capítulos da cartilha de moral.

Ultimamente não tenho lembrado muito do Victor e sofro por não saber sofrer. Há momentos, porém, em que sinto uma saudade tão pungente, que meu sofrimento é insuportável!

Madame Betrano esteve aqui. Quer passar o contrato da casa.

[Junho 7]

Domingo. Dia de visitar o Victor Luis e o Serra. Fomos muito cedo ao cemitério. Renato foi dar seu passeio de *bond* sozinho, gozando sua "liberdade", a que tem direito como costuma dizer. Estou me habituando a andar também sozinha; sinto-me até constrangida quando saio com Renato. Quem havia de dizer! Passamos o dia todo em casa. Assisti pelo rádio a corrida de automóveis. Fi-lo em homenagem ao Victor Luis, pensando no quanto ele gostaria se pudesse também assisti-la, como no ano passado. Hoje... Só à tarde saímos para uma volta de automóvel. Cecilia, Beatriz, Salomão foram conosco. Fomos ver Laura, que está melhor e levamos Marcelino em casa. Estivemos na Urca vendo o pôr do sol. Com que direito continuo a gozar as belezas da natureza, se privei meu filho de todos estes gozos...

À noite fomos ao cinema.

[Junho 8]

Hoje foi um dia inteiro dedicado à costura. Fiz uma blusa e um vestido. Renato resolveu de repente ir quarta-feira para São

Paulo e eu, com meu resfriado, atrasei-me nos meus arranjos. Passei todo o dia afobada cosendo. Não fui ao curso, nem à conferência, para a qual dr. Lessa me convidara. Renato está algum tanto comovido com a ideia de guiar o automóvel até São Paulo sozinho. Não encontramos ninguém que nos fizesse companhia. E o Victor Luis nos falta agora! Como ele estaria contente se pudesse ir conosco. Com que confiança viajaríamos com ele, tão alegre e sempre disposto! Meu pobre filho! O que ele tanto desejou, não pôde realizar! Ir de automóvel até São Paulo.

Com que direito faço eu agora este trajeto!

[Junho 9]

Tive hoje um dia cheio. Pela manhã fui à cidade fazer umas compras. Estive no curso dando as últimas providências para minha ausência. Despedi-me de todas. Depois do almoço acabei minhas costuras e à tarde fui à cidade lavar a cabeça. Arranjei as malas depois do jantar e já são dez horas. Vou dormir.

Penso muito no Victor. O próximo domingo não estarei aí para levar-lhe flores. Mas no dia 17 faço questão de estar aqui.

Amanhã estarei em São Paulo. Acho tudo tão esquisito! Não sinto nem cansaço, nem sono. E tenho de me levantar às quatro horas! Aguentarei a viagem? Tão bom se o Victor Luis fosse conosco! Que companheirão ele era para estas coisas.

[Junho 10]

Passamos uma noite de cão: por causa de um presunto que comemos no jantar, só às três horas da madrugada conseguimos conciliar o sono. Às seis chamei Renato e às sete horas partíamos daqui com bagagens e um bom farnel. Fizemos ótima viagem em onze horas de porta a porta. A estrada é muito boa. O que nos aborreceu um pouco, foi chegarmos em Mogi tarde e viajarmos hora e meia no escuro. Foi uma surpresa nossa chegada. Não nos cansamos, jantamos e proseamos até onze horas. Diva, Djalma, Olga e as crianças chegaram logo depois de nós.

[Junho 11]

Véspera do aniversário de Dindinha. Muita aprontação. Ela está radiante de poder reunir a família. Sergio está com umas feridinhas muito feias no nariz. Não sei o que seja. Está deformado e feioso, mas não causa repugnância.

[Junho 12]

Grande afobação desde manhã. Compramos, coletivamente, um jogo de cristais para Dindinha. Muito bonito. O jantar foi alegre, puxado a vinho e peru com farofa. Só a família. Catorze pessoas à mesa. Faltaram Cecilia e João, porque João Carlos estava doentinho e não puderam vir. Faltou também o meu filhote e eu senti demais sua falta. Sinto-a cada dia mais.

[Junho 13]

Saímos às nove horas para Campinas. Lá chegamos ao meio-dia. A estrada não é muito boa; é perigosa, cheia de curvas. Almoçamos com as primas, cuscuz-paulista e lombo de porco. Prestamos nossas contas e assim terminou nossa missão junto ao Serra. Visitamos tio Luis e Leonidas. Toda a família estava afobada nos arranjos para a mesa do almoço das bodas de ouro. Fizeram cousas lindíssimas para balas e doces. Voltamos às quatro horas e mais uma vez viajamos à noite. Bem pau! Roberto acompanhou-nos. Não poderia ser o Victor Luis, se não o tivéssemos deixado morrer?

D. Lídia está muito mal em Santos, com uma embolia cerebral.

[Junho 14]

Domingo caseiro. Tão longe não fui ao cemitério visitar meu filhote. Olga inventou convidar d. Gastão para um jantar amanhã. Fiz a sobremesa hoje: pudim de pão, com ameixas, etc. À tarde fui visitar d. Carmelita que foi operada de um enorme cancro no seio com fortes ramificações até às costas. Alegrou-se muito de nos ver. Ficou muito emocionada com a visita. Mal pude conter as lágrimas, tantas recordações tristes me trouxe o hospital. De lá fomos ver os gêmeos de Margarida. São muito bonitinhos e fortes. Margarida sempre amável.

À noite tivemos a visita do dr. Leôncio e Marina. Recebou nitrato de prata para o nariz do Sergio e mandou fazer um exame para verificar se é difteria.

[**Junho 15**]

Foi um dia muito atarefado o de hoje. Cedo despachei Renato e Sergio para o laboratório de análises, apesar dos protestos de ambos. Sergio está todo pintado de nitrato. Depois do almoço fui à cidade fazer umas compras com Dulce. Olga ficou aflita com os arranjos para o jantar do bispo.

Quando cheguei fui para a cozinha e só saí à hora do jantar. Correu tudo muito bem. Dom Gastão é amável e inteligente. Muito brincalhão e não fala muito em cousas sérias. Tática. Olga fica cheia de dedos com ele e a mim não me causou a menor impressão. Margarida veio ver-me à noite e tudo acabou bem com muito cansaço.

[**Junho 16**]

Havíamos resolvido sair ao meio-dia, mas pensando melhor achei que ganharíamos em sair às dez e assim o fizemos. Passamos no sítio de tio Candinho e Ritinha mais de uma hora e seguimos viagem para Guaratinguetá, onde chegamos às cinco e quinze após ótima viagem. Aí jantamos em companhia de um simpático representante da Bayer, sr. Julio Vieira, o que nos distraiu bastante. À noite fomos, Renato e eu, visitar o dr. Lamartine no Ginásio Nogueira, velho professor de Renato, pai do dr. Alcebíades Delamare. Velho simpático e culto. Pena já tenha setenta anos e poucos anos terá de vida ativa. O mundo precisa de gente boa. Por que morrem de preferência os bons?

[**Junho 17**]

Amanheci chorando. Cinco horas da madrugada já não podia dormir. Levantamo-nos às seis e depois do café, caímos na estrada. Como tínhamos bastante tempo disponível fomos parando no caminho várias vezes, de maneira que chegamos em casa às três horas da tarde. Viemos pela avenida Suburbana e não nos arrependemos, apesar de termos alongado um pouco o caminho.

Chegamos sãos e salvos após oito dias em São Paulo. Dea veio conosco e ficará aqui um mês.

O Rio está fresco, mas não chove. Às cinco horas fomos ao cemitério. Faz hoje oito meses que Victor Luis morreu. Ele tanto desejou fazer esta viagem! Como ele gostaria de ver a excelência do Ford v8, sua paixão em matéria de automóveis! Com que direito continuo a viver eu que não soube preservá-lo da morte!...

[**Junho 18**]

Meu primeiro dia útil depois da viagem a São Paulo. Fui ao curso de manhã cedo. Lotte não foi dar aula — Jucira substituiu-a.

Fizeram-me muita festa. Voltei mais cedo para poder lavar a cabeça. Renato não almoçou em casa. Foi a uma reunião no Ministério do Trabalho. Às três horas saí novamente para encontrar-me com Lotte e dar-lhe meu presente, que ela apreciou muito. Achei-a abatida, assim como a Jucira.

Creio que ambas têm trabalhado muito. Tive longa prosa com ela. Saí tarde do curso. Só à hora do jantar estive com Renato. Senti falta dele o dia todo. Habituei-me a estar perto dele. À noite não saímos.

[**Junho 19**]
Levantei-me cedo. Às dez horas fui pentear o cabelo com o sr. Sanção. Não saí durante o dia, posto que este fosse meu projeto. Depois do almoço senti tanto sono, que fui obrigada a dormir. Com isto perdi um tempo precioso. Mesmo assim, animei-me a sentar na máquina e fazer uns consertos em meias.

Faz hoje cinco anos que vovó e sr. Kehl faleceram. Foi a primeira pessoa que assisti morrer e não senti muita impressão, não sei se porque ele era velho e o fim dos velhos é este mesmo.

Mas quando me lembro do meu filho tão cheio de vida, tão bonito, tão forte e nós impotentes diante da morte, vendo-o morrer sem podermos fazer nada! Que revolta eu sinto!...

[**Junho 20**]

Fui cedo ao curso. Nada de novo a não ser a tecla do piano que a pianista de Frau Igel quebrou. Estive com Lotte e proseamos bastante.

Durante o dia consegui coser um pouco, roupas do Sergio e meias. Sinto que estou engordando o que não me agrada. Acho muito incômoda a gordura.

À noite fomos todos assistir *As cruzadas*, fita magnífica de Cecil B. DeMille. As paixões humanas não mudam. Em 1200 são as mesmas de 1936: ambição, orgulho, vaidade, fanatismo. E no meio deste caos, a mulher vencendo pelo coração. O amor por princípio...

Depois fomos levar Celina em casa e deitamo-nos muito tarde.

[**Junho 21**]

Há dias em que meu desespero explode, que mal posso me conter. Minha vontade é gritar, gritar a minha dor, até que ela me abandone. Ontem, depois que me deitei, a lembrança dos últimos instantes do Victor Luis, tornaram-se tão nítidas, que chorei sem poder me conter, mais de meia hora. Felizmente Renato estava dormindo e nada percebeu. A custo pude dormir. De manhã fomos ao cemitério. É só o que posso fazer por ele.

Depois do almoço fui ver Laura, que ainda não está boa e depois visitei Ondina e o novo rebento. Tudo em ordem.

Demos uma volta em Copacabana e voltamos para jantar. À noite não saímos.

[**Junho 22**]

Não sei por quê, todas as noites depois que me deito, sinto aumentarem as saudades do Victor Luis. Choro e me desespero até que o sono me traz alívio a tanta dor. Não saí hoje de manhã. Cosi, lavei, arrumei, passei. À tarde fui à cidade com Dea e estivemos no curso, onde Renato foi se encontrar conosco. Lotte estava bem alegre e mais bem-disposta. Gosto dela. Ai de mim se não tivesse o curso para me distrair! É a única cousa que me dá algum prazer hoje em dia. A tudo o mais sou indiferente. Também não mereço ser feliz e não me queixo, pelo contrário, todo sofrimento será um castigo merecido e saberei recebê-lo sem revolta.

À noite não saímos.

[**Junho 23**]

Saí muito cedo hoje com Renato. Não chegamos à esquina e um pneu do carro vazou. Fui de *bond* e deixei Renato com um *chauffeur* a consertar a roda. Fui buscar Laura e levei-a ao Hospital São João Batista. De lá rumei para o curso, onde cheguei às dez horas. Lá fiquei até doze e voltei com Renato. Tive ocasião de conhecer uma ex-aluna, que foi procurar Lotte. Proseamos muito e fiquei sabendo que ela conhece várias pessoas da minha família. Fizemos boa camaradagem. À tarde não saí. Dea e Cecilia foram ver Julinha e eu fiquei cosendo. Jorge passou o dia com Sergio. À noite foram soltar fogos em casa de Ligia e lá estive proseando com ela, Dea e Celina, que jantara conosco. Ligia não está passando bem. Parece que vai gorar mais este filho.

[Junho 24]

Passei o dia de hoje em casa. Não fiz grande cousa. Algumas costuras e mais nada. À noite não saímos. Penso muito no Victor Luis, quando não saio de casa e principalmente, quando coso. Lembro-me sempre da hora em que ele voltava do colégio à tarde e ia conversar comigo enquanto eu acabava minhas costuras. Tenho tantas saudades dele! Parece-me que nunca se atenuarão e que meu sofrimento vai ser eterno. Tudo para mim é desencanto. Esforço-me para ser alegre e me interessar pelas cousas. E consigo iludir os outros. Não há dia em que não chore. Renato e Cecilia constantemente me perguntam se estou resfriada e não percebem que há oito meses o "resfriado" não me larga. Antes assim!...

[Junho 25]

Passei quase todo o dia na rua de manhã cedo fui ao curso com Renato e voltei com ele ao meio-dia. Nem me despi. Depois do almoço fui ao hospital ver Laura, que vai passando bem. De lá rumei novamente para o curso para conversar com Lotte e resolver várias cousas. Tomei chá com ela e viemos proseando pela avenida até o ponto dos ônibus. Ela ia para o consultório. Está muito animada com o futuro do curso. Estamos fazendo a propaganda e contamos que dê algum resultado. Cheguei para jantar e à noite não saímos. Fui deitar cedo, cansada e enervada. Todos em casa pareciam nervosos hoje. Penso que foi mudança de lua. Houve discussão na mesa do almoço sobre religião, política, etc.

[**Junho 26**]

Hoje é meu dia de ficar em casa, mas fui obrigada a sair com d. Joaninha para levá-la ao médico, pois está bastante doente. Levei-a ao dr. Pontes de Miranda que a tratou com muito carinho. De lá fomos tirar uma radiografia dos dentes e depois viemos juntas até em casa. Gosto muito dela. Nada mais pude fazer hoje. Mamãe e papai também estiveram aqui. Vieram da fazenda para ver Ligia que foi obrigada a abortar, pois o feto está morto. Tem seis meses e desenvolvimento de três. Já é o segundo mau sucesso. Criará juízo? Sempre é melhor perdê-los assim do que deixá-los morrer depois de criados. Considero-me mais criminosa que ela, por ter deixado morrer o meu filho com catorze anos! Um horror!

[**Junho 27**]

Foi um dia exaustivo o de hoje. Cedo estive no curso. Não foi quase ninguém por causa da chuva. Vera também lá não apareceu, o pai está muito doente. Voltei com Renato e quase não pude estar em casa. Estive em casa de Ligia, que teve uma menina morta. Fiquei profundamente emocionada vendo o fetozinho bem formado, já grandinho e tão bonitinha a guria! Na placenta, vestígios de sífilis. Grande cousa a religião! Crer em Deus é eximir-se da responsabilidade dos próprios erros! Deus quer! Deus sabe o que faz! E a consciência culpada consola-se depressa de seus pecados! Quanta falta de senso! Agora, tratamento, cuidados, restrição... Depois que dois já foram sacrificados! Mas quem sou eu para julgá-los? Não deixei também morrer o meu, por descuido?

[**Junho 28**]

É difícil uma mãe consolar-se da perda de um filho. Eu não posso me conformar, e a revolta que sinto contra mim mesma não me deixará nunca mais apreciar a vida. Todo o prazer que sinto tem um travo de amargor. No entanto os que me rodeiam nem de longe supõem o que se passa dentro de mim. Até Renato me desconhece. Por uma frase que ele disse hoje, percebi quão mal ele me julga! O que não pensarão os outros?

Fomos cedo ao cemitério. Durante o dia dormi e à tarde fomos dar uma volta de automóvel. Que saudades do meu filho! À noite demos uma volta no bairro.

[**Junho 29**]

Era minha intenção ir hoje ao curso. China, porém, telefonou pedindo que fizesse umas comedorias para a festa de São Pedro a realizar-se em sua casa. Passei o dia todo na cozinha a preparar uns docinhos e *croquettes* de camarão. Cecilia que lá ia com João e os filhos nem se mexeu para me ajudar um pouco que fosse. Não há como a gente ser comodista. Não se amola. Eu que não fui jantar lá passei o dia na cozinha, ela nada! À noite, já estava resolvido que íamos ao cinema, mas como Dea quis ir à casa de China, lá fui com ela e Renato ficou em casa. Houve fogueira, fogos, comedorias e muita alegria das crianças. Só eu não podia estar alegre. Faltava o meu Victor Luis.

[**Junho 30**]

Saí cedo com Renato para ir ao curso. Fiz ginástica, mas senti-me muito fraca. Nem pude chegar ao fim. Não sei o que tenho. Ando outra vez desanimada, dormindo mal e com colite. Talvez o bismuto me esteja abatendo muito.

Depois do almoço dormi um pouco; lanchei e fui com Dea dar uma prosa com Ligia.

×	Aluguel	763 000
×	Casa	762 800
×	D. Lili	106 000
×	Colégio	110 000
×	Farmácia	25 000
×	Asilos	25 000
×	Prestação	100 000
×	Feiras	250 000
×	Baiaco	25 000
×	Flores	40 000
×	Chapelaria	53 000
		2:259 800
	Laura	40 000
		2:299 800

×	Light	240 200
×	Armazém	530 300
×	Quitanda	95 000
×	Açougue	83 700
×	Leite	58 800
×	Flaviense	38 200
×	Seu João	24$400
×	Maria	120 000
×	Yolanda	130 000
×	Sebastiana	100 000
×	Jardineiro	40 000
×	Seu Albino	65 000
		————
		1:525 600

Flores para o Victor Luis

Dia	7-6	9 000
"	11-6	2 500
	15-6	2 500
	18-6	2 500
	17-6	2 000
	21-6	9 000
	25 "	2 500
	28 "	9 000
		————
		40 000

Junho 22

TRÊS NOVAS OBRAS DE
RENATO KEHL

"GUIA SINÓPTICO DE FILOSOFIA"

Pela distribuição e desenvolvimento da matéria, trata-se de um livro de real valia para os estudantes de filosofia e, também, para os que desejam rememorar, com rapidez, os conhecimentos adquiridos.

..."Fonte preciosa e segura de dados sôbre as grandes figuras da Filosofia de todos os tempos". "O Estado de São Paulo".

Preço Cr.$ 12,00

"ATRAVÉS DA FILOSOFIA"

Livro no qual o autor desenvolve, em 6 lições, os mais modernos problemas da filosofia, DENTRO DA BIOLOGIA, e em que traduz, de modo claro e simples, a atitude filosófica bio-perspectivista, consentânea com o espírito atual.

..."Se, como se sabe, cumpre ter "alma para ter gôsto", cumpre "ter alma para ser filósofo".

PREÇO Cr.$ 18,00

Junho 23

"A CURA DO ESPÍRITO"

2.ª edição

— Quantos infortunados requerem apenas a elucidação e o confôrto de algumas palavras, um pouco de luz e um pequeno arrimo moral? É o que o autor, com êste livro, oferece aos leitores.

. . . "Livro para animar, encorajar e orientar os insatisfeitos, os inquietos, os inconformados, em suma, os sofredores".

PREÇO Cr$ 20,00

Do mesmo autor:

"Psicologia da Personalidade" - 4.ª edição.
"Tipos Vulgares" em 5.ª edição.
"Conduta" (Guia para a formação do caráter) 5.ª edição.
"Catecismo para adultos" (Ciência e moral eugênicas).
"Educação Moral" (Falando aos jovens de minha terra) - 2.ª edição.
"Bioperspectivas"
"Lições de Eugenia"
"Eugenia e Medicina Social"
"Porque sou eugenista"
"Sexo e Civilização"
"Bíblia da Saúde"

Editora PAULO DE AZEVEDO Ltda.

LIVRARIA FRANCISCO ALVES

Rua do Ouvidor, 166 - Rio de Janeiro
Rua Libero Badaró, 292 - São Paulo
Rua Rio de Janeiro, 655 - Belo Horizonte

[Julho 1]

Mais um mês que começa. Outro que se finda e cada dia que passa, nos aproxima mais do fim. O tempo corre e não posso atenuar minha dor. Tudo me lembra o Victor e minha saudade aumenta em vez de diminuir. Tive hoje um dia exaustivo. Saí às nove e meia para encontrar-me com Jucira e assistir a missa do pai da Nilza. Depois fui mostrar o curso a d. Maria Helena Scheidegger, a argentina que tem paixão por isso. De lá fui procurar o presente para d. Branda e vim almoçar em casa. Saí depois com d. Joaninha para levá-la ao médico. Fui novamente ao curso e encontrei-me com Dea para comprar o presente e mais os remédios de d. Joaninha. Voltei para casa cansada. À noite não saímos.

[Julho 2]

Senti muita tristeza hoje. Passei quase todo o dia longe de casa e não consegui distrair-me. Fui cedo ao curso. Almocei na cidade com Dea e Renato. Fiz algumas compras. Estive no curso com Maria Clara e Lotte combinando propaganda etc. Fiz ginástica e só voltei às seis horas com Renato.

Fiquei com saudades de casa. Não acho agradável passar todo o dia na rua e dificilmente me habituaria a esta vida. Deitamo-nos muito tarde. Ficamos lendo no escritório e perdemos a hora.

[Julho 3]

Consegui ficar hoje em casa e não perdi tempo. Tive um mundo de coisinhas para resolver. Mexe daqui, mexe dali, fui pondo tudo em ordem e à tarde levei um punhado de meias para coser em casa de Ligia e fazer-lhe um pouco de companhia. Está quase restabelecida. Lá esteve também d. Maria Eugenia. Não saímos à noite e deitamo-nos cedo.

Tive uma decepção este mês com minhas contas. Não posso comprar nada! absolutamente nada! Sobraram-me cento e poucos mil-réis. Não sei como resolver o problema das nossas despesas. Cada dia gasta-se mais e mais.

[Julho 4]

Hoje sábado fui cedo à ginástica. Voltei com Renato e gostaria de ter ficado em casa, mas não fiquei. À tarde tive de ir com Celina ao dr. Aristides Monteiro fazer uma punção no nariz. Não encontraram nada, e ela continua sem saber a que atribuir sua dor nos olhos, que julgava ser de uma sinusite. À noite fomos ao cinema Metrópole ver *Imitação da vida*, pela Claudette Colbert. Ótima!! Depois tomamos chá na Americana e só voltamos à uma hora.

[Julho 5]

Domingo. Muito cedo fomos ao cemitério. Sergio foi conosco. Depois do almoço fui à casa de Maria que fez anos. João me levou de "Jiló" com Cecilia, filho, etc.

Não gosto de ir a reuniões em que vão todos. Noto mais ainda a falta do Victor Luis.

Será que nunca mais vou me habituar a sua ausência?

À noite não saímos e deitei-me logo após o jantar, aborrecida com Renato porque não quis me acompanhar. Cada dia retrai-se mais e sempre queixando-se de que os outros não o procuram. Tem e não tem razão.

[Julho 6]

Não saí pela manhã. Depois do almoço acompanhei d. Joaninha ao médico. Fui depois ao curso e fiz ginástica com Lotte. Saí de lá correndo para encontrar-me com Dea e ir à Madame Sergio fazer uma limpeza da pele. Gostei muito dela. E tive também muita pena dela. Perdeu uma filha de dezenove anos e está louca de desespero.

Como eu, tem vontade de gritar, gritar até cair de inanição. É o que eu também sinto quando penso que a morte do Victor poderia ser evitada! E eu compreendo, então, por que certas pessoas não se contêm e gritam como loucas nos momentos de dor.

Sergio tomou hoje a última injeção de bismuto.

[Julho 7]

Fui ao curso cedo, apesar de bem indisposta. Passei muito mal a noite. Só pude conciliar o sono às duas e meia. Todas estas horas pensei, pensei e chorei.

Já fiz todos os pagamentos do curso e ainda sobrou dinheiro e ainda falta muito para receber. Estamos relativamente bem.

Voltei com Renato sentindo-me ainda mais indisposta. Deitei-me depois do almoço e não me levantei mais até à noite. Jantei no quarto. Li o livro de Renato *Bons costumes*. Acho-o ótimo. Comecei a ler *A história da filosofia* de Will Durant.

Renato trouxe o livro de Victor Luis, com todas as apreciações dos parentes de amigos. Se estas cousas materiais pudessem nos consolar de sua perda!...

[**Julho 8**]

Dia de ficar em casa. Quarta-feira. Fiquei na cama até mais tarde, hoje. Meu resfriado, parece que resolveu regredir. Em todo caso não saí à tarde como projetara e depois do almoço dormi um pouco, tal a moleza que senti. Só à tarde animei-me a consertar umas roupinhas. Quando olho minha letra pergunto a mim mesma, se garranchos tão diversos, cada dia, são o reflexo do meu caráter. Na mesma página faço tipos de letras os mais desencontrados. Terá alguma relação com a minha personalidade? Se assim for devo ser muito instável...

[**Julho 9**]

Pela primeira vez deixei de ir ao curso pela manhã, como é do meu costume e obrigação. Amanheci muito resfriada e com reumatismo no braço. À tarde fui assistir a aula de Lotte.

Lá estiveram Julinha, Dea, Maria Begni e d. Marta Rauk amiga dela. Todas gostaram muito do curso. Renato telefonou-me convidando para ir jantar com o dr. Verano e senhora que estão de visita ao Rio. Foi uma noite agradabilíssima, como raramente temos tido, uma prosa elevada e esclarecida. Depois fomos ver Carlitos em *Tempos modernos* e ainda tomamos um chá, voltando para casa à uma e meia. Noite cheia, mas exaustiva.

Sinto não poder retribuir-lhes as gentilezas. Não tenho empregadas em condições de dar um jantar elegante.

[**Julho 10**]
Passei o dia hoje em casa, mais ou menos dormindo. Quero ver se não deixo o resfriado tomar conta de mim. Mamãe veio nos ver e passou aqui parte do dia. Houve prosa sem discussões azedas. Não tenho nada a registrar de importante. A vida nossa continua a mesma. Não consigo me distrair, procurando sempre com que passar o tempo distraidamente. Estou adoentada, enfraquecida, com a pele ruim. Não tenho vontade para cousa alguma, nem entusiasmo.

Meu filho faz-me muita falta. Era a preocupação máxima da minha vida.

[**Julho 11**]
Mais um dia quase perdido o de hoje. Fui ao curso pela manhã. Apesar do feriado foram algumas meninas. Voltei para casa

só, porque Renato não teve Bayer. O resto do dia li, cosi um pouco e deitei-me. À tarde senti um desânimo atroz. A custo vesti-me e fui visitar d. Joaninha, cuja prosa animou-me um pouco. Depois do jantar fomos ver Marta Eggerth no Guanabara. Cedo estávamos em casa para dormir. Tive muito mau humor, cousa que há muito não sinto. Fui impaciente com Sergio e arrependi-me. Não quero maltratá-lo. Judiei bastante do Victor, julgando assim corrigi-lo. Nada consegui com meu método. Foi bom, porque sua índole era boa. Deixei-o morrer. De que valeu tanto esforço?

[**Julho 12**]
Acordamos muito cedo, e lemos alguns artigos ainda na cama.

Fomos ao cemitério, deixando, eu, tudo em ordem. Aprontamos e às nove e meia saímos Dea, Renato e eu, para levar Sergio à casa do Marcelino. De lá rumamos para o Palace Hotel, onde apanhamos o casal Verano para um passeio a Petrópolis. Almoçamos muito bem na Independência e proseamos muito. Que homem cativante! Depois de um passeio pela cidade, voltamos às cinco e meia e ainda fomos buscar o Sergio para virmos jantar em casa.

À noite o casal Verano veio ver-nos e aqui ficou até quase duas horas numa prosa agradabilíssima. O dr. Verano é a inteligência mais equilibrada que conheço.

[Julho 13]

Amanheci fresca, apesar de ter deitado tarde e passado mal a noite com minha faringite. Às oito estava de pé. Tentei lavar a cabeça mas não o consegui, pois o cabeleireiro não estava.

Depois do almoço fui à d. Magda com China e Dea. Comprei nela um lindo vestido. De lá fui à cidade e depois ao curso, onde assisti à ginástica. Lotte estava aborrecida com Vera, porque não compareceu à aula, mas foi ao rádio. Amanhã tenho de conciliar as cousas.

Faz hoje nove meses que Victor Luis teve seu último dia de saúde. Era domingo. Leu jornal e ouviu *football* pelo rádio. Regozijou-se com a vitória do Fluminense. Como poderia eu imaginar que quatro dias depois, estaria morto? Perdoa-me, filho!...

[Julho 14]

Passou-me desapercebida a festa da confraternização dos povos. É uma bela ideia que os homens vão deixando cair no olvido. Hoje só se pensa em nacionalismo. Cada um que cuide de si o resto que se arranje. Voltamos para trás.

Fui cedo à ginástica. Não passei bem hoje, por isso só assisti à aula e não fiz exercício. Fui à chapeleira levar meus chapéus para a reforma.

Depois do almoço dormi até quatro horas. E foi este meu dia: mal-estar, moleza, desânimo e muita tristeza.

[**Julho 15**]

Um dia quase perdido o de hoje. Fui ao cabeleireiro, que encheu minha cabeça de cachinhos. Meu resfriado melhorou, com Pulmoserum e [ilegível] para gargarejos. Nada fiz de útil e tenho muito para fazer; vestido de Dea, vestidos meus para reformar, roupão de Ondina que está atrasado quinze dias. Não sinto ânimo para nada. O tempo passa e vou deixando as cousas por fazer. Nada me interessa, nada me alegra, nada me satisfaz.

Depois do cabeleireiro fui visitar d. Joaninha, com quem dei boa prosa. O jantar foi animado com as eternas conversas sobre família. Pau! Celina contou-me que Oswaldo está pintando o sete e mamãe está muito aflita. Há nove meses, levei meu filho para o hospital, desenganado pelo médico...

[**Julho 16**]

Quase não posso escrever meu diário hoje. Os fatos do dia não me interessam. Sinto-me tão desesperada de saudades do Victor Luis, que não posso parar de chorar. Esta falta de domínio é rara em mim, mas ultimamente tem se repetido mais a miúdo. Ainda ontem chorei diante de Renato, o que sempre evito, assim como de qualquer outra pessoa. Acontece, porém, que minha dor explode nos momentos os mais inesperados e nem sempre posso me conter. Hoje a lembrança do Victor não me sai da mente. Foi seu último dia de vida de hoje há nove meses passados. Por que deixei meu filho morrer? Por que não morro também de desespero? Com que direito continuo a gozar a vida?...

[**Julho 17**]

Ontem tive uma decepção com a sr.ª Verano e P. Carrero, que prometeram ir assistir a nossa ginástica, e não foram. À tarde fomos levar o casal para um passeio pela Lagoa e Niemeyer. À noite não saímos. Chorei muito.

Hoje bem cedinho, fui ao cemitério com Renato. Nove meses da morte do Victor. Escrevo. É um fato. Mas não me posso convencer. Quanto mais penso menos posso conceber Victor Luis morto. Tenho tantas saudades dele! Não saí mais todo o dia. À noite pretendíamos ir ver d. Antonieta, mas Ligia e Nonô vieram nos ver e ficamos na prosa. Cosi um casaco de flanela para Ondina e fui levá-lo para mamãe em casa de Marina, que se acha doente. Parece que vai precisar de raspagem.

[**Julho 18**]

Fui cedo à ginástica e proseei muito com Lotte.

Durante o almoço mamãe telefonou-me chamando porque Marina não estava passando bem. Fui lá correndo com Renato e felizmente nada de grave. Foi para a Casa de Saúde São Sebastião onde vai ser operada hoje ou amanhã. De lá saí com o Teddy. Tomamos um café no Lamas e viemos até em casa, onde ele esteve uma hora em prosa com Renato. À noite fomos ao cinema Plaza assistir Kay Francis. Fita ótima.

Marina fez uma raspagem e extraiu dois embriões. Se vingassem seriam gêmeos. Escapou de boa.

[**Julho 19**]
Acordei hoje mais tarde. Fomos ao cemitério. É a primeira cousa que fazemos todos os domingos. Ainda encontramos frescas, as flores que havíamos levado no dia 17. Tive uma manhã muito agitada porque levantei-me um pouco tarde. Depois do almoço deitei-me um pouco e às três levantei-me e me vesti para ir ao hospital ver Laura. Está passando bem. De lá segui para a casa São Sebastião a fim de visitar Marina, que também está melhor. Voltei para casa cedo. Celina jantou conosco. À noite não saímos.

Escrevi para Renato ler no Fluminense, um pequenino discurso oferecendo o busto do Victor Luis aos escoteiros. Ele gostou muito. Escrevi-o com o coração. É uma homenagem que lhe presto. Que mais posso fazer?

[**Julho 20**]
Hoje não saí. Vi ontem um casaquinho muito *chic* na Clara Kortes; resolvi fazer um para mim e desmanchei meu *manteau* velho para este fim. Durante todo o dia cosi pensando ir à noite à conferência do dr. Verano. Infelizmente Renato achou que o assunto era muito cru e não quis que eu gastasse minha

elegância por tão pouco. Resolvi ficar em casa e ele foi sozinho. Não fui ao curso por causa do paletó que queria aprontar e afinal, não fui a parte alguma. Mas não importa. Não tenho muito ânimo para nada. As alegrias e satisfações não são para mim. Só mereço meias alegrias ou nenhuma.

Tratei uma nova cozinheira. Amanhã começa a lida...

[Julho 21]

Tive um dia mais ou menos atribulado. A cozinheira que eu tratei não veio. Fui para o curso cedo e quando de lá telefonei, às dez horas, nem a cozinheira, nem Maria haviam chegado. Cecilia estava muito aflita, de maneira que voltei mais cedo para casa. Quando cheguei Maria já havia voltado do hospital e tudo estava em ordem. Passei o dia em casa, mas pouco fiz.

À tarde fui com Renato visitar o dr. Verano no Palace. Lá não estava. Fui então até ao curso prosear um pouco com Lotte. Renato me apanhou lá e voltamos juntos. A tarde estava maravilhosa. Não posso apreciar nada, quando me lembro que o Victor nunca mais poderá apreciar cousa alguma. À noite fomos visitar d. Antonieta e convidá-la para a inauguração do busto do Victor Luis.

[Julho 22]

Hoje é o meu dia de ficar em casa. Passei toda a manhã na cozinha. Quando subi foi para lavar a cabeça. Até a hora do almoço, foi só. Depois cosi o resto do dia um vestido para Dea. Ligia lanchou e passou a tarde conosco com a filharada. Raquel e Norma jantaram aqui.

Depois do jantar fomos passear no bairro e o Sergio foi pondo um folheto do curso em todas as casas.

Tenho tantas saudades do meu filhote. Ele era tão meu!

[Julho 23]
Fui cedo à ginástica, que fiz com Lotte. Não me senti muito bem. Cansei-me. Voltei para casa com Renato. Passei o dia sem fazer nada. Indisposta e adoentada, com peso na bacia. Deitei-me um pouco. Estou preocupada com a festa do Victor Luis amanhã: inauguração do seu busto. Às três horas vieram buscá-lo. Já estava acostumada a vê-lo todos os dias na sala. Está tão vazia. Passei quase toda a noite em claro com uma coceira na garganta que me impede de dormir. Pensei, pensei no meu filho! Não posso compreender como pode uma mãe perder um filho como o Victor Luis e continuar a viver.

Como é possível a gente aguentar certos sofrimentos e não sucumbir?

[Julho 24]
Hoje é um dia memorável para nós. Pela manhã fui obrigada a sair para despedir-me do dr. Verano e senhora. Durante o dia descansei um pouco, mas não pude dormir. Às cinco

horas fomos buscar papai e mamãe, Sergio e d. Antonieta e rumamos para o Fluminense. Depois de um programa infantil dedicado aos escoteiros, houve a inauguração do busto. Falou primeiro o *speaker* em nome do dr. Jefferson chefe dos escoteiros, depois falou papai oferecendo o busto. Por três vezes ele engasgou de emoção, mas conseguiu dominar-se e leu muito bem o seu discurso. Em seguida o dr. Afrânio Costa, vice-presidente do *club* agradeceu. Que esforço fez para não chorar, vendo o meu Victor tão ativo, tão alegre, representado, presente nesta festa, num busto de bronze! *Por que não em carne e osso como os outros, alegre, cantando, falando no rádio? Como ele havia de gostar de uma festa como esta! Meu pobre filho! Por que deixei que ele morresse? Como poderei consolar-me um dia?*

[Julho] 26 — 1.º aniversário do v8

Tomei ontem duas Luminaletas para poder dormir. Dormi como uma pedra até oito horas. Fomos ao cemitério e o sr. Oliveira acompanhou-nos ao túmulo 6417 e ao do André. Vimos também o mausoléu que o Banco Mercantil mandou construir para meu padrinho e família. Encontramos Guiomar, que ia fazer como nós, sua triste romaria. Durante o dia nada fiz. Estou resfriadíssima; não pude sair e dormi e tossi e chorei muito hoje. Foi um domingo triste para mim. Lembrei-me muito do meu filhote e senti um desespero invencível. Não me conformarei nunca, bem sei disto. Não sofro por mim. Sofro por ele que não mais vive, privado de todas as alegrias e belezas da vida, por culpa minha! Perdoa-me, meu filho querido!

[Julho 26]
Por distração anotei ontem o dia de hoje. Não sei como pude me enganar assim. Também este livro não marca os dias da semana e não é difícil a gente enganar-se.

[Julho 27]
Passei muito bem a noite. Tal não esperava, pois estou resfriadíssima e com tosse o que quase sempre me impede de dormir. Há dois meses que tenho um resfriado atrás do outro. Não reajo, porque devo estar anêmica. Hoje não pude ir ao curso tão atacada estou. Acabei o vestido de Dea e cosi um pouco. Foi tudo o que fiz. Ligia veio até aqui de passagem. Esteve no curso e achou tudo muito bonitinho. Lotte, diz ela, está muito neurastênica e tristonha. Não sei por quê.

Dea parte amanhã para São Paulo, de automóvel, com d. Alice Guimarães. Vou sentir falta dela.

Nós sincronizamos muito bem.

Tenho pensado tanto no meu filhote. Será possível que nunca mais eu possa sentir alegria. É verdade que nada mereço. Por que desejar então o impossível?

[Julho 28]

Amanheci terrivelmente abatida. Só tinha vontade de dormir. Acordei muito cedo por causa da partida de Dea, que afinal, só saiu daqui às oito horas. Tornei a me deitar, mas não dormi mais. Gastei muitas horas hoje, arranjando o quarto do Sergio. Quantas recordações do Victor Luis. Chorei muito de saudades, angústia e desespero. Ando vivendo como num sonho. Sinto o que sentia logo que Victor Luis morreu. Não sei se porque estou adoentada, não tenho controle sobre meus nervos e penso muito no meu filhote e sofro demais. Vou deitar-me muito cedo.

Não pude ir ao curso.

[Julho 29]

Hoje quarta, dia de ficar em casa, mas dia perdido, porque não amanheci melhor e nada pude realizar de útil. Depois do almoço deitei-me, dormi e li o resto do dia. Foi tudo o que fiz. Pensei também no meu filhote e chorei muito. Cada dia que passa aumenta a minha dor, em vez de diminuí-la. Leio, aprendo, mas tenho a impressão de um barco sem rumo. O Victor já era um campo de experimentação. Formar seu caráter, moldá-lo, fazer dele um homem superior era a minha maior distração. Tenho agora o Serginho; mas ainda é muito criança e tem um temperamento tão diferente do irmão! Não sei se nos entenderemos bem. Fico aflita, para que ele cresça e chegue à idade da compreensão em que o Victor estava.

Sonhei que Renato e Sergio tinham morrido num desastre! Um horror!...

[Julho 30]

Passei a noite relativamente bem, mas não saí da cama cedo. Só à uma hora levantei-me. Distraí-me lendo A *história da filosofia* e apaixonei-me pelo Espinosa. Que espírito formidável!

Pena que eu não me possa abstrair de minhas tristezas. A lembrança do Victor Luis é tão constante no meu espírito que não posso me libertar dela, nem mesmo quando pareço mais distraída e alegre. Amanhã ele completaria quinze anos, se vivesse. Iria receber o relógio que lhe trouxemos da Europa há oito anos, iria ganhar um terno de calça comprida, iria ter o seu aniversário festejado no dia 31, o que nunca mais fiz desde que Sergio nasceu em 8 de agosto! Quantos projetos que se desfazem, quantas esperanças mortas, por culpa minha, por meu descuido! De que maneira expiar tamanha falta!...

[Julho 31]

O dia amanheceu radiante de sol e luz. Um dia próprio para ser festejado o décimo quinto aniversário de Victor Luis, que foi tão alegre e tão querido. As flores que poderiam enfeitar-lhe a mesa de doces, levei-as ao seu túmulo. O meu coração que devia estar cantando, comprime-se de dor e angústia! Não poderia ter sido evitado? Era mesmo necessário que meu filho morresse? As cousas que acontecem são "necessariamente" necessárias? Tudo está predestinado? O fato de sua morte fazia parte da ordem universal? Não creio em nada disso!... Morreu meu filho, porque nos descuidamos dele! Por que procurar além de nós, as causas dos acidentes que nos atingem? Por que culpar o destino ou cousa parecida, quando a culpa cabe a nós mesmos? Minha consciência não descansa. Arrependo-me do pouco-caso que fiz dos furúnculos que levaram à morte. Não me conformo, porque sei e sinto que tudo poderia ter sido evitado. Meu filho tinha tudo o que era preciso para viver e vencer na vida. Era bom, era forte era bonito, destemido e querido! Amava a vida com uma alegria sã e corajosa! Não devia morrer! Tenho saudades dele e chorarei sempre o meu crime.

D. Antonieta veio me ver logo cedo, trazendo-me o seu abraço. Durante o dia não saí, sempre deitada. Maria Elza, Ligia e Julinha vieram à tarde.

Mamãe e Celina jantaram conosco. Papai, Luis, Teddy e Marina vieram à noite. Foram amáveis em vir me fazer companhia. Só faltava meu Victor.

Até hoje não compreendo nada! Mas, ele morreu mesmo?...

Flores Victor Luis

2/7	2 500
5-7	6 500
9-7	2 500
12 "	6 500
16 "	2 500
17 "	5 000
19 "	6 500
23 "	2 500
26 "	6 500
31 "	13 000
30 "	2 500

56$500

pg

×	Aluguel —	763 000
×	Casa	823 100
×	Colégio	80 000
×	Automóvel	30 000
×	D. Lili	100 000
×	Farmácia	43 500
×	Asilos	25 000
×	Prestação	150 000
×	Baiaco	25 000
×	Flores	56 500
×	Chapelaria	40 000
×	Feiras	200 000

2:336$100

		×	Light	275 900
		×	Armazém	590 000
Presente Sergio	28$000	×	Quitanda	107 700
Sapato "	24$000	×	Açougue	110 400
abotoadura "	3$500	×	Leite	58 000
Pres. Raquel	7$000	×	Flaviense	38 800
" M. Ligia	6$000	×	Seu João	27 500
Uniforme	14$200	×	Maria	128 000
sabonete	6$000	×	Yolanda	130 000
	———	×	Sebastião	100 000
	88$700	×	Jardineiro	40 000
Conserto fogão	20$000	×	Seu Albino	40 000
frangos	9$000		———	
feira	30$000			1:646 300
Carreto	15$000			
	———			
	162$700			
doces	9$000			
bombeiro	30$000			

[**Agosto 1**]

Fui hoje ao curso depois de ausentar-me de lá uma semana. Levantei-me bem-disposta, mas quando voltei já não me sentia bem. Passei o dia deitada tomando uma poção que Lotte me receitou. Estou cansada de estar resfriada; tenho saudades da minha boa disposição, minha atividade perdidas. Há dois meses estou resfriada. Sinto-me abatida, desanimada e sem forças para reagir contra a dor, a angústia e as saudades do Victor Luis. Não tenho mais controle e choro a miúdo, mesmo quando menos o devo fazer.

Talvez seja necessário sair um pouco do Rio, para mudar de ares. Nada tenho feito de útil. Só leio, e leio muito. Meu espírito só se distrai em contato com os grandes espíritos. É a única cousa que me proporciona algum prazer.

[**Agosto 2**]

Primeiro domingo do mês. Levantei-me mais bem-disposta. Parece que o remédio da Lotte deu certo. Tenho tomado com frequência. Fomos ao cemitério. Ainda lá estavam algumas flores que pus no dia 31. Minha triste romaria! Uma das poucas cousas que me trazem algum consolo.

Nem todos podem compreender o quanto estes pequenos cuidados póstumos nos confortam. É tudo quanto podemos fazer pelos mortos que nos foram queridos. E que consolo grande nos traz à alma, cuidarmos assim deles!

Visitar o cemitério e ler. Eis tudo o que me alegra um pouco. Fui hoje visitar Conceição Ribeiro. Tenho muita pena dela! Só em casa. Todos foram para Juiz de Fora visitar o dr. Vilaça que está muito mal. Estivemos em casa de mamãe também. D. Mariquinhas deu-me cinco galinhas.

[Agosto 3]
Mais um dia insípido que passo. Sinto-me muito abatida e doente.

Passei quase toda a noite em claro, com sinusite. De dia não consegui dormir, com muito peso no maxilar esquerdo e um dente muito dolorido. Parece que a cousa está se complicando. O fato é que estou desanimada, sem coragem para sair, com medo de piorar. Tenho tomado toda sorte de remédio sem resultado algum. Hoje fiz umas compressas e melhorei um pouco. Não pude ir ao curso, o que me aborreceu bastante. Amanhã farei o possível para lá estar pela manhã. À noite senti-me bem melhor, com novas compressas que fiz. Não saímos e deitamo-nos cedo.

Clarinda começou hoje a cozinhar para nós. Vamos ver se fazemos economia. Este mês o dinheiro não chegou, nem para as despesas. Mais de 2:500$! Onde iremos parar?

[Agosto 4]
Amanheci melhor e fui ao curso. Não saí com Renato, fui mais tarde. Lotte deu a aula. Voltei para almoçar e não saí o resto

do dia. Quase nada pude fazer. Deitei-me e li quase todo o dia. Muito me tem interessado A *história da filosofia*. Gosto de viver com os grandes espíritos os problemas transcendentes que os atormentaram. E o que acho mais interessante é que encontro neles as mesmas preocupações os mesmos pontos de interrogação que me assaltam o espírito! Porque tudo continua ponto de interrogação apesar de todo o fósforo e tinta que gastaram. Lendo distraio-me das tristezas da vida. Passo horas sem me lembrar que "já fui feliz" e que não tenho mais o direito de o ser. Fui à noite ver mamãe que já está morando no apartamento.

[**Agosto 5**]

Tive a manhã cheia, como todas as quartas-feiras. Clarinda foi à feira e eu fiquei dando um arranjo no almoço. Depois arrumei a geladeira. Antes do almoço deitei meia hora e quase dormi, pois passei muito mal a noite e não sei a que atribuir isto. Durante o dia fui ao curso e proseei um pouco com Lotte e Jucira. Tomamos café juntas, com doces da Cavé.

Saí de lá e fiz algumas compras, presentes para o Sergio, uniformes para Yolanda e d. Erondina.

Cheguei em casa ainda cedo, e fui ler. Admira-me não sentir sono. Achei no *Correio da Manhã* o retrato de um alemãozinho que é a cara do Victor Luis. Aqui não há crianças que se pareçam com ele. Talvez na Alemanha eu os possa encontrar. Matará isto minhas saudades? Não o creio.

[**Agosto 6**]

Não temos tido água há dois dias. Esta noite o tempo virou de uma vez, mas quase não choveu. Amanheci sem vontade de sair da cama. Só fui ao curso às dez horas e tive longa prosa com Lotte. Durante o dia não fiz quase nada, ou antes nada! Deitei-me depois do almoço e dormi. Li um pouco e à tarde fui tomar banho em casa de mamãe, pois não temos água. Ela está instalada e bem satisfeita, junto dos filhos e filhas. O problema agora é o dinheiro chegar para viver e os ânimos não se exaltarem muito. Estou desgostosa de ter perdido o dia de hoje. Tenho tanto o que fazer, mas não sinto disposição.

Parece que meu desânimo não tem mais remédio.

À noite não saímos.

[**Agosto 7**]

Não tenho sabido aproveitar meus dias. Desperdiço o tempo como se pudesse recuperá-lo.

Hoje consegui coser um pouquinho.

À tarde fui à cidade encontrar-me com Jucira para falar ao Serrador se podíamos distribuir prospectos nossos nos cinemas. Não achei o homem e não esperei Jucira, que chegou muito tarde.

Fui pagar a chapeleira e estive no curso. Voltei com Renato.

Esperamos o ônibus uns vinte minutos.

Senti muito frio. Não chove. Falta água em toda parte, venta gelado. Nos Estados Unidos faz um calor de morte. Tudo está transtornado no mundo. E eu sinto uma indiferença enorme por tudo! Não espero nada de bom da vida e acho tudo o que é ruim, natural. Meu filho faz-me muita e muita falta!

O v8 sofreu seu primeiro desastre. Um ônibus da Light comeu-lhe o para-lama de trás!...

[**Agosto 8**]

Há um ano atrás, o dia de hoje foi um dia feliz para mim. Quando poderia eu imaginar que seria o último aniversário do Victor Luis? Até hoje me parece incrível que ele tenha morrido! Tive-o o dia todo a meu lado. Fui cedo ao cemitério levar-lhe meu presente: flores! É só o que posso fazer agora. Não quis receber hoje. Só Salomão e Marcelino tomaram chá com Sergio. Cecilia fez um bolo com as velinhas e Sergio ficou muito satisfeito. Estava de uma alegria exuberante e eu numa tristeza invencível! Chorei na rua, chorei no ônibus e quase não tenho forças para me controlar. Salu dormiu aqui, depois de ter passado o dia todo com o Sergio. Foi a sua festa. Parece que a família não gostou muito. Mas, como poderia eu dar festa sem meu Victor Luis?

[**Agosto 9**]

Domingo chuvoso e muito frio. Não saímos de casa. Só pela manhã fui ao cemitério com Renato. Ainda encontrei frescas as flores que levara na véspera. Chovia e quase não pude demorar lá.

Durante o dia escrevi alguns envelopes para a propaganda do curso, duzentos e sessenta e cinco! Fiquei cansada.

Foi só o que fiz. Sergio foi ao teatro com d. Antonieta.

A casa estava silenciosa, triste e fria. Meu coração também.

Bem quisera eu achar uma razão que justificasse a morte de Victor Luis e me trouxesse consolo. Quanto mais analiso os fatos, mais culpada me sinto! Minha consciência não me dá descanso. É como um cão de fila que não dorme. Tenho vontade de gritar!...

[**Agosto 10**]

Não amanheci bem o dia. Antes mesmo de sair da cama já chorava. Misérias da vida! Quando confronto o que se passa em casa, com o juízo que certas pessoas fazem do que possa ser minha vida, tenho vontade de rir! Que ironia a fama de ricos que temos! Meu mal, até hoje, foi pensar que eu tenho mais dinheiro do que minhas outras irmãs e querer ter um nível de vida mais alto que o delas. Terei de me convencer que sou pobre e viver como pobre. Fiz nove fronhas de lençóis velhos!! Isto para ir me acostumando com a ideia. À tarde fui ao curso, meu óleo canforado. Este mês as finanças não estão bem. Voltei de automóvel com Renato. O carro ficou perfeito depois do conserto.

[**Agosto 11**]

Levantei-me muito cedo e fui ao curso. Deixei o Sergio dormindo. Achei a porta fechada. Segui até a praça Mauá e voltei a pé bem devagarinho. Estive proseando com Lotte depois da aula. Diz ela que pensa muito em mim e Renato, fazendo mil projetos para nós dois executarmos: eugenia, educação, propaganda; quer que eu funde uma associação pró-cultura feminina, etc. Acho muita graça nestas cousas. Como ela se ilude a meu respeito! Tenho medo de desapontá-la. Depois do almoço fui dar uma prosa com mamãe. Voltei para o *lunch* e à tarde nada fiz, mexendo de um lado para outro.

Renato está muito tristonho. Creio que zangado comigo por causa de umas cousas que lhe escrevi. Fomos ao cinema mas não conseguimos nos distrair. Chorei muito e ele também — não estamos bem sincronizados.

[**Agosto 12**]

Hoje não é dia de sair. Fico em casa e trabalho toda a manhã na cozinha. Subi para lavar a cabeça antes do almoço. Pus selos em todos os envelopes de propaganda. Cosi muita meia, lavei roupas minhas e chorei muito. É horrível sentir o Victor Luis tão vivo na minha memória e não poder vê-lo, falar-lhe, tocar-lhe. Estive lidando com seu livro e tantas recordações me deixaram desesperada! Quantas saudades do tempo de nossa felicidade. Que falta ele me faz! Tudo mudou na minha vida e certas cousas, de maneira tão radical, que não me conheço mais.

À noite fui um minuto ao apartamento de mamãe e ajudei Celina a arrumar a cozinha.

[Agosto 13]

Não saí cedo com Renato. Fui depois de ônibus. Poucas moças foram à aula. O pessoal anda muito vadio. Lotte lá esteve e proseamos muito. Gosto dela e lamento que ela se sinta tão só, tão desiludida e desanimada da vida. Depois do almoço fui ao cabeleireiro e depois à casa de China, aniversário de Raquel. Muita flor, muitos doces, muita criança, muita alegria! Mas eu não achei graça em nada. Victor Luis lá não estava... Tudo olho com indiferença agora. Valerá mesmo a pena viver? A vida é tão traiçoeira! Ou devemos aproveitá-la o mais possível exatamente por isso?

Qualquer cousa em mim quebrou-se depois da morte de Victor Luis. Sinto que a máquina interna não está funcionando bem.

Que falta faz um filho! e um filho como Victor Luis?

[Agosto 14]

Hoje é dia de ficar em casa, mas foi quase todo desperdiçado. Muito cedo fui ao apartamento levar um quadro para Helena copiar para o bolo de d. Lidoca. Depois do almoço voltei para lá. Almocei sozinha. Renato ficou na cidade e João e Cecilia foram à casa de China.

Todas as irmãs foram ao apartamento ver Ondina, que segue amanhã para a fazenda. Fiquei esperando por ela quase o dia todo e com isto nada fiz de útil. Quando voltei foi para ir dar uma prosinha com d. Joaninha, que há muitos dias não visitava. Achei-a melhor. À noite fui novamente ver o bolo, que ficou muito bonito.

[**Agosto 15**]
Fui cedo à ginástica. Saí com Renato. Não foram muitas alunas. Andam todas bastante preguiçosas. Lá esteve uma aluna da Sílvia Acioli que vai fazer ginástica conosco. Quase não pude conversar com Lotte, por causa das tais aulas de alemão. Depois do almoço fui ao chá da casa de d. Lidoca. Foi uma reunião bem seleta. Muitas crianças. Festa da primeira comunhão do Marcelino. Não gosto destas festas. Não gosto de reuniões onde haja muita alegria.

Sinto um vazio no meu coração, pensando que privei meu filho de todos os prazeres que a vida continua a dar aos outros. O mundo gira como se nada tivesse acontecido, mas para mim tudo mudou tanto!

Fui ao cinema ver Marlene Dietrich. Boa.

[**Agosto 16**]

Mais um aniversário hoje. É o terceiro esta semana. Cedo fui ao cemitério com Renato. Amanheci com o "breque frouxo", como se diz. Depois das arrumações caseiras fui à casa de Ligia ajudá-la a fazer *sandwiches*. Lá estive até a hora do almoço e voltei depois, para acabar os arranjos.

Aniversário de Maria Ligia. Dez anos. Às quatro horas lá estive novamente com toda a família. Casa pequena, muita criança. Choveu e tivemos que pô-las dentro. Que barulho! Renato não foi e fez bem. À noite fomos ver uma fita ótima da Shirley Temple. Mas nada me distrai. Chorei muito depois que me deitei e só pude dormir muito tarde. Victor não me sai da lembrança e quanto mais alegria vejo, mais triste fico.

[**Agosto 17**]

Dez meses hoje, que ele se foi para sempre! Parece-me que tudo ocorreu ontem, tão nítidas estão as cenas na minha memória. Tenho sofrido bastante e ainda acho pouco o castigo para tão grande falta! Deixar morrer um menino como o Victor Luis, por descuido, só por descuido!! Jamais me perdoarei tal cousa! Só a morte me reabilitará, pelo menos perante minha própria consciência, pois, para mim, ela será o único castigo bem merecido. Fomos ao cemitério bem cedinho. Durante o dia cosi e à tarde fui ao curso. Renato não saiu, com uma forte enxaqueca. Quando cheguei achei-o pior. Chá quente, laxante, Aspirina etc. Tudo fiz para aliviá-lo. À hora em que escrevo ele está deitado e eu vou fazer o mesmo.

[Agosto 18]

Mais um dia que saio para ir ao curso depois de Renato. Fiquei para decidir várias cousas caseiras. Pretendo recomeçar as aulas na próxima semana. Ultimamente estou me sentindo bem melhor, mais animada e mais forte.

Depois do almoço nada fiz. Às três horas saí para ir ao enterro de Franquinha que faleceu repentinamente, inteiramente só, abandonado, no hospital São Sebastião, e a mulher sem saber de nada apesar de estar no mesmo hospital. Só no dia seguinte soube que o marido estava morto desde a véspera. Deixou mulher e oito filhos, na miséria mais completa. Fui depois ver Conceição, mas não estava em casa. Voltei cansada e não saímos à noite.

[Agosto 19]

Meu dia de ficar em casa rendeu muito pouco. Celina adoeceu e fui lá antes do almoço. Durante o dia mamãe mandou me chamar para dar nela uma injeção de óleo canforado. Renato foi comigo e felizmente nada foi preciso.

Está com uma forte intoxicação alimentar. Ligia esteve à tarde aqui e tomou *lunch* conosco. Apesar das interrupções consegui terminar a reforma do meu paletó de xadrez que há dias estava parada.

Não tenho a mínima disposição para coser agora. Sinto uma preguiça louca que me impede de fazer o que quer que seja.

Estamos lutando com uma falta d'água nunca vista. As empregadas já estão cansadas de tanto carregar latas. Isto está se tornando um caso de calamidade pública.

[**Agosto 20**]

Saí cedo para ir ao curso.

Fui antes fazer umas compras, presentes para Renato e China.

Não temos água nenhuma para o banho das meninas. D. Erondina está esgotada.

Depois do almoço nada fiz. Deitei-me, e dormi um pouco. Ando tão impressionada com o que está se passando na Espanha, que não tenho tempo para me preocupar com minhas tristezas. Penso no Victor Luis mas não choro. Quanta desgraça vai pelo mundo! Terá ele ido em boa hora? Meu pobre filho!! Que falta me faz! Sergio está ficando parecido com ele. Hoje achei-o bem bonitinho. Está quase da minha altura. Saberei guardá-lo para mim? Já não deixei partir o outro, o meu predileto?...

[**Agosto 21**]

Não me rendeu quase o dia de hoje. Reformei um vestido velho, que mais valia ter dado a outra pessoa. Considero tempo perdido o que fiz, pois só posso aproveitá-lo em casa e para isso não havia necessidade de reforma.

À tarde fui ver Celina. Está quase boa e tratando-se com dr. Sinval Lins. Depois do jantar fomos dar uma volta a pé e entramos um pouco em casa de d. Joaninha, com quem tivemos uma boa prosa. Continuamos sem água e não chove. Hoje caiu um pé de vento formidável, que andou fazendo estragos em vários bairros. Aqui só quebrou o galho de uma árvore.

E assim passou-se mais um dia. O que me reserva o de amanhã? Não tenho mais confiança no futuro. Tudo anda tão incerto no mundo, há uma tal insegurança que não vale a pena fazer projetos.

[**Agosto 22**]

Acordei muito cedo. Fui ao curso com Renato. Muito poucas alunas têm aparecido. Talvez a falta d'água tenha influído nisto. Voltamos para almoçar. Estive um pouco no apartamento e o resto da tarde passei na cozinha a fazer sobremesa e uns docinhos para oferecer a alguém que se lembrasse de vir ver Renato que faz anos hoje. Quarenta e sete! Já é uma vida. Que por muitos anos eu o tenha a meu lado, é o que desejo. Já não tenho o meu Victor; se ele me falta o que será de mim? Meu filho! Não posso me convencer que ele se foi para sempre! Às vezes tudo parece um sonho, mas quando acordo...

Só Teddy e Marina estiveram aqui. O resto da família telefonou.

[**Agosto 23**]

Logo cedo fomos ao cemitério, debaixo da ameaça de uma chuva formidável, que só caiu muito mais tarde. Renato resfriou-se com o vento frio que soprava. Durante todo o dia li. Li as revistas, os jornais e a filosofia. Não há dia mais enfadonho que o domingo. Bem disse Schopenhauer que a vida sem preocupação, sem trabalho e luta seria insuportável. Mesmo a dor entretém, e ajuda a viver e é um estímulo. Até isto me faltou hoje. Pensei pouco no Victor Luis. Só agora à tarde meu coração esteve apertado de saudades.

Ligia e Nonô vieram nos ver e demos uma boa prosa.

Foi a única distração que tivemos. Um domingo de tédio.

[**Agosto 24**]

Hoje segunda-feira resolvi não sair para coser o dia todo. Mas não o fiz. Renato está resfriadíssimo. Não foi à Bayer. Passou todo o dia encafuado no escritório e eu, com isso, nada ou quase nada pude fazer. Fiquei "chocando". Ele leu o dia todo uma biografia de Voltaire. Eu perdi quase todo o dia a ler receitas de doces e comidas para variar um pouco os nossos *menus*. Nada consegui achar, ou antes organizar. Quando não se tem uma cozinheira que se interesse é tudo muito difícil. Clarinda pode ser muito boa, mas é uma trapalhona, doente e não progride. À noite não saí de casa. Nem mesmo para ir ao apartamento. Mamãe é que esteve aqui um instante.

[**Agosto 25**]

Renato não foi hoje também à Bayer, não se sentiu muito bem. Fui só ao curso e recomecei minha ginástica. Não vi Lotte. Jucira deu a aula. As meninas têm faltado muito, não sei se pelo fato de não ter havido água para os banhos. Muito poucas foram hoje. Tratei uma nova para sábado. O curso não está animado, apesar da propaganda. Nunca vi tanta falta de interesse pela ginástica! Voltei cedo para casa. Cosi o resto do dia o uniforme de Yolanda. Foi só o que fiz. Chorei muito também com saudades de meu filho. Que vontade de gritar eu tenho. Creio que um dia eu não resisto e gritarei tanto, tanto, que vou espantar toda gente. É inútil me esforçar, mas não me conformo com a morte de Victor Luis. Nunca vi maior absurdo do que ter deixado morrer meu filho!

[**Agosto 26**]

Renato continua preso em casa, resfriadíssimo, quase afônico. Clarinda hoje não foi à feira, de modo que não perdi minha manhã na cozinha. Passei o dia todo a coser várias cousas atrasadas, entre elas o uniforme de Yolanda. Não ando com grande disposição para coser, em todo caso meu dia rendeu bastante. Ainda achei tempo para ler minha filosofia e para chorar muito de saudades. Quando me habituarei com a ausência do Victor Luis?

À noite fui um pouco ao apartamento prosear com mamãe e Celina. Victor Lacombe lá esteve de passagem. Embarcou para a fazenda levando duzentos pintos.

[Agosto 27]

Ainda hoje Renato não saiu, apesar de estar melhor. Fui só ao curso debaixo de um tempo infame, frio e ventoso e chuvoso. Fiz boa ginástica com Jucira. Lotte lá esteve também porém, muito neurastênica, aborrecida com os professores que não a entendem e são muito idiotas. Voltei para o almoço e cosi o dia todo um vestido que Renato me deu. Parece que vai ficar bom. Nada mais fiz hoje. À noite não saí.

Tem chovido bastante. Faço questão de registrar isto, porque há quatro meses que sofríamos uma seca medonha a ponto de não haver água nem para banho.

Ouvi pelo rádio toda a *Traviata*, cantada pela Bidu Sayão. É uma das mais belas óperas e foi muito bem interpretada.

[Agosto 28]

Ontem deitamo-nos muito tarde, por isso, hoje perdemos a hora e só às oito acordamos. Renato foi à Bayer, mas como o tempo não ajuda ele não melhorou quase. Está desanimado. Fiz hoje um vestido para mim que ficou muito bom. Pelo menos deu para Renato perceber, o que é alguma cousa. Fiquei muito penalizada com a morte repentina do marido de Odete Pinto. Vitimou-o a ruptura de um aneurisma. Por que o destino de certas pessoas é tão triste? Por que morrem os moços? Coitada de Odete! Sofro a angústia que ela deve estar sentindo. Já passei por este golpe, quando perdi meu filho. Até hoje não me consolo, e cada vez que me lembro, é como se ele tivesse morrido novamente. Um horror!

[Agosto 29]

Passamos uma noite infame! Às três horas acordamos e não mais dormimos até de manhã cedo. Fui ao curso e fiz ginástica com Lotte, apesar de um pouco fraca. Meu intestino está em petição de miséria. Não sei o que anda nos fazendo mal. Depois do almoço tentei dormir um pouco, mas não consegui. A lembrança e saudades do Victor Luis me atormentaram muito. Que cousa absurda a morte de meu filho.

Passei o resto do dia cosendo e acabei meu vestido, que parece ter ficado bom. Vou estreá-lo amanhã ou depois. À noite não saímos. Tentei ir ao apartamento, mas não me senti com ânimo para conversar. Estou muito triste.

[Agosto 30]

Domingo. Passamos bem a noite. Só acordamos às oito horas. Fomos ao cemitério. Renato não se sentiu muito bem, com frio e calor, mal-estar. Ainda não está bom do resfriado. Durante o dia dormi um pouco e à tarde fomos dar um passeio de automóvel. Vimos o Hindenburg no Leblon. O Kaelble chegou nele. Que novidades trará para Renato? Fico sempre aflita quando é preciso resolver qualquer cousa da Bayer. Renato criou, contra ele próprio, uma situação muito desagradável e quase insustentável. Ele se queixa, mas setenta por cento da culpa cabe a ele. Nunca vi uma criatura com um temperamento tão infeliz!

Estive em casa de Ligia com a família, que foi ver Ondina e Victor Lacombe com toda a filharada.

[Agosto 31]

Último dia do mês. Mais um que se vai e que aumenta a distância entre nós e o Victor Luis. E, contudo, parece que ele nos deixou ontem, tão vivo está na minha lembrança.

Sergio hoje amanheceu indisposto do estômago. Não foi, por isso, ao colégio. À tarde, como se sentisse melhor, foi à cidade comigo. Estivemos no curso assistindo a aula de Lotte. Ligia recomeçou hoje, mas ficou muito cansada. Não sei se poderá continuar. Saí de lá para ir à Colegial ver a roupa de escoteiro para o Sergio e uma calcinha de banho para a ginástica. Voltamos cedo e fui ao apartamento. Depois do jantar lá voltei com Renato e demos uma prosa com o velho Belisário. Helena está fazendo um bolo muito bonito.

Flores — Setembro 1936 —		Flores	
3 —	2 500	2 —	7 500
6 —	6 500	6 —	2 500
10 —	2 500	8 —	5 000
13 —	8 500	9 —	5 500
17 —	6 500	13 —	2 500
21 —	6 500	16 —	6 500
24 —	2 500	17 —	3 000
27 —	7 000	20 —	2 500
		23	5 500
	42 500	27	2 500
		30	6 500
		22	2 500
			52 000

×	Light	237 000
×	Armazém	554 900
×	Quitanda	81 700
×	Açougue	114 900
×	Leite	50 800
×	Flaviense	24 000
×	Seu João	16 700
×	Clarinda	110 000
×	Yolanda	130 000
×	Sebastiana	100 000
×	Jardineiro	40 000
×	Albino	55 000

1:515$000

×	Colégio	80 000
×	Automóvel	30 000
×	D. Lili	100 000
×	Farmácia	32 500
××	Asilos	25 000
××	Prestação	150 000
×	Flores	52 000
×	Feiras	150 000
×	Mamãe	100 000
×	Ginástica S.	25 000

744 500

1:515$000
744$500
——————
2:259$500

João   26$000
Sergio   50$000
——————
2:335$500

[**Setembro 1**]

Não há frase mais oca, mais inexpressiva aos meus ouvidos, do que: "Victor Luis morreu". Para mim, até hoje, é uma cousa tão incompreensível, que por mais que a repita, ela vai e volta sem me causar impressão. Só depois que fixo meu pensamento e encaro a realidade é que compreendo. E então, minha angústia não tem limites. Mas é preciso que eu realize o que houve, e que a saudade me atormente bastante.

Fui muito cedo ao curso. A aula foi ótima, mas acho Lotte abatida e desanimada. Voltei para o almoço e saí logo após com d. Joaninha. Como o médico ainda não havia chegado, fomos assistir *Magnolia* para fazer tempo. Lá voltamos e cá estou de volta. Foi um dia que rendeu pouco. Sergio começou o francês e inglês com d. Joaninha. Resmungou um pouco, mas foi.

[**Setembro 2**]

Quarta-feira, meu dia de ficar em casa e eu nada fiz. Tentei coser um vestido, mas não saiu nada. Fiz uma sobremesa e umas broinhas de fubá para Renato, que saíram gostosas, mas erradas. De útil foi só. Anda pra cá, anda pra lá e o dia não rendeu nada.

Durante o jantar discuti com Renato um pouco e dissemo-nos algumas verdades desagradáveis para ambas as partes. À noite fomos ao cinema ver *Magnolia* para distrair os ânimos. Mas quando os ânimos não estão animados nada distrai. Foi o que aconteceu. Renato está uma pilha de nervos, de maneira que a vida está muito divertida agora. Juntem-se a tudo isto as saudades que tenho do filho e o quadro não pode ser mais pitoresco.

[Setembro 3]

Ai de mim, se não fosse o curso de ginástica! Hoje em dia, é o único lugar onde me sinto um pouco reconciliada com a vida. As poucas horas que lá passo, equivalem a injeções de óleo canforado para os meus nervos e meu espírito. Fui lá duas vezes hoje. Pela manhã fiz ginástica e à tarde proseei muito com Jucira e Maria Clara. Adélia lá esteve, mas não acho jeito dela fazer ginástica. Este mês temos quatro novas e esperamos mais três. Se continuarmos assim vai tudo muito bem. É pena que Lotte não tenha tempo para dedicar-se mais ao curso. Dr. Sinval mandou-me uma aluna, que vai sábado assistir à aula. À noite não saí.

[Setembro 4]

Não saí hoje cedo. Renato telefonou-me que almoçaria na cidade e só voltaria para jantar. Convidei d. Carlina para vir passar a tarde comigo. Lanchou aqui e proseamos muito. Sua vida vai melhorando. O marido já ganha para sustentar a casa.

À tarde estive no apartamento um pouco e depois do jantar levamos Cecilia ao Municipal para assistir *Sansão e Dalila*, récita da Cultura Artística. Não gostei. A ópera é monótona e os artistas inferiores. Salvou-se a Dalila, Ebe Stignani, uma ótima meio-soprano, porém muito gorda e sem graça. Voltamos tarde e cansados. Não sei se a idade está influindo. O fato é que acho as óperas muito ridículas. Faz cinco meses que o Serra faleceu. Parece ter sido há tanto tempo!

[**Setembro 5**]
Sábado. Que dia triste e abafado! Um calor horrível! Parece pleno verão. Há um ano passado, precisamente neste dia, fomos à Central levar os meninos, que embarcaram para a fazenda com Nonô e Candinho. Victor estava tão compenetrado na sua roupa de montaria, tomando conta do irmão e tão gentil com as meninas do Candinho! Pouco mais de um mês e ele estava morto!...

Como poderia eu imaginar tal cousa, se até hoje ainda não me compenetrei da cruel verdade? Pobre do meu filho!...

Fui cedo à ginástica. Jucira deu a aula, porque Lotte ainda continua ocupada. Voltei com Renato e o resto do dia nada fiz. Senti-me apreensiva, angustiada. Não tive coragem para nada, nem mesmo ver mamãe.

À noite fomos assistir *Broadway melody* o que me distraiu um pouco.

[**Setembro 6**]
Como todos os domingos fomos cedo ao cemitério. A primeira cousa que vimos foi o muro repleto de cartazes integralistas,

comemorativos da data de hoje, "dia da mocidade e da raça"! Ao voltarmos, encontramos vários arrancados e um sujeito a dizer que deviam fechar aquela porcaria e matar todos os integralistas. A luta está acesa contra eles, mas desconfio que vencerão. À noite pretendemos ir à casa de d. Antonieta. Como ela não estava, fomos visitar Julinha e fizemos-lhe companhia até meia-noite, porque estava só. Luis foi passar a noite em casa de China, velando o corpo da filhinha de Bensinho que faleceu às três horas de hoje. Ficamos ouvindo a irradiação da sessão cívica do Theatro Municipal em que a Rosalina Coelho Lisboa fez um discurso estupendo, inflamado de patriotismo. Nunca pensei que uma mulher pudesse ser tão inteligente.

[**Setembro 7**]

Há um ano atrás Victor Luis estava na fazenda do avô, gozando férias de alguns dias. Foi a última vez que lá esteve. Ele adorava a fazenda. Meu pobre filho! Não posso mais nem falar nela, tal a emoção que sinto.

Hoje... Passei um dia tão desanimado! Há dias que ando assim, sem coragem para nada, numa indecisão desanimadora. Ouvi pelo rádio toda a festa da esplanada. Para quê? Para chorar, lembrando que Victor Luis nada mais pode presenciar! Tão distante e sempre tão perto de mim!

À noite fui me distrair no cinema com Renato. Vimos *Os últimos dias de Pompeia*, *film* admirável! Dormimos muito tarde.

[Setembro 8]

Fui cedo para o curso. Há uma semana não vejo Lotte. Diz ela que está muito ocupada, mas estou convencida de que ela está doente e de cousa que não quer que saibamos. Do contrário não se explica o fato dela não nos telefonar uma só vez e mandar sempre recados mentirosos. Jucira vai visitá-la hoje e depois dará notícias. Estou bem aborrecida com isto, pois as meninas começam a faltar porque ela não vai dar aulas.

Durante o dia nada fiz de propriamente útil. Dormi e li. À noite saímos para um passeio pelo bairro e dei um pulinho até a casa de Julinha. Voltei cansada, pois a caminhada foi longa e eu fiz muita ginástica hoje.

[Setembro 9]

Chove torrencialmente e todos se regozijam, porque vamos ter água em abundância, pelo menos durante alguns dias.

Passei toda a manhã limpando a geladeira que estava bem suja. Depois lavei a cabeça. Sergio foi para o colégio mas d. Antonieta mandou-o de volta, porque estava com dor de cabeça. Creio que foi uma pequena indisposição de estômago. Magnésia e Aspirina deram ótimo resultado. Passou, contudo, o dia deitado. Fico muito aflita quando ele adoece, mesmo de leve. Lembro-me do Victor Luis que parecia não ter nada e, no entanto, faleceu em cinco dias. Que saudades sinto dele! Nem por um instante sua lembrança me abandona. É um perpassar constante de cenas pela minha memória, tão vivas e nítidas, que me sinto desesperada de não as poder viver nunca mais! Meu querido e pobre filho!...

[Setembro 10]
Sergio, felizmente, amanheceu bom. Foi uma simples perturbação da digestão, por ter saído logo após o almoço, quando fazia muito frio lá fora. Levei-o cedo comigo para o colégio, onde almoçou. Fui ao curso e fiz ginástica com Jucira. Lotte já está boa mas não me apareceu ainda. Depois da ginástica senti muito frio. Pensei ser resfriado, mas creio que foi pelo fato de ter tomado umas pílulas laxativas e injeção de bismuto. Depois do almoço deitei-me com muitos calafrios. À tarde fui ver mamãe e lá fiquei uma hora a prosear.

À noite visitei d. Joaninha, que fez anos. Ela está muito bem-disposta. Renato não saiu toda a tarde por causa do frio.

[Setembro 11]
Passei a manhã na cozinha. Clarinda foi à feira. Maria prometeu vir almoçar conosco e fizemos um almoço muito gostoso, mas não veio e eu fiquei muito aflita por não saber onde estava, posto que tivesse saído para vir aqui. Nada fiz durante o dia. Fui ao apartamento fazer companhia à Celina que está adoentada. Ficamos as duas a arranjar caixa de linhas como

duas velhas. Acho-a abatida e acabada. Os médicos, estou certa, não sabem o que ela tem.

Voltei já tarde. Chove torrencialmente e faz muito frio. Conversei com Lotte pelo telefone. Prometeu ir amanhã ao curso, para prosearmos.

Maria telefonou-me. Houve um "quiproquó". Não compreendi bem o recado, daí toda a confusão.

[Setembro 12]

Sábado. Saímos os três cedo. Sergio, deixamos no colégio, Renato foi para a Bayer e eu para o curso. Fiz boa ginástica. Lotte apareceu lá e tivemos uma longa prosa. Não consigo convencê-la de sair um pouco do Rio. Diz ela que tem muito o que fazer e estudar. Dr. Licinio diz que ela está fraca e não pode trabalhar tão cedo. Depois do almoço fui com o Sergio cortar o cabelo. Corremos três cabeleireiros para o conseguir. Estive no apartamento com mamãe e à noite fomos ao cinema no bairro. Nada pôde me distrair. Passei o dia tão agoniada e triste, que tudo foi inútil. Ganhei um novo retrato do Victor Luis. Foi o último que tirei dele. Já estava adoentado e parece tão triste! Seu olhar é uma repreensão para mim. Um dia que eu não quis tratar do seu braço ele me disse: "Você não cuida de mim, mamãe, depois você vai ver!...". E eu vi e sofro até hoje, o meu descuido.

[Setembro 13]

Domingo. Pela primeira vez este ano, coincidiu caírem nos mesmos dias da semana os dias fatais do mês de outubro passado. Dia 13 de outubro, foi um domingo também e o último de saúde do Victor Luis. No dia seguinte ele já estava indiferente a tudo!

Saímos hoje cedo para levar o Sergio ao Fluminense. Foi marchar com os escoteiros. Voltamos ao cemitério e depois convidamos d. Antonieta para um passeio de automóvel. Trouxemos o Sergio para o almoço. Fui com Ligia, Celina e Mariinha ver a *Traviata* cantada pela Bidu Sayão. Uma maravilha! Tão boa cantora quanto artista. Voltamos todas de automóvel com Marina e Helena. Diverti-me? Eu mesma não sei! Pensei todo o tempo no meu filhote e só pude ter meio prazer. Não mereço mais que isso.

À noite não saímos.

[Setembro 14]

Esta manhã, enquanto Renato fazia a barba, sonhei com Victor Luis. Era bem ele, tão vivo, tão ele mesmo! No sonho eu mesma me espantava: "Que bom um filho morrer e continuar vivo!". Mas quando acordei!... Como pode o coração, em certos momentos de emoção muito forte, caber dentro do peito?... Minha angústia foi tão grande quando vi que era sonho, que pensei morrer de aflição! Quase um ano já e ainda não me conformei!

Fui à tarde ao curso. Jucira chegou atrasada meia hora, por causa de enguiços em dois ônibus. Lotte não pôde ir. Falei com ela pelo telefone. Voltei um pouco tarde, porque Madame Valente chegou na hora que eu ia saindo. Sinto-me triste e desanimada, com muitas saudades do meu filho. À noite ficamos em casa.

[Setembro 15]

O dia de hoje caiu num domingo, o ano passado. Chovia, como hoje. Fui ao cinema das dez horas com Victor Luis. Como eu gostava de sair com ele! Foi a última vez que fomos juntos ao cinema!

Ontem deitei-me triste e amanheci também triste. Lotte viu logo, pela minha fisionomia, que eu tinha alguma cousa a me aborrecer. Ela também, coitada, não anda alegre, sempre atrapalhada com o irmão e os negócios. Conversei um pouco com ela, mas não pude fazer nada. É como eu; pouco expansiva. Gostaria que ela confiasse em mim. Choveu muito o dia todo. Passei-o a coser minha saia do costume que estava apertada, e a pensar, a pensar, a me torturar com recordações de um passado, que é o meu presente, tão vivo e nítido eu o sinto na minha lembrança.

[Setembro 16]

Meu dia hoje foi um dia inútil. Saí às nove e meia para fazer uma limpeza da pele com Madame Sergio. Chovia muito. Voltei com

Renato, que passou lá para me buscar. Almocei e depois nada mais fiz. Tive um sono e um frio de morte. Dormi até à hora do *lunch*. Não ando boa do estômago. Comer não constitui mais um prazer para mim. Tudo me faz mal ao estômago. Não sei o que tenho. Mas, que importa? Não tenho direito de me queixar. Muito e muito mais preciso e devo sofrer para pagar o crime de ter deixado morrer meu pobre filho! Quando olho o retrato que tenho em minha mesa e vejo tanta amargura no seu olhar, sinto uma dor invencível. Eu mesma tirei o retrato. Foi o último! Poucos dias depois estava morto o meu filho querido, por descuido meu.

[Setembro 17]

Dia de recordações tristíssimas para mim! Onze meses hoje! O tempo corre, os meses passam e continua a parecer que foi ontem! Quanto sofrimento, quanta angústia a gente pode suportar! Fomos os dois ao cemitério. De lá fui ao curso, mas não fiz ginástica. Pouca disposição. Escrevi mais de cinquenta envelopes. Jucira deu uma boa aula. Lotte não apareceu, nem telefonou. Estou cismada de que está novamente doente. Voltamos juntos, eu e Renato, para o almoço.

Cosi o resto do dia, sem nenhuma disposição. Chorei muito. Minha vontade é sair sempre, todos os dias para fugir de mim mesma. Por meu gosto teria ido a um cinema. Tentei duas vezes falar nisso com Renato, mas ele estava tão entretido a escrever que não tive coragem.

À noite fui um pouco até ao apartamento, prosear com Celina e Helena. Mamãe foi para a fazenda.

[**Setembro 18**]
O dia todo fiquei em casa. A manhã inteira na cozinha, porque Clarinda foi à feira. Cecilia sai da cama depois de nove. Hoje às nove e meia. E mesmo que saísse antes não me adiantaria nada. Lavei a cabeça e cosi o resto do dia. Helena esteve aqui olhando revistas para fazer um bolo artístico. Nada encontrou. Tem ganhado bastante dinheiro com sua "arte digerível". Para ela que não pode andar, é uma boa distração. Renato hoje não almoçou em casa e só chegou às cinco horas. Foi ao enterro da mãe de d. Olga Sommer. Senti falta dele. Já estou acostumada a vê-lo em casa depois do almoço. Passei o dia muito isolada e triste. Sergio apesar de ter ficado em casa, por causa de uma indisposição de estômago, não me faz ainda companhia. O que me entretém é pensar no Victor Luis. Subjetivamente, ele está sempre ao meu lado.

[**Setembro 19**]
Fomos ontem à noite ao cinema, ver *Sonho de uma noite de verão* baseada no célebre poema de Shakespeare. Fita muito boa e interessante. Cecilia foi conosco e João foi ao Núcleo.

Estive no curso pela manhã. Lotte lá apareceu e senti tanta satisfação em vê-la, que descobri que gosto mesmo dela.

Cousa estranha! É difícil eu gostar de alguém. Eu mesma me espanto de gostar tanto de Lotte! Por quê? Tenho tanto medo de me dedicar muito aos outros!...

Voltei com Renato para o almoço e durante o dia nada fiz. Fui ao apartamento ver Helena preparar um bolo, que vai ficar muito bonito. Quando cheguei Sergio havia destroncado o pulso e sentia muitas dores. Ataduras, água [de] végeto... e eu a me recordar de outro braço que tratei o ano passado!... Tratei-o tão mal que meu filho morreu! Como tenho pensado nele! E que saudades sinto!

[**Setembro 20**]

Mais um domingo que se passa! Como sempre fomos cedo ao cemitério. Sergio foi conosco. Passamos um dia mais ou menos agradável. Pela manhã tivemos a visita do Acquarone, que trouxe os desenhos para o livro do Renato. Fomos almoçar com Ligia e lá ficamos numa boa prosa. Depois do *lunch* fomos à casa de d. Antonieta, Renato quer que ela leia o livro antes de ser impresso. Quase duas horas lá estivemos a conversar. Sergio foi ao cinema e depois para a casa de China, onde jantou. Celina esteve aqui e fui depois ao apartamento com ela ver o bolo. Está muito bonito. O braço de Sergio ainda não sarou, pois ele sem querer sentou-se sobre a mão, que recomeçou a doer. Ele não é corajoso como o Victor Luis para a dor. O irmão era de uma coragem nunca vista. Com que estoicismo sofreu durante os poucos dias em que esteve doente! *Como a lembrança de seus padecimentos me dilacera o coração! Pobre do meu filho! Perdoa-me!...*

[Setembro 21]

Hoje meu dia foi quase perdido! Depois que despachei o Sergio para o colégio, fui ao apartamento ver um bolo lindo que Helena fez para uma Rocha Miranda. Fiquei lá até à hora do almoço. Acabado este voltei lá para ver o bolo pronto. Às três horas vim me vestir para ir ao curso. Saí com Renato e voltei com ele. Encontrei-me com Amorita, que me disse estar Dindinha adoentada.

À noite fomos ao cinema ver *Mensagem a Garcia*. Fita boa, mas tinha outra irritantemente idiota! Perdemos nossa noite. Lá estavam Marina, Teddy, Guigui, Helena. Estive com Lotte no curso. As alunas de dança não aumentam. Como é desanimadora uma cousa destas! Quisera eu ter bastante dinheiro para uma intensa propaganda.

[Setembro 22]

Que saudades tenho tido do meu filhote hoje! Fui cedo ao curso. A ginástica foi boa. Estive também com Lotte que esteve me contando a canalhice que a Sílvia Acioli fez com ela. Que pouca sorte estrear um negócio com uma pessoa desonesta! Depois do almoço dormi um pouco. Acordei para tomar um banho lanchar com Renato e sair para ir ver Dindinha que teve ontem um ameaço de congestão. Está passando bem. Fiquei lá quase duas horas a prosear. Henriette vai casar-se em maio com o Gilson Amado. Encomendei a ela duas blusinhas de malha, muito bonitinhas. Voltei para o jantar. Renato chegou muito atrasado. À noite não saímos. Propus à Cecilia deixar de morar conosco e aceitou com muito gosto.

[**Setembro 24**]

Saí cedo com Renato para o curso. Enquanto esperava a hora escrevi endereço em quase cem envelopes. Não fiz ginástica. Estava com uma angústia, uma aflição incrível. Não tive coragem.

Lotte chegou e fiquei proseando com ela.

Voltei para almoçar e deitei-me até três horas. Vesti-me e fui outra vez ao curso para matricular mais duas alunas.

Lá fiquei até seis horas e fui tomar o ônibus no Palace, onde Lotte me acompanhou.

Choveu muito o dia todo. Só à noite o tempo melhorou.

Fomos de automóvel até ao apartamento do Goldschmidt levar-lhe um pouco de conforto moral e o nosso apoio no transe difícil que ele atravessa. Fiquei conhecendo sua senhora e seus dois gêmeos. Gente simpática. Voltamos tarde.

[**Setembro 25**]

Sexta-feira. Amanheceu chovendo e frio. Passei o dia em casa. Aproveitei-o em acabar meu casaquinho branco, que ficou muito bom. Passei o dia muito triste e calada. Se me fosse permitido não diria palavra a ninguém. Renato também estava muito tristonho. Indicou Prontosil para um doente com septicemia e ele salvou-se. Mas com nosso filho nada conseguimos!... Acabei cedo a costura e o resto da tarde preparei envelopes para a propaganda do curso. Sergio levou um tombo e machucou o joelho. Ficou algumas horas sem poder andar e perdeu a aula de d. Joaninha. Felizmente não foi nada grave e à noite já estava bom. Só eu sei o quanto me aflijo quando ele tem qualquer cousa!

[**Setembro 26**]

Amanheci bem-disposta, depois de uma noite bem-dormida.

Fui à ginástica, que fiz com muito gosto, pois foi dada por Lotte que recomeçou hoje as aulas. Ainda não consegui que Luis falasse com o diretor da Nacional para arranjar uma aula de ginástica feminina pelo rádio, dentro de um plano que Lotte pretende expor-lhe.

Voltei com Renato. Dormi depois do almoço e o resto da tarde fui prosear com d. Joaninha. À noite enquanto Renato foi levar Salomão, dei uma prosa com Ligia. E mais nada. Falar de minha tristeza não vale a pena. Não me larga mais; é minha sombra. Mesmo quando pareço mais alegre aos outros, meu coração está apertado. Seus olhos me acusam sempre.

[Setembro 27]
Cedinho fomos ao cemitério. Nossa romaria sagrada. Às nove e meia seguimos com Maria Ligia e Raquel e Sergio para ouvir os Meninos Cantores de Viena no Instituto de Educação. Graças à gentileza do sr. Renato Americano, que nos cedeu suas entradas, conseguimos ouvir este coro maravilhoso. Fiquei muito comovida e cheguei mesmo a chorar, quando cantaram as músicas sacras, muito tristes, que me fizeram lembrar que meu filho não estava ao meu lado para sentir o prazer que eu só pude sentir pela metade. Voltamos para almoçar. Dormi um pouco durante o dia e fomos à tarde passear na praia. Levamos Salomão e demos uma boa prosa com d. Antonieta e sr. Mário. Renato falou mais do que devia, isto é, falou muito nele próprio, o que não é elegante, e fez umas "críticas familiares" que não me agradaram nada. À noite não saímos.

[Setembro 28]
Amanheci hoje indisposta. Dormi toda a noite, mas sonhei demais. Tive mesmo, pesadelos tremendos, que se fossem interpretados segundo Freud, teriam significação bem interessante!... Meus ouvidos me atormentaram muito toda a manhã e a zoeira passou de repente, não sei como.

Depois do almoço fui ver mamãe que chegou da fazenda. Papai esteve aqui a prosear sobre integralismo. Voltei para lanchar e nada mais fiz, a não ser cortar um molde para Lotte. Tomei banho e vim escrever meu diário. Renato chegou com os novos óculos, com os quais ainda não se ajeitou.

Faz um ano hoje que os furúnculos malditos apareceram no braço de Victor Luis. Deixei-o em casa de Julinha, porque no dia seguinte embarquei para a fazenda. Se Renato não implicasse tanto com o Cariogon, nosso pobre filho não teria morrido!

[**Setembro 29**]

Recebemos ontem à noite a visita de d. Antonieta, que veio com sr. Mário trazer o livro de Renato. Tivemos longa prosa até tarde. Passei bem a noite. Hoje cedo fui à aula e fiz boa ginástica com Lotte. O resto do dia foi cruel para mim. Dormi um pouco depois do almoço e quando acordei senti tal desânimo, tão pouca vontade de trabalhar, ou sair, ou fazer o que quer que fosse! Minha vontade era chorar, só chorar. Reagi, contudo, e fui com Cecilia e Beatriz andar pelo bairro. Demos um passeio de mais de uma hora, apreciando as casas dos outros. Voltamos às seis e ainda fui ver mamãe até à hora do jantar. À noite não saí com Renato e Sergio que foram andar. Meu desânimo não melhorou. Não me sinto nada feliz... Poderei sê-lo um dia ainda? Parece que não. É muito difícil reconstruir ruínas.

[**Setembro 30**]

Dormi muito bem esta noite. Pela manhã lavei a cabeça e fui à casa de Ligia dar-lhe uma injeção de Omnadina, porque está muito gripada. Depois do almoço saí para ir ao curso, encontrar-me com Lotte e Jucira para resolver o caso de Frau Igel. Fomos tomar chá na Cavé e depois estivemos no mercado escolhendo uma cesta para enviar à Belmirinha Frazão, que dá hoje um concerto no Instituto de Música. Demos algumas voltas na cidade vendo vitrines e apreciando o absurdo dos preços. Comprei um quadrinho para dar à d. Mariquinhas com o retrato de Victor Luis. Deixei as duas na rua Sete e vim tomar o ônibus no Palace. À noite fomos ao concerto no Instituto, que foi ótimo. Encontramos lá Lotte, Jucira e d. Olímpia.

Flores Victor Luis Outubro		Novembro 1936	
1	2 500	1	6 000
4	6 500	2	46 000
8	2 500	4	2 500
11	6 500	7	1 500
15	2 500	8	6 500
17	23 000	12	2 500
12	5 000	15	4 500
20	2 500	17	5 000
23	3 000	19	4 000
25	8 000	22	6 500
29	2500	26	2 500
	————	29	6 500
	64 500 pg		————
			94$000

×	80 000	Colégio	×	Gás	95 200
×	30 000	Automóvel	×	Luz	92 500
×	30 000	D. Joaninha	×	Telefone	73 300
×	45 000	Frangos	×	Armazém	497 800
×	100 000	D. Lili	×	Quitanda	100 700
×	15 300	Farmácia	×	Leite	56 300
×	25 000	Asilos	×	Açougue	150 800
×	150 000	Prestações	×	Flaviense	41 100
×	42 500	Flores	×	Seu João	20 700
×	100 000	Mamãe	×	Clarinda	120 000
×	180 000	Feira	×	Yolanda	130 000
			×	Sebastiana	100 000
	797 800		×	Jardineiro	40 000
			×	Seu Albino	60 000

1:578 400

1:578 400

797 800

2:376 200

Compras

Arminda	100$000
Presente Wanda	27$000
Meia	14$000
linhas	7$600
Vestido Wanda	12$800
Sapato	62$000
vestidos	42$700
seda preta	68$800
Presente mamãe	32$000

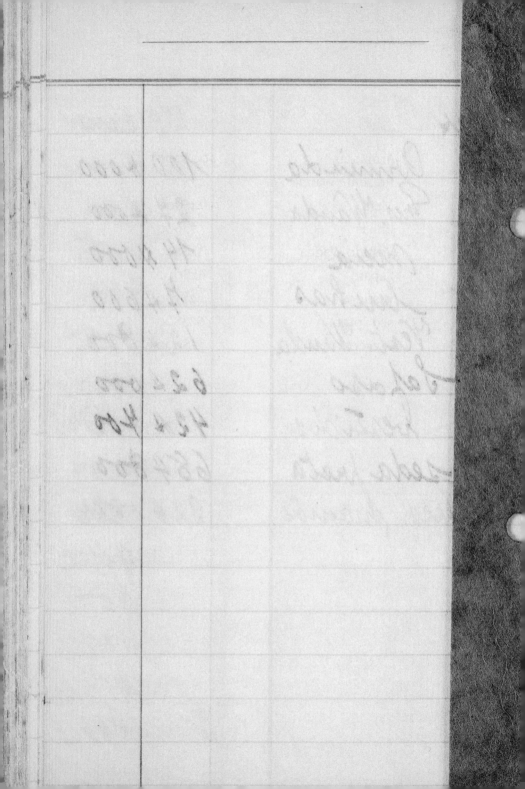

Comece
a bem
porque
gio foi
reconhe
Enfim,
almoço
de páih
guei co
estou
perdido
te me
caso
as cou
Não é a
ainda

[Outubro 1]

Comecei mal o mês de outubro. Amanheci bem-disposta. Fui à ginástica de *bond*, porque o carro estava enguiçado. Sergio foi pela primeira vez à ginástica. Renato recomeçou o tempo integral na Bayer. Enfim, tudo em ordem! Na hora do almoço, a cousa estoura como um tiro de canhão. Briguei com Renato, mas briguei como nunca dantes. Resultado; estou com um remorso imenso por ter perdido a calma, cousa que raramente me acontece. Pretendo não dar ao caso muita importância e espero que as consequências não sejam muito más. Não é difícil remediar as cousas quando ainda existe amor num casal. E eu estou certa que nós nos gostamos muito "apesar dos pesares". O dia de hoje é o da maior vergonha da minha vida! Oxalá esta impressão se atenue com o tempo. Já sofro o remorso de ter deixado morrer meu filho, agora junta-se mais o arrependimento de ter magoado Renato seriamente, só porque não me pude conter.

[Outubro 2]

Passei um dia infame ontem. Nunca chorei tanto em minha vida, nem mesmo quando morreu meu filho. Estou muito descontrolada. A noite foi maldormida. Amanheci muito triste. Renato também. Ambos mudos. Pecamos por muito falar; pecamos por falar pouco... Se tivéssemos um entendimento calmo tudo se resolveria.

Felizmente Renato voltou da Bayer mais alegre e pareceu não estar mais zangado. Resolvi dar a cousa como não existente e fizemos as pazes sem nos dizermos nada. Fui à cidade encontrar-me com Lotte e Jucira para resolver o caso de Frau Igel e tudo ficou resolvido da melhor forma. Estive no apartamento à tarde. Voltei para arrumar a mala de Renato que partiu hoje para São Paulo pelo Cruzeiro, depois do jantar. A viagem vai fazer-lhe bem e voltará novamente bem-disposto e alegre.

[Outubro 3]
Dormi muito bem a noite, apesar de Renato estar viajando. Antigamente eu passava quase todas as noites em claro, quando ele se ausentava. Agora esforço-me pelo contrário, para dormir bem e depressa, a fim do tempo passar mais rapidamente.

Fui à ginástica cedo e a fiz muito boa com Lotte. Tive longa prosa com ela e Maria Helena. Arminda partiu para Buenos Aires e levou 100$ meus para trazer algumas roupas de *jersey*. Depois do almoço fui ver Ligia que se acha doente. Voltei, fiz algumas costuras, passei a ferro e lá voltei e estive toda a tarde com ela. Não passou nada bem. Cheguei a ficar assustada imaginando qualquer cousa de grave. Senti uma angústia atroz, lembrando-me do Victor Luis quando esteve doente. Como ele deve ter sofrido. Meu filho! Que saudades tenho dele.

Dr. Veiga Soares foi vê-la e acha que se trata de uma gripe intestinal. À noite ela melhorou e vim pra casa. Renato não telefonou de São Paulo, como é do seu costume. Por quê?

[Outubro 4]
Domingo triste, o de hoje! Acordei um pouco tarde. Fui com Sergio ao cemitério. Faz seis meses que o Serra faleceu! Como corre o tempo! Almoçamos todos em casa. Depois do almoço mandei Sergio ao circo, aqui perto, com os primos e fui um pouco à casa de Ligia. Ela está bem melhor hoje. Voltei e passei toda a tarde sozinha neste casarão, lendo o Carrel. Cecilia e João foram passear de automóvel. À noite foram ao cinema e eu voltei à casa de Ligia para uma prosinha. Voltei, deitei o Sergio e vim anotar meu dia. Vou deitar e ler. Renato escreveu-me uma cartinha expressa, dando boas notícias de todos. Não escrevi a ele desta vez. Nem sei por quê. Meu dia foi muito triste. Fiz vários projetos de ir aqui e ali, e acabei ficando em casa a pensar no meu filhote. Tão vivo ele se me apresenta à memória, que é como se eu o visse diante de mim.

[Outubro 5]
Segunda-feira. Amanheci disposta. Noite bem-dormida. Toda a manhã passei em arranjos. Fui depois ao cabeleireiro; estive no apartamento onde fui para dar 100$000 a mamãe. Helena

fez um bolo muito interessante para uma criança. Um pato espantado, olhando uma perereca.

Voltei para almoçar e às três horas vesti-me para ir ao curso. Estive com Lotte e saí de lá para assistir uma conferência do dr. Afrânio Peixoto, sobre suas impressões da Argentina. Foi ótima! Encontrei-me lá com Katie e dr. Lessa, que me convidara, ontem pelo telefone. Dr. Afrânio falou, principalmente, sobre uma colônia de menores abandonados que visitou em Buenos Aires. Gosto imenso deste assunto, pois um dos problemas que mais me apaixonam, é o que diz respeito às crianças. Ainda hei de me dedicar seriamente a este assunto, fazendo alguma cousa em prol dos meninos desamparados, em memória do Victor Luis. Sua lembrança, seu espírito, hão de me guiar *neste sentido. Tenho uma grande atração por este grande problema.*

[**Outubro 6**]

Passei uma noite de cão. Meu estômago não está regulando bem. Muitos gases que me comprimem o coração e me impedem de dormir tranquila. Levantei-me. Estive muito tempo com insônia. Só depois de tomar uma Aspirina consegui dormir. Fui à ginástica, que fiz mal, por não me sentir disposta. Renato chegou de São Paulo. Sua viagem foi infrutífera. Nada arranjou para o dr. Goldschmidt. Ele mesmo não aproveitou muito o passeio. Teve uma formidável enxaqueca, cujos restos vieram com ele.

O Rio está muito quente e úmido. Passei mal o dia, sem disposição alguma para trabalhar. Fui à tarde ver Ligia e lá encontrei Maria e mamãe. Quando voltei Renato já estava em casa dormindo um pouco.

Faz um ano hoje que Victor Luis foi pela última vez ao cinema. Assistiu *Oh, Marieta*. Voltou encantado. Foi a sua última visão de beleza! Meu pobre e inesquecível filho!

[Outubro 7]

Nada quase a registrar. Lidei toda a manhã na casa, que mandei encerar embaixo. Depois do almoço cosi um casaquinho para Wanda, que faz anos no dia 15. Quantas recordações estes dias! O ano passado também cosi para ela, ao lado da cama do Victor! No seu delírio ele falava no vestidinho da Wanda. Estas recordações me cortam o coração. Choro pra me acabar. Mas, de que vale chorar agora? Em vez de morrer de desgosto, estou gorda e viçosa! Como é torpe a natureza humana! E a minha mais do que a de todos! Deixar morrer um filho e continuar a viver como se nada houvesse, e ainda por cima engordando!! Tenho um desprezo tão grande por mim, que admira-me que ainda haja alguém que goste de mim.

À noite demos um longo passeio a pé pelo bairro. Voltamos para ir ler na cama.

[Outubro 8]

Saímos os três muito cedo de automóvel. Fui ao curso. Poucas alunas compareceram. Não houve água. D. Erondina está com o sobrinho doente e saiu cedo. Lotte está meio desanimada com nossa burrice. Enfim, as cousas não estão bem nos eixos. Voltei tarde para o almoço, porque Renato teve uma conferência no Sindicato dos Farmacêuticos. Deitei-me um pouco e depois cosi o resto do dia. Julinha mandou os filhos passar o dia com Sergio e Beatriz. Não nos deram trabalho algum. À noite não saímos. Ficamos proseando com João, que nos contou a cerimônia integralista dos "tambores silenciosos".

O Governo está tratando de os agradar, pois já percebeu que é a única força organizada contra o comunismo.

[Outubro 9]

Fiquei todo o dia em casa hoje, mas quase nada fiz. Amanheci na cozinha. Por gosto limpei a carne para Clarinda. Fiz um sorvete para oferecer ao Mário Penteado e senhora que disseram vir nos ver.

Depois do almoço vieram eles e mais a mulher do Angelo. Proseamos um pouco e depois levei-os ao cemitério para ver os túmulos do Serra e de Victor Luis. Vim para casa e fui prosear com d. Joaninha quase uma hora. Gosto das duas velhotas, ela e d. Carlotinha. Os velhos, no geral, simpatizam comigo. De lá, depois que Sergio chegou para a lição, fui ao apartamento.

Helena está fazendo uma mesa com barquinhos. Está muito graciosa, mas eu não gosto muito. Como há gente fútil! Serão mesmo precisas estas patacoadas para alegrar a vida? Não acho mais graça em nada! A morte de Victor Luis deixou-me um vácuo imenso no coração.

[Outubro 10]

Começa hoje a semana, que no ano passado, foi a mais triste de minha vida. Lembro-me destes sete dias, cada minuto, como se os estivesse vivendo agora. Dia 10 foi uma quinta-feira. A última reunião escoteira, a que o Victor Luis compareceu. Há dias em que eu realizo em sua plenitude a barbaridade, a crueldade do golpe que me feriu. Se estes dias fossem contínuos, com uma impressão tão forte da minha desdita, eu não poderia viver. Compreendo, então, por que certas mães morrem de dor ou "morrem em vida" quando perdem um filho. Mas eu sou muito à toa para isto!

Fui cedo ao curso e fiz boa ginástica. Lotte está muito abatida. D. Erondina vai-se embora. Pensei fazer-lhe um benefício e parece que ela não gostou. Vai começar a lida. Passei o resto do dia em casa sem nada fazer de útil. Chove desde madrugada.

[Outubro 11]

Pela primeira vez não pudemos ir hoje cedo ao cemitério. Choveu por tal forma toda a manhã, que não pudemos sair. Só às onze horas houve uma ligeira estiada. Fomos até levar nossas saudades. O cemitério estava muito florido. Voltamos debaixo de um aguaceiro medonho. Durante todo o dia choveu sem interrupção. Sentei-me depois do almoço na minha escrivaninha e só levantei à hora do jantar. Passei horas a organizar *menus*, para satisfazer às exigências culinárias do meu impertinente marido. Fiquei cansadíssima física e mentalmente. Foi um dia bem pau, posto que isto me tivesse distraído bastante. Não tive tempo quase para pensar no meu filhote, ou antes, de fixar por muito tempo meu pensamento nele, porque muito me lembrei dele esparsamente.

Só à noite pude deitar-me um pouco e ler.

[Outubro 12]

Hoje, feriado, todos ficaram em casa. Renato foi visitar o Acquarone, de manhã, e trouxe o resto dos desenhos. Depois do almoço fomos dar um abraço em d. Mariquinhas que faz oitenta e três anos. Fomos cedo e não me demorei quase. Não estava disposta a ver gente. Amanheci descontrolada, cheia de tristíssimas recordações de dias felizes que jamais se repetirão. Foi a última vez que saí com Victor Luis. Quanto orgulho do meu filhote! Do meu tamanho, querido de todos, bonito, simpático e bom! Pela primeira vez pôs gravata! Gravata emprestada do pai! Estava tão satisfeito e compenetrado! Deitou-se e nunca mais... Só cinco dias! Que barbaridade!!

D. Antonieta também estava muito tristonha. Seu último dia de saúde!

Para nos distrair, fomos ver Marta Eggerth. Nem sei se gostei. Apanhamos o Sergio na volta. Chove torrencialmente.

[Outubro 13]

Meu dia hoje foi bem atarefado. Pela manhã estive no curso. Não fiz ginástica. D. Erondina foi obrigada a sair cedo por causa do menino. Não tivemos água. Enfim, uma série de cousas aborrecidas, que me tomaram todo o tempo e me preocuparam bastante. Saí um pouco para comprar um vestidinho para Wanda. Voltei para o almoço com Renato.

Todo o resto do dia cosi o vestido. À tarde tencionei ir ao apartamento, mas Sergio voltou do colégio muito pálido e com dor de cabeça. Dei-lhe um banho, uma Aspirina e cama. Penso ser nada de grave, mas preocupo-me muito, lembrando-me do Victor Luis. Neste dia, o ano passado, ele estava também doente e quatro dias depois falecia, sem que eu o esperasse!... Finjo não estar muito nervosa para despistar o Sergio e Renato, que fica quase louco de aflição. Amanhã vou levá-lo ao dr. Orlando.

[Outubro 14]

Sergio hoje não foi ao colégio. Quis que ele ficasse em casa para descansar e ir ao médico comigo. Cosi toda a manhã um vestidinho para Wanda. Ficou muito bonitinho. À tarde vesti-me e fui com Sergio ao dentista e ao dr. Orlando. Receitou cálcio e iodo. Não achou nada de extraordinário no menino.

De lá fomos até ao curso. Encontrei Lotte muito nervosa por causa de uma intimação da Prefeitura para pagar a licença de 1935, que já havia sido paga.

Voltei para jantar. À noite fui ao apartamento ver um bolo que Helena arranjou. Ligia e Nonô estiveram proseando conosco. Deitamo-nos cedo, mas só às duas horas consegui dormir. Chorei muito e muito. Nunca me senti tão infeliz como agora. Só, desamparada, sem carinho e triste para morrer. Não estamos sincronizados.

[Outubro 15]

Angústia! Noite maldormida.

Fomos cedo os três de automóvel. Por sorte d. Erondina esteve no curso e fez a limpeza. A aula foi boa, mas não fiz ainda hoje. Lotte está mais calma. Providenciei para resolver o caso da Prcfcitura com o despachante sr. Américo Alves, que Nonô recomendou. Talvez haja recurso para não precisarmos pagar os 352$000. Voltei para o almoço. Fui ao apartamento ver o bolo integralista e Helena me pegou para ajudá-la um pouco. Fiquei lá até três horas e depois vim correndo me vestir para ir ao curso. Matriculei mais duas alunas para dança. Voltei com Renato para jantar. À noite não saímos. Estou desanimada, cansada e triste. O dia de hoje me traz recordações tristíssimas.

Victor já estava tão mal e ainda não tinha sido medicado! Quanto descuido! Meu pobre filho!

[Outubro 16]
Manhã toda ocupada na cozinha, costuras e Sergio, lavagem da cabeça. Renato não almoçou em casa, e o almoço foi ótimo. O resto do dia fiquei a lavar e passar várias roupas minhas. Fiquei só em casa. Cecilia, Beatriz e Sergio foram à casa de Julinha, aniversário da Wanda. Não quis ir lá, em homenagem ao Victor Luis. Um ano já, mas para minha dor, não há espaços de tempo, não há datas convencionais. Todos os meus dias são tristes, invariavelmente! Não me consolo e não me consolarei jamais da perda do meu filho! Sinto o mesmo remorso atroz de o ter deixado morrer. E cada dia que passa mais me convenço de que foi só por descuido nosso que ele faleceu! Como me penitenciar?...

2

No entanto, quem me vê agir, sair, lidar na casa, há de julgar que sou indiferente à dor.

Hoje cedo fui ao cemitério com Sergio e Renato levar-lhe umas flores.

Enfeitei a sepultura de branco.

Depois estive na missa que Celina mandou rezar. Não chorei e eu mesma me sinto encabulada com a minha força de vontade. Fui depois ao curso. Não toquei, em absoluto, neste assunto. Ninguém poderia, pelos meus modos, perceber cousa alguma. Voltei com Renato para o almoço. Deitei-me um pouco, mas não pude dormir, apesar de ter passado muito mal a noite. À tarde fomos novamente ao cemitério. Lá estiveram também os escoteiros, seus colegas do Liceu, parentes e amigos. Fomos também ao Fluminense levar uns cravos para o busto. Depois estivemos um pouco com d. Mariquinhas. Jantamos e ficamos em casa.

[**Outubro 17**]

Filho querido, escrevo, precisamente, à hora em que você fechou para sempre os olhos, à hora em que, para sempre, seu coração generoso e forte deixou de pulsar. Não pretendo descrever minha dor. Para quê? Ela não é maior hoje do que ontem. Para mim, você morre cada dia, tão intensamente eu sinto e vivo aquelas horas angustiadas, as piores da minha vida, que precederam sua partida. E trago ainda no meu íntimo a convicção inabalável de que o seu destino não era este. Você foi feito para a vida, filho meu, e ela lhe sorria cheia de promessas! Você tinha confiança em mim e eu traí esta confiança, descuidando do tesouro precioso que tinha em minhas mãos. E meu coração partiu-se para sempre! Como achar consolo? Nada me sorri, nada me interessa. O remorso que sinto é tão atroz, que só minha morte, trará sossego à minha consciência torturada!

[Outubro 18]

O ano passado o dia de hoje caiu numa sexta-feira. Foi um dia lindo, claro e quente. Mas quanto frio no meu coração! Vi-o e beijei-o pela última vez. Depois... só em sonho. Esta noite ele esteve comigo. Era bem ele. Abracei-o e beijei-o com imensa sofreguidão. Que alegria dolorida! No sonho eu sabia que aquilo não passava de um sonho! Quem me dera, cada noite poder sonhar com o Victor. Por que não o consigo, como desejo? Fomos cedo ao cemitério. Só pus no túmulo três saudades, estava ainda coberto de flores de ontem. Fomos, como sempre, ao do Serra. O dia, passei-o em casa, com o coração tão opresso, como no ano passado! Sergio foi ao circo com Silvio e Marcelino. Saímos um pouco para rodar no automóvel e depois do jantar fomos a pé até à casa de Julinha. Deitamos muito cedo.

[Outubro 19]

Amanheceu hoje um dia feérico de frescura e claridade. Dia de primavera. Nestes dias é que fico mais triste. Passei a manhã consertando e alargando vestidos meus. Engordei, de maneira que minha roupa não me chega mais.

Depois do almoço saí com Renato para fazer algumas compras. Às duas e meia fui para o curso. Despedi d. Erondina e contratei a Rosenda, irmã de Clarinda. Parece que ela vai acertar. Assisti a aula de ginástica e de dança. Reina mais animação agora. Novas almas têm entrado e as coisas parecem andar nos eixos. Deixei o pessoal dançando e voltei pra casa atrasada por causa dos ônibus sempre cheios. Depois do jantar fui ao apartamento. Só se fala em integralismo. Papai nem pensa em voltar para a fazenda. Ficou aqui para o congresso e gostou. À noite recebemos a visita do Goldschmidt e senhora.

[**Outubro 20**]

Muito cedo levantei-me hoje. Acordo, no verão, antes de seis horas e não posso conciliar mais o sono. Fomos os três juntos no automóvel. Rosenda vai dando conta do serviço. Fiz ginástica depois de descansar uma semana. Muita gente. Lotte está mais animada. Depois do almoço cosi até seis horas. O dia foi maravilhoso. Tenho muitas saudades de minha casa. Num dia como o de hoje, lembro-me mais do Victor Luis, nem sei por quê.

Sinto uma angústia porque não posso voltar atrás; vê-lo chegar do colégio e espichar-se no chão com um livro, ao meu lado; contar-me o que se passou no colégio! Já me fazia tanta companhia! Conversava como um homenzinho, curioso e inteligente. Que falta me faz! E quando me lembro que não devia ter morrido, que poderia estar ao nosso lado! Que angústia! Que desespero! Que revolta!

[**Outubro 21**]

Quarta-feira. Dia de ficar em casa, mas não fiquei. Toda a manhã ocupada na cozinha. Cosi um pouco antes do almoço. Saí depois com Renato e fui ao curso. Pretendia fazer uma formidável limpeza com a Rosenda, mas não tínhamos uma só gota d'água! Nem mesmo para beber.

Rosenda, por muito favor, arranjou um litro e um jarro no Colombo, onde foi comprar álcool e açúcar. Ficamos lá até cinco horas, quando fui com Lotte e Luis até a Rádio Nacional, falar com o dr. Cauby de Araujo, sobre o nosso projeto de ginástica pelo rádio. Nada conseguimos. Amanhã vamos ao Mayrink Veiga. Resolvemos despachar Frau Igel e precisamos arranjar qualquer cousa que nos preencha o vazio.

Voltamos para casa debaixo de um temporal.

[**Outubro 22**]

Cedo ginástica. O tempo amanheceu bem melhor. A aula foi muito boa. Voltei com Renato para o almoço. Sergio ficou em casa de China para o almoço, por causa da chuva. Ele vai bem na ginástica. Depois do almoço chovia barbaramente. Cosi um pouco e já estava disposta a não sair mais para o curso, como havia projetado. Fui, porém, falar com Ruth no telefone e conversei um pouco sobre o Victor Luis, cuja morte ela ignorava. Senti uma tristeza tão grande, um desespero, uma angústia tal, que achei que o melhor era ir ao curso para me distrair. Saí daqui com Ligia, que assistiu à aula de dança e gostou muito. O remédio fez-me bem. Pelo menos acalmou-me. À noite fui ao cinema ver Lily Pons. Fita muito boa.

[Outubro 23]
Meu dia hoje foi dos mais atarefados. Precisava muito falar com Frau Igel para resolver nosso caso. Ontem escrevi-lhe uma carta, mas não acho que isto seja delicado. Cecilia, porém, foi tomar uma injeção de Transpulmin e foi na veia e quase morre com um "chilique" muito sério. Dr. Lessa vinha jantar aqui, de maneira que fui obrigada a fazer tudo sozinha. Trabalhei o dia todo e à tarde fui ouvir uma conferência do professor Perret na ABE [Associação Brasileira de Educação]. Voltamos com o dr. Lessa e jantamos muito bem, um jantar delicioso que Clarinda e eu preparamos. Papai também estava presente e ficamos de prosa até onze horas da noite. Fui deitar cansada, mas contente com meu dia.

[Outubro 24]
Saímos os três cedo de automóvel. Cheguei cedo ao curso. Rosenda vai, aos poucos acertando com o serviço. Frau Igel esteve lá muito sentida com nosso gesto de mandá-la embora.

Não pude conversar com ela, porque Renato foi me buscar.

Lotte ficou a falar até uma e meia e nada resolveu. Só terça-feira é que vamos conversar e liquidar o caso. Depois do almoço fui com Renato à Casa Palermo comprar uma mesinha para mamãe, que lhe dei de presente junto com China. Demos depois uma volta por Copacabana. A tarde estava muito bonita, mas tudo o que é belo me entristece. Às vezes, de repente, sinto um bolo na garganta e nos momentos mais alegres eu só tenho vontade de chorar.

À noite fomos ao cinema.

[Outubro 25]

Passei bem a noite, mas acordei muito cedo. Fomos ao cemitério. Acho sempre que a semana custa a passar. Comprei umas palmas e mandei um *bouquet* à mamãe pelo seu aniversário com um cartãozinho do "neto ausente". Ela ficou muito comovida com minha lembrança. Passei quase todo o dia em arrumações de casa, pois Yolanda foi à Penha e não veio hoje. Depois do almoço fiz *sandwiches* e *croquettes* para o jantar de mamãe em casa de China. Às cinco horas fui para lá com Cecilia.

Sergio almoçou com Marcelino e depois foi também abraçar a avó. Deixei-o ir e voltar sozinho, mas não gosto de o fazer. Todos estavam presentes à festa de mamãe, que foi muito divertida e alegre. Para mim, porém, não há mais alegrias. Pensei muito no Victor Luis e no prazer que ele teria num dia como o de hoje. Sinto-o tão vivo e tão presente na minha lembrança, que um ano de ausência, parece um dia somente.

Ai de mim se não me tivesse habituado a me separar dele quando vivo! Tenho às vezes a impressão de que ele vai voltar! Mas a realidade é bem outra!

[Outubro 26]
Um dia perdido. Passei uma noite de cão ontem. Dormi só três ou quatro horas, por causa da garganta. Coçou tanto, que fiquei desesperada. De manhã estava muito resfriada. Para evitar que piorasse, resolvi meter-me na cama.Todo o dia li o Carrel. Precisava ficar doente uma vez por semana para poder ler. Não acho tempo para isso. Só perdendo o dia todo. Tomei "alho sativo" e a poção de Lotte. Foram os meus remédios. E fizeram-me bem. Ando tão preocupada com o curso e o caso de Frau Igel que não tenho pensado muito no meu filhote. Sinto um remorso imenso. Será possível que a gente se habitue com a perda de um filho? Detesto o tempo que atenua uma tal dor!

[Outubro 27]
Renato ontem chegou com a notícia de que já tinha reservado passagens para irmos à Europa. Senti um tal nervoso e aflição, que fiquei banhada de suor. Não sinto a mínima atração para ir à Europa. Tenho recordações bastante tristes das duas viagens que fíz. Temos gostos tão diferentes a este respeito que raro estamos de acordo. Sergio vai conosco. Coitado!

Sinto também que não tenho o direito de ter este prêmio de uma viagem, eu que por descuido privei o Victor da vida, deixando-o morrer! Por que vou eu que não faço questão de ir e tanta gente que apreciaria a viagem, nunca poderá fazê-la?

Fui ao curso mas não fiz ginástica. Conversei com Frau Igel e resolvemos que ela sai mesmo. Não é mais possível viver-se no ambiente que se criou contra ela. O resto do dia li e cosi. À noite não saímos. Renato e eu estamos muito resfriados.

[Outubro 28]
Quarta-feira. Fiquei hoje em casa. Renato não passou bem a noite, com dor de garganta. Quando ele tem insônia, não me deixa dormir. A recíproca não é idêntica. Acabei hoje meu casaquinho preto. Cosi um pouco e à tarde fui à casa de Ligia ajudá-la um pouco no jantar que está preparando para os colegas de Nonô. Um trabalho insano, pois nada possui para este fim. Quase tudo foi emprestado, inclusive a mesa.

Para que tanta trabalheira?

Não me senti muito bem hoje.

Um desânimo atroz! Tanta saudade do Victor! Sonhei com ele esta noite duas vezes. Uma, são. A segunda vez, doente porém em vias de se restabelecer com uma injeção de Cariogon na veia. Que horror a sua morte! E nós vamos à Europa nos divertir! Com que direito? Se as cousas dependessem de mim, nunca mais eu me proporcionaria um único prazer.

[**Outubro 29**]

Fomos os três cedo, no automóvel, cada qual para seu destino. Lotte não foi à ginástica. Jucira deu a aula. Saí um pouco para comprar um presentinho para o Salu, que fez anos hoje. Tão abstrata e distraída andei pela cidade, que parecia uma criatura indecisa sem uma orientação certa. Não sinto mais interesse, nem mesmo pela moda. Voltei com Renato e senti muita moleza depois do almoço. Deitei-me um pouco e dormi. Às duas e meia vesti-me e fui para o curso. Tomei, sozinha, um chá na Cavé. Conversei muito com Lotte e voltei às seis com Renato. Lá ficou Maria Clara dando aula de dança. Tenho pensado muito na nossa viagem à Europa. Dará certo? Fico muito nervosa quando me lembro das viagens anteriores e fico triste quando me lembro que o Victor Luis poderia ir conosco! Meu pobre filho! Dias antes de morrer ele dizia ao Jaime, que ia viajar muito! Coitadinho!

[**Outubro 30**]

Que fiz hoje de útil? Nada! E por que não o fiz? Não sei! Os dias passam-se e não voltam mais. E eu perco um tempo precioso, porque não tenho ânimo para aproveitá-lo. Doença? Preguiça? Impossível responder. O fato é que sinto tão pouca vontade de fazer as cousas, que vou adiando, adiando até não mais poder. Estou sem roupa. Precisando preparar-me para ir a São Paulo. E nada faço. As fazendas ficam mofando na máquina.

Hoje não saí de casa. Renato passou mal a noite. Perdeu a hora de manhã e só acordou quando Sergio veio chamar que o dr. Kock e o pessoal da Bayer estavam esperando para ir a Inhaúma. Consertei minha saia branca. D. Joaninha esteve aqui de manhã. Renato não trabalhou depois de doze horas. À noite cama, cedo.

[Outubro 31]

Mais um dia perdido. Se eu fosse anotar todo o tempo que desperdiço, daria cinquenta por cento da duração da minha vida. O que poderei fazer para combater este desânimo? Tenho tanta costura para este mês e não me mexo. As fazendas ficam velhas de guardadas e eu nada faço. Hoje foi um destes dias. Deitei depois do almoço e perdi horas a ver revistas. Depois proseei com mamãe que veio nos ver. Fui visitar d. Joaninha e passou-se o dia. Poderia ter ido com Renato visitar d. Antonieta e levar Salu. Mas não tive vontade. Fiquei em casa. Daqui a pouco estou com sono e nem ler poderei. Valerá a pena levar a vida assim?

Pela manhã fui ao curso e fiz ginástica. Vera não foi e fizemos sem música. Bem pau. À noite não saí.

Tenho muitas saudades do Victor Luis. Creio que é isto o que me desanima. Minha casa de Águas Férreas! Como gostaria de voltar para lá!

×	70 000	Colégio		×	Gás	96 100
×	30 000	Automóvel		×	Luz	88 500
×	30 000	D. Joaninha		×	Telefone	57 000
×	25 000	Ginástica		×	Armazém	555 000
×	100 000	D. Lili		×	Quitanda	133 800
×	22 000	Farmácia		×	Carne	164 000
×	25 000	Asilos		×	Leite	66 500
×	150 000	Prestação		×	Flaviense	46 100
×	100 000	Mamãe		×	Seu João	20 800
×	21 600	Frangos		×	Clarinda	120 000
×	64 000	Flores		×	Yolanda	130 000
				×	Sebastiana	100 000
	637 600			×	Jardineiro	40 000
				×	Seu Albino	55 000

1:672 800

1:672$800
637$600
190$000
————
2:500$400

Compras

sapato	58 000
bolsa	38 000
luva	15 000
meia	12 000
presente	44 000
D. A.	
meia Sergio	4 500
Cadarço	1 200
bacalhau	6 000
	178 700

[**Novembro 1**]

Hoje, domingo, foi um dia em que muito desejei ter o Victor Luis ao meu lado. Passamos o tempo como ele gostaria de passar. Fomos à feira com Sergio e Salomão. Percorreram quase todo o parque de diversões. Jantamos na cidade e fomos depois ao cinema. Foi um dia memorável para eles, que raramente, ou nunca, fizeram tais cousas. Como o Victor Luis haveria de gostar, de apreciar, "de gozar" como ele sempre se exprimia! Seria um dia cheio para ele! Como sabia gostar das cousas! Meu pobre filho! Sinto-me tão isolada. Sua morte trouxe transformações tão profundas na minha vida, que nunca mais poderei ser feliz! Nunca mais! Pelo menos é o que sinto no momento em que escrevo. Fomos cedo ao cemitério. Levei-lhe umas violetas, pois amanhã pretendo enfeitar bem o túmulo.

[**Novembro 2**]

Dia dedicado aos mortos. Belo dia o de hoje! Às oito horas fui buscar as flores. Lírios-brancos. O cemitério parecia um jardim! Uma maravilha! Enfeitamos o seu túmulo e o do Serra. Renato levou flores para o Gustavo e um outro alemão da Bayer. Pus dous lírios no túmulo do Wilson. Não visitei os outros parentes, porque não sei onde estão. Vovó já foi removida. Fomos depois ao Fluminense, mas não pudemos entrar. Tudo fechado. Deixei os cravos com o "Antonio Escoteiro" para colocar no busto amanhã. À tarde, depois do *lunch*, fomos novamente ao cemitério. Uma multidão! E tanta flor! No túmulo do Victor Luis, só as que nós pusemos e umas pouquinhas mais. Alberto foi também visitá-lo e depois jantou conosco. Tive muito prazer com sua visita. É cousa tão rara! À noite não saímos.

[**Novembro 3**]
Não sei por quê, amanheci cansada e passei todo o dia cansadíssima. Pela manhã fiz ginástica. Depois do almoço tive que sair novamente para comprar um presente para d. Antonieta que fez anos. Comprei um prato e um jarro marajoaras muito bonitos: cerâmica imitando madeira. Voltei tarde, fui ao cabeleireiro.

Depois de jantar fomos vê-la e lá ficamos até nove e meia a prosear. Dia triste para mim. Lembrança do Victor Luis, para quem este dia era cheio de alegrias. Ele gostava muito de d. Antonieta. Para ela, também, o dia traz muitas recordações tristes. Que revolta eu sinto de pensar que ele morreu!! E por culpa minha! Ele não devia morrer! Eu sei disso! Foi descuido, só descuido! Por que o desespero não mata logo a gente, quando a gente só pode viver desesperada!

[**Novembro 4**]
Tive um dia tão afanoso hoje! Não fiz nada e não parei o dia todo. Cansaço, sempre cansaço! E tanta angústia! Tanta tristeza.

Sergio não foi ao colégio. Amanheceu com dor de cabeça e garganta. Resultado da festa de d. Antonieta. Passou o dia na cama. Dei-lhe um purgante e já está bom. Choveu torrencialmente, trovejou e ventou; mas não faz frio. Estou integralmente esgotada. Este ano foi para mim de duríssima provação. Restará, quando sairmos daqui, alguma cousa do que eu fui? Mal me reconheço no que hoje sou. Farrapo de gente sem desejo, sem sentimento, sem aspiração, sem ambição, sem ideal, sem nada! Eu devia morrer agora. Seria um negócio vantajoso para mim e para os outros.

[**Novembro 5**]

Dia quente, ventoso e exaustivo. Fui cedo à ginástica. Não deixei ainda o Sergio sair de casa. Já está bom. Achei Lotte muito abatida e triste. Não sei o que tem. Vim almoçar e comi um mocotó que me fez beber água o dia todo. Saí às três horas para ir ao curso, receber as mensalidades. Mas ninguém pagou. Voltei com Renato.

Depois do jantar estive no apartamento. Helena está fazendo outro bolo.

Estou muito mole e desanimada. Renato está arranjando tudo para a viagem à Europa. Temos um comprador para a casa por 200:000. Vai-se a minha esperança de voltar a morar lá. Ficará para outros o *My dream*, minha casa, onde passei o melhor de minha vida, o cantinho em que fomos tão felizes, cheio de recordações tão gratas do meu pobre filho! Mais uma saudade para fazer doer meu coração!

[**Novembro 6**]

Sexta-feira, passei quase todo o dia em casa. Tentei fazer uma saia, mas à tarde fui ao apartamento e gastei muito tempo vendo Helena fazer um bolo. Quase toda a família lá estava. Minha saia ficou bem boa. Encomendei à d. Clara um *peignoir* branco, muito bonito. Papai almoçou conosco. Está desanimado por falta de dinheiro. Sofrendo as consequências de tantas tolices cometidas. Estive com Odete Caminha. Parece conformada, mas posso imaginar o que ela sente. Coitada!

À noite fomos ver a *Vida de Pasteur*. Que fita admirável! Quantos ensinamentos!

Vejo estas cousas, gosto, mas fico depois numa tristeza atroz. Victor Luis! Coitado do meu filho. Tão cedo privado de tudo o que a vida tem de bom!

[**Novembro 7**]

Sábado, dia em que saímos os três de manhã. Antigamente éramos quatro. Fiz boa ginástica.

Voltamos juntos para o almoço. À tarde saí com Cecilia para ir cuidar de uma casa para ela na Vila Montevidéu. Demos uma volta pela cidade, vendo as cousas bonitas, mas nada comprei a não ser um chinelo branco, para usar com meu *peignoir*. D. Clara trouxe-o hoje. Ficou muito bonito. Todo branco. Não é prático mas é lindo!

Mamãe jantou conosco. À noite não saímos.

Victor Luis olha pra mim com uns olhos tão tristes! Parece querer me censurar. Meu querido e pobre filho! Tenho sofrido tanto! Nem sei para que viver com este tormento. Suporto-o porque sei que o mereço.

[**Novembro 8**]
Acordei hoje indisposta. Fomos ao cemitério. Pareceu-me tão longa a semana! Voltei para os arranjos caseiros. Papai e mamãe almoçaram conosco. Renato "para variar", fez uma de suas belíssimas cenas! Escolhe a dedo quando há espectadores para mostrar suas "habilidades". Tal qual as crianças! Se ele pudesse compreender o mal que me faz! O abismo que vai cavando entre nós! Creio que ele vai acordar muito tarde.

Passei quase todo o dia com o carpinteiro a consertar portas e janelas. À tarde demos uma volta de automóvel e depois fui dar uma prosa com d. Joaninha, que estava muito só. Jantamos e não saímos mais.

[**Novembro 9**]
Noite mais ou menos maldormida. Renato também não passou muito bem.

A manhã foi toda dedicada a uma geleia de mocotó, que não saiu boa. Fiquei cansadíssima sem proveito. Depois do almoço fui com Cecilia ver uma casa na Vila Montevidéu. Parece que ela vai alugá-la. Não é nem boa nem má. Fomos depois até à cidade, tomamos *lunch*, fiz compras e fui para o curso. A aula foi bem animada, dada pela Lotte. Na avenida, de volta, esperei o ônibus mais de meia hora. Nunca vi tanta gente! Cheguei para o jantar mais morta que viva, triste pra morrer, saudosa do meu filhote, em quem não paro de pensar.

À noite não saímos. Vou deitar-me bem cedo e ler na cama para poder descansar.

[**Novembro 10**]
Deitei-me ontem às nove horas, mas não pude ler, tal meu cansaço. Dormi como um prego até seis horas. Fui cedo à ginástica, mas não fiz. A aula foi muito concorrida. As cousas vão indo bem. Depois do almoço mamãe e Ligia vieram coser conosco. Mamãe jantou conosco. Comemoramos hoje nosso décimo sexto aniversário de casamento. Dando um balanço na minha vida conjugal, encontro um déficit de felicidade. Culpa minha? Talvez. É melhor não analisar. O resultado pode ser pior do que se espera. Dantes era um dia feliz para mim. Hoje sinto o vazio que Victor Luis deixou e não posso sentir alegria completa.

Não saímos à noite.

[**Novembro 11**]
Dia de ficar em casa. Meu dia quase rendeu um vestido. Não consegui acabar porque fui obrigada a interromper várias vezes o trabalho e porque senti tal moleza que o tempo não rendeu.

Duas pessoas vieram ver a casa, mas acham-na muito velha e maltratada. Uma delas foi a mãe do Gilberto que ficou surpreendida quando viu que eu morava aqui. Cecilia desistiu da casa da Vila Montevidéu. Está procurando outra. Estou louca para mudar de vida. Sinto-me cansada deste casarão.

Acho a vida tão esquisita! Como posso continuar a viver sem o Victor? Como é que tudo pode continuar na mesma como se nada tivesse havido? Quando reflito nisto sinto tanta angústia! Meu pobre filho!

[**Novembro 12**]

Que dia cheio! Saímos os três cedo. Cada um para seus afazeres. Fiz ginástica com Lotte. Celeste parece que vai mesmo sair, depois que Lotte brigou com ela. Há mais tempo ela deveria ter feito isto.

Renato hoje pregou-me um logro! Esqueceu-se de ir me buscar para o almoço! Incrível. Só lembrou de mim quando chegou em casa. Fiquei na cidade. Almocei um *sandwich* e uma maçã. Fui depois à chapeleira no Catete. De lá entrei no Palácio para assistir *Bonequinha de seda*. Primeiro *film* brasileiro apresentável. Gostei muito. Fui fazer algumas compras e depois estive no curso. Matriculei duas novas alunas e temos mais duas prometidas.

Só às seis e meia cheguei em casa, com a impressão de ter passado um ano fora. Começou hoje a nova cozinheira. Tem muito bom jeito.

[**Novembro 13**]

Que dia desanimado o de hoje! Não sei se estou doente, ou se é mesmo desânimo que sinto. Mal físico ou mal moral, o fato é que ignoro o remédio, ou antes, o remédio que preciso não posso obter. *I need love and caress. I think that is all* [Preciso de amor e carinho. Acho que isso é tudo].

Passei o dia em casa. Cosi mas não fiz nada. Estraguei um vestido; foi este o meu trabalho. Não é para desanimar? Até tarde fiquei na máquina. Quando Renato chegou o quarto ainda estava em desordem. Projetei ir ao cinema hoje, mas o desânimo foi tanto que na hora desisti. Fomos levar o Silvio a pé e voltei pra casa. No apartamento não achei ninguém. Mamãe está desanimada com papai. Gastou um dinheirão na fazenda, está cheio de dívidas e não tem dinheiro, nem acha quem lhe empreste. Coitado do Victor Luis se ele pudesse saber desta situação!

[**Novembro 14**]

Meu dia hoje foi infrutífero. Pela manhã fui à ginástica. Lá fiquei até meio-dia. Voltei com China e Ligia. Chegada aqui Helena telefonou-me para ir ajudá-la a passar glacê no bolo que está fazendo. Para lá fui depois do almoço e lá fiquei até seis horas. Sergio foi ver Shirley Temple com o Carlinhos, de modo que fiquei sossegada. Voltei para casa e deitei-me para ver revistas. Hoje pretendia acabar meu vestido de *voile*, mas não foi possível.

Estou muito sem ânimo para coser. Já sei que vou achar feio tudo o que fizer. À noite fomos ao cinema ver Shirley Temple e revimos uma fita de Jan Kiepura muito boa. Continuo a gostar dele. Aprecio tanta vida, tanta alegria e entusiasmo.

[Novembro 15]
Dia da República. Ninguém lembrou-se disto. Fomos cedo ao cemitério. Levei ao Victor uns lindos gladíolos que o sr. Natt me mandou no dia 13, julgando que era meu aniversário. D. Branda também enviou-me um potezinho de cáctus muito bonito. Não desfiz o engano para não os encabular. Fui ver o bolo de Helena que ficou muito bom. Durante o dia mandei Sergio e Salomão ao circo e fui depois com Renato visitar Palmira em Copacabana e levei-a para dar um passeio de automóvel. Voltamos pra casa e não saímos mais. Renato está ouvindo rádio pronto para dormir e eu vou fazer o mesmo. Não temos ânimo para nos divertir, nem vontade para isto. A lembrança do Victor não me deixa e não sinto prazer em cousa alguma.

[Novembro 16]
Hoje não abri a máquina. Todas as minhas costuras estão paradas por falta de ânimo e tempo. Comecei fazendo um vestido que não gosto muito e agora não tenho coragem de cortar os outros. Depois do almoço fui à chapeleira. Perdi lá

um tempão. Depois estive fazendo umas compras e fui ao curso. Senti uma tristeza tão grande que Lotte leu no meu rosto o que se passava comigo. Não houve aula de dança. Lotte brigou com a Vera, porque não quer tocar para o sapateado. Que falta de sorte ela tem com suas auxiliares. Custei a contê-la ontem, tal a indignação em que estava. Voltei com Renato, que me esperava na porta com o Thiré. Fiquei emocionada ao vê-lo. Conheceu o Victor Luis e gostava dele. Está passando uma crise medonha. Coitado!

[**Novembro 17**]
O tempo passa, mas para mim, não. Treze meses já se foram e estou sempre com a impressão de que foi ontem. Tenho pensado tanto nele hoje! Passei o dia em casa cosendo. Fui à ginástica de manhã cedo. Antes estive no cemitério. Minha romaria sagrada! Mais de um ano! Olho o seu retrato e custo ainda a crer! Como foi possível? Como é possível que eu continue a viver? Que cousa incompreensível!

Acabei hoje meu vestido. Só faltam os punhos e a gola. Não gosto de ficar em casa. Penso muito e sinto uma angústia insuportável! À noite tivemos a visita de Palmira e Flavio. Julinha e Luis também vieram. Proseamos até onze horas. Quando faltavam vinte minutos para as vinte e quatro horas vou atender a campainha para receber um chapéu. Passei uma descompostura no entregador.

[**Novembro 18**]

Dia de ficar em casa. Quase que o perco, tal a moleza que senti depois do almoço. Uma dispepsia formidável! Mesmo assim, graças a uma Aspirina consegui coser um pouco. Acabei meu vestido e quase fiz um paletozinho preto. Estive muito abatida e triste. Não tomei *lunch*. Acho que estou comendo demais. Sinto-me mais gorda. Toda a minha roupa está ficando apertada. Vou fazer o possível para emagrecer um pouco. Sinto-me tão inconfortável! À tarde fui ver d. Joaninha. Beatriz levou um tombo e quebrou a testa. Foi um surumbamba medonho, tal a gritaria que fez.

Estou morta de sono. Se eu pudesse me livrar desta moleza seria outra criatura. Mas como?

[**Novembro 19**]

Saímos os três cedo hoje. Fiz ótima ginástica. Estou doída até agora, à noite. Chove torrencialmente fora e dentro de casa. Cecilia está atrapalhada com baldes e panos.

Julinha e Palmira assistiram a aula. Depois vieram, elas e o Flavio, almoçar conosco. Laurentina fez uma maionese que vai ficar na história. Foi um bom almoço. Depois do almoço pretendia sair, mas estava um calor louco, Renato telefonou-me que não fosse porque ia chover e o tráfego na cidade estava congestionado por causa da parada do Dia da Bandeira. Despi-me o mais que pude e fiquei cosendo. Acabei meu casaquinho preto, que ficou bom. Lucrei ficando em casa, pois estou cansadíssima e vou me deitar cedo.

Hoje foi aniversário do Ely. Telefonei à Adélia. Pensei muito no meu filhote. Como é que ele foi morrer?

[Novembro 20]
Sexta-feira. Fico em casa. Lavo a cabeça e cuido de um milhão de cousas que dependem de mim.

Cosi toda a tarde um paletozinho de fustão. Espero que fique bom. Ultimamente não ando feliz com minhas roupas. Faço, faço e não vejo nada. Tudo medíocre, tudo impróprio para mim.

Não estou satisfeita comigo.

Fiz um bolo de melado para Lotte. Espero que ela goste.

Veio uma pessoa ver a casa, mas não pude receber. Só viu embaixo. Sinto-me muito cansada. Estou sempre aflita. A viagem à Europa já está me preocupando. Tenho a impressão que vou partir amanhã e preciso fazer um mundo de cousas. Mesmo assim ocupada minha angústia e as saudades não me deixam. Pensei muito no Victor esta noite, com uma nitidez espantosa.

[Novembro 21]
Logo cedo saímos os três de automóvel. Fiz boa ginástica. A aula foi animadíssima. Muita gente, muita alegria. Levei

para Lotte um bolo de melado, que foi um sucesso. Todos gostaram e todos querem a receita. Mariazinha assistiu a aula e está animada a fazer ginástica. Voltei ao meio-dia com Renato. Depois do almoço cosi até à tarde meu paletozinho de fustão. Não está feio. Ficou muito jeitoso. Saímos ontem à noite para assistir uma fita da Janet Gaynor, a única artista por quem Victor Luis tinha entusiasmo. O retrato dela vivia em sua mesa. Isto caracteriza a pureza dos seus sentimentos. Meu filho, tão querido e tão chorado!

Hoje fomos novamente ao cinema ver *O rei se diverte*. Não me distraí. Nos momentos mais alegres a lembrança do Victor me angustia horrivelmente.

[**Novembro 22**]

Acordamos muito tarde. Não passei bem a noite. Comi camarão ontem no jantar. Levantamos e saímos logo para o cemitério.

Mandei matar o pato para festejar o aniversário de Cecilia. Um colosso! Comemos no almoço, no jantar e ainda sobrou para amanhã. Acabei meu paletozinho para vestir hoje. À tarde fomos dar uma volta com Palmira e Flavio, pela Lagoa e Jockey.

Jantaram eles aqui conosco; também mamãe e Elza. Foi um dia cheio. À noite toda a família reuniu-se aqui, exceto Maria, porque Alberto fez uma de suas belíssimas cenas e ela chorou muito, ficou com a cara feia e não pôde vir. Que horror! Será isto um casamento feliz? Tenho tanta pena dela! Às vezes

Renato faz também das suas, mas eu não procedo como Maria. Sou muito mais enérgica que ela.

[**Novembro 23**]
Segunda-feira. Amanheci resolvida a não pegar em costuras, pois tinha que sair logo após o almoço. Mas o tempo rendeu e eu cortei meu *peignoir* cinza. Fui depois à chapeleira resolver meus chapéus. Perdi muito tempo lá.

Fui depois ao curso dar aula de alemão com Lotte. Só tive meia hora para isto, pois cheguei atrasada. Assisti à aula de ginástica e encontrei-me com Cecilia para ir à ABE ver uns livros. Proseamos com dr. Lessa um pouco e fomos ao escritório de João, com quem voltamos para casa. Chegamos e logo despencou um temporal medonho. Valeu o dia de hoje? Não sei! Acho tudo tão inútil! Qual a finalidade da vida? Haverá outra além da contingência de vivê-la? Victor me olha com um olhar tão triste!

[**Novembro 24**]
Ginástica logo cedo. Cheguei antes das oito no curso. Lotte veio depois de oito e meia. Estudei um pouco de alemão. A aula de ginástica foi muito animada. Lotte quer fazer uma pequena exibição em dezembro. Já estou lutando com ela porque não quero comparecer, ou antes, tomar parte. Não me sinto com disposição para me exibir em público. Depois do almoço cosi meu *peignoir*. Está muito bom e quase pronto.

Papai passou o dia aqui pintando um berço que fez para Beatriz. Cecilia fez-lhe companhia. As crianças gritaram a valer. Nunca vi tanto barulho! Estou muito receptível hoje. Qualquer grito me faz mal. Senti muita angústia. Tive vontade o dia todo de ir ao cemitério, como se isto pudesse me aproximar do meu filhote!

[**Novembro 25**]

Estou num desses dias de depressão em que a gente se sente inferior em tudo. Desgostosa de mim mesma.

Cosi o dia todo. Acabei meu *peignoir*, que ficou bem bonzinho. É pena que a fazenda amasse tanto.

Veio uma senhora ver a casa e parece-me que vai ficar com ela. Estou aflita para dar um jeito na minha vida. Cecilia não achou ainda casa. Fomos ver uma com ela. Parece boazinha. Só vimos a fachada. Amanhã decidirá.

Tive muitas saudades de Victor Luis hoje. Sinto que cada dia ele fica mais longe. Pensei que eu já estivesse mais forte, mais conformada e, à tarde, li o livro que lhe foi dedicado. Não resisti à dor que me assaltou à sua lembrança. Quanta angústia senti e quanto chorei! Que castigo sofro, por culpa minha!

[**Novembro 26**]

Continuo hoje com grande depressão. Só melhorei durante a ginástica. Como pareço alegre para os outros!

Depois do almoço tive uma forte dispepsia. Dormi um sono mau e acordei muito indisposta, sem ânimo para nada. O tempo infame não convidava a sair.

Mas não pude ficar em casa. Vesti-me e fui até ao curso. Distraí-me um pouco com o movimento do pessoal. Voltei com Renato de automóvel. Como era ainda cedo, resolvi ir até ao Jardim Botânico visitar as Ribeiro. Passei uma hora com elas e cheguei justo para jantar. Pretendia ir ao cinema à noite, mas o desânimo resolveu o contrário. Estou triste e vou dormir muito cedo.

Sou uma fracassada na vida. Quem deixa morrer um filho com catorze anos, não merece felicidade!

[**Novembro 27**]

Passei o dia todo em casa. Não sei o que tenho, mas não me sinto bem. Arrepios que me levantam até o couro cabeludo. Pelo menos é esta minha impressão. Cosi o dia todo e fiz um vestidinho para vestir em casa que ficou bem bonitinho. Foi tudo o que realizei. Choveu todo o dia. À noite Lourdes convidou-nos para ir assistir os fogos do hotel, onde está hospedada no Flamengo. Lá ficamos até doze horas e não vimos cousa alguma, a não ser uns foguinhos muito vagabundos no Calabouço. Quando deviam soltar os outros, dos morros, caiu uma pancada d'água formidável e não fizeram nada. Perdemos a noite, horas de sono, inclusive o Sergio que ficou cansado e aborrecido. Fomos deitar à uma hora. Renato foi ao jantar que a Bayer ofereceu aos médicos e trouxe-nos para casa.

[**Novembro 28**]

A noite foi infame. Dormi umas três horas. Um ratinho achou que devia roer a porta de nosso quarto e fez tal barulho, que de três horas em diante não pude mais dormir sossegada. Amanheci tão indisposta que não tive coragem de fazer ginástica. Lotte estava formidável! E eu mais que neurastênica, a suar e sentir arrepios de frio. Que cousa desagradável! Voltei para almoçar e caí na cama com um sono de morte. Às três horas acordei com Helena me telefonando que papai levara uma trombada de automóvel. Felizmente nada de grave. Um arranhão na perna e contusão no braço. Amanhã faz anos e as meninas estão arranjando um festão para ele. Lourdes veio nos ver à tarde. Fui levar Flavio e Palmira para verem o Joá. À noite não saímos.

[**Novembro 29**]

Os aniversários deram para cair no domingo. Hoje foi o de papai. Há dias que as meninas andam preparando uma festa de estrondo para ele.

Levantei-me cedo para ir ao cemitério. Comprei umas flores e mandei ao papai em nome do Victor Luis.

Só às cinco e meia fomos para a casa de China, onde se realizou a festa. Depois do jantar houve várias comédias representadas pelas meninas com grande sucesso. Ligia cantou e a Maria Luiza Berinsky também. Teddy fez uns números engraçados e Manuel contou uma porção de anedotas. Foi uma noite muito distraída. Como o Victor Luis havia de gostar! Senti-o ao meu lado todo o tempo. Cheguei a ouvir suas gargalhadas. Helena fez um bolo representando a fazenda que ficou esplêndido. Que saudades do meu filhote! Por que só ele havia de faltar! O único dos netos que morreu! O mais bonito e o melhor de todos!

[**Novembro 30**]
Último dia de novembro. O ano está quase a findar-se. Como o tempo corre. Eu detesto o tempo, que cada dia me afasta mais do Victor Luis, apesar das saudades que sinto dele.

Não passei muito bem a noite. Pela manhã li o livro sobre Plínio Salgado e estou gostando do homem. É realmente inteligente! Fui depois do almoço à chapeleira e ao curso. Fiz ginástica com Lotte. Não gosto de fazê-la à tarde. Fiquei muito cansada. Voltei com Renato e não saímos mais.

O *chauffeur* de João teve um ataque hoje na cozinha e assustou-nos bastante. Não sei bem se foi epilepsia ou congestão. Pregou-nos um sustão, mas logo recuperou os sentidos e o sr. Menezes veio buscá-lo.

	Vestido	120$000
	sapato	65 000
	linho saia	49$300
	cambraia	3$200
	botões	7$000
	feitio vestido	50$000
	chá	5 000
	"	3 000
×	ônibus	3 600
×	Seda branca	17 000
	D. Clara	80$000
	ônibus	4$000
		————
		407$100
	Mme. Sanches	50$000
		————
		457$100
	luvas	25$000
	meia	16$500
		————
		498 600

70 000	Colégio ×	Gás	×	97 800
30 000	Automóvel ×	Luz	×	93 700
30 000	D. Joaninha ×	Telefone	×	66 400
25 000	Ginástica ×	Armazém		510 000
100 000	D. Lili ×	Quitanda	×	171 200
9 500	Farmácia ×	Carne	×	167 000
40 000	Asilos ×	Leite	×	64 500
150 000	Prestação ×	Flaviense	×	39 200
100 000	Mamãe ×	Seu João	×	20 000
97 000	Flores ×	Clarinda	×	44 000
		Laurentina	×	76 000
651 500		Yolanda	×	130 000
150 000	Casa	Sebastiana	×	100 000
		Jardineiro	×	40 000
801 500		Seu Albino	×	60 000
		João	×	26 000
		China	×	7 000
				1:712 700

1:712 700
801 000

2:513$700

Flores — Dezembro

6	8 000
10	2 500
5	9 000
6	2 000
10	3 000
13	6 500
16	2 500
17	5 000
20	8 000
25	6 000
27	4 000
30	
1	

$$56\$500$$

17 500

$$74\$000$$

[**Dezembro 1**]

Não sei por que fui sonhar com o Victor Luis. Passei o dia todo com saudades dele. Sonhei que eu estava num teatro e quando olhei para trás, vi o Victor Luis, muito fresco e satisfeito assistindo à peça. Diante do meu espanto, Dea explicou-me que ele tinha vindo às escondidas de São Paulo para entrar numa corrida de bicicletas. Fiquei horrorizada, pois sabia que ele ia morrer nesta corrida. Como gostei de o abraçar! Mas que angústia! E como passei o dia triste!

Saí cedo para o curso e fiz ótima ginástica. À tarde fui novamente à cidade comprar um vestido para ir ao jantar do Kaelble.

Tia Dulce esteve aqui. Cecilia fez o feio de lavar roupa suja diante dela, que é um tambor de primeira. Fiquei fera. À noite fui ver *Ziegfeld*. Não gostei.

[**Dezembro 2**]

Que dia exaustivo e quente. Dormi bem à noite. Às dez horas saí para a casa de Elza [Esp.] onde fui levar meu vestido, em Copacabana. Uma correria! No ônibus vi um menino tão parecido com Victor Luis, o primeiro, que cheguei lá chorando! Que vontade de abraçar o menino! Como eu gostaria de o conhecer! Fiquei o dia todo saudosa pra morrer. Meu filhote! Depois do almoço fui à chapeleira e à cidade com Cecilia. Andei como uma louca! Fiquei cansadíssima e nada satisfeita, pois, meu dinheiro não dará para cousa alguma. Preciso de tudo e tenho pouco dinheiro. Como resolver o problema? Natal, aniversários, festa do curso, etc. Se Renato pudesse compreender isto, sem ranzinzar e sem me atormentar a vida! Que alívio!

[Dezembro 3]

Mais um dia ultraexaustivo! Nem assim eu emagreço! Fui cedo à ginástica. Voltei para o almoço e vesti-me novamente para ir à casa de Elza experimentar meu vestido. Parece que vai ficar bom. Eu o faria também; se tivesse tido tempo. Estive na Casa das Novidades em Copacabana e fiquei maravilhada com as fazendas.

De lá fui ao curso com ela e assisti à aula de dança. Saí muito tarde do curso.

Não ando satisfeita. Estou neurastênica por falta de dinheiro e um mundo de cousas que preciso. Preciso tantas que só muito dinheiro poderá dar jeito. Onde arranjar? Renato não me dá mais; não jogo no bicho, nem sei achar na rua! Por isso fico nervosa e resolvo não ir a lugar nenhum.

[Dezembro 4]

Dia feriado. Renato ficou em casa e foi ao banho de mar com Sergio. Fiquei para coser um pouco, pois estou com uma série de cousas atrasadas. Sentei-me cedo à máquina e resolvi quase tudo. Às três horas larguei para me vestir e ir ao enterro de d. Amélia, irmã de d. Joaninha, que faleceu ontem no hospital alemão. Fomos até ao cemitério São Francisco Xavier e lá ficamos até o fim com d. Joaninha. Na volta fomos ao correio e à casa de d. Antonieta dar uma prosinha. Falamos muito no Victor Luis para matar, ou ativar as saudades, o que é mais certo. Meu pobre filho! Tão querido! D. Antonieta cultiva a sua lembrança com tanto carinho! Sou muito grata a ela.

À noite não saímos.

[**Dezembro 5**]

Que dia o de hoje! Há uma semana que estou me preparando para ir a uma recepção em casa do Kaelble. Mandei fazer um vestido que só chegou às seis e quinze quando já devíamos estar lá. Chegamos e não havia uma única senhora! Só eu! O convite não era extensivo às damas! Foi um engano meu, mas muito certo, pois só os mais importantes da firma, Kaelble e Renato tinham as senhoras presentes. Foi uma reunião muito agradável e alegre e cordial. Renato foi muito prestigiado e é muito querido. E bem o merece, pois mais do que qualquer outro, ajudou o progresso da Bayer, posto que o Kaelble procure não fazer ressaltar seu papel na firma. Voltamos às dez e meia e tivemos uma noite de insônias, por causa das comedorias. Felizmente Renato não adoeceu.

[**Dezembro 6**]

Não passamos muito bem a noite. Amanheceu chovendo muito. Só às nove horas pudemos sair para o cemitério. Tive tanta tristeza hoje, que cheguei a chorar lá. Depois que vi a casa do Kaelble, tão bonita e tão bem situada, resolvi ter casa também no alto, no nosso terreno da Lagoa. Comentei isto com Renato ao lado do túmulo do Victor Luis. Mas que desespero senti dele não poder participar dos nossos projetos! Meu pobre filhote! Com que entusiasmo ele combinaria conosco a nova casa! Por que foi morrer meu filho destinado a uma vida tão brilhante, eu estou certa?! Agora tudo o que projetamos tem este travo de amargor, que é o nosso castigo por tê-lo deixado morrer. Meu filho querido!

[**Dezembro 7**]

Segunda-feira. Cedo peguei no vestido que Elza fez e tratei de pô-lo em ordem. Desmanchei toda a saia, cortei de novo pelo meu molde; baixei a cintura; consertei o ombro. Enfim, fiz quase tudo de novo. Ainda tive de pôr a bainha postiça. Não acerto com as costureiras! É um azar! Nunca mandei fazer um vestido que pudesse usar sem consertar! Um horror. Até quatro horas cosi.

Vesti-me e fui para o curso. Assisti a aula de dança e o ensaio para a festa. Vai tudo muito bem. Cheguei muito tarde para o jantar. Já estavam à mesa e Renato com uma cara bem feia. Não está passando bem. Tem espirrado muito e está muito nervoso. À noite não saímos e tivemos uma longa prosa. Tenho muita pena dele. Como eu tem sofrido bastante com a perda do Victor Luis.

[Dezembro 9]
Eduardo VIII da Inglaterra renunciou ao trono, para poder viver com a sr.ª Wallis Simpson.

O regime monárquico da Grã-Bretanha vai cair.

O mundo está todo de pernas para o ar. Qual será o fim disto tudo?

[Dezembro 10]
Saímos cedo para a ginástica.

Dei antes aula de alemão com Lotte. Voltei para o almoço. Cosi um pouco e à tarde voltei ao curso para a aula de dança. As meninas estão ensaiando com entusiasmo. Parece que vai tudo bem. Saí de lá muito tarde mas cheguei em tempo para o jantar.

Cecilia já está em arrumações para a mudança.

A casa nossa foi anunciada, mas ainda não conseguimos nada. Creio que vai ser difícil alugá-la. Está velha e suja. D. Noemia teima em não querer limpar a casa. Briguei com ela pelo telefone. Mamãe esteve aqui à noite e ficamos todos ajudando João e Cecilia a arrumar as louças.

[Dezembro 11]

Meu dia de ficar em casa; e foi muito rendoso. Não sei por que deixei de anotar os dias 8, 9 e 10. Não pude me lembrar de nada só de ontem. Mamãe veio coser aqui. Eu também cosi o dia todo e fiz para mim um casaquinho de fustão estampado muito bonitinho. Cecilia deve mudar-se amanhã, mas saiu hoje quase todo o dia. Não posso compreender tal cousa. Se fosse comigo já estaria tudo pronto. À noite só saímos para uma volta no bairro.

Ando muito apreensiva estes dias. Não sei por que tenho o pressentimento de qualquer cousa muito aborrecida que vai acontecer. Tenho pensado muito em morte e no meu pobre filho.

Como vamos arranjar nossa vida? Iremos mesmo à Europa.

[Dezembro 12]

Fui à ginástica. Tudo no curso é muito alegre. Só se pensa em canto, dança, música e festa. Ri-se e brinca-se. Parece até que a vida é uma maravilha! Por que sinto eu o coração sempre tão amargurado? Nada me distrai, nada me alegra. Chegamos para o almoço e já encontramos Cecilia e João na mesa. Mudaram-se hoje. Estamos nós três sozinhos neste casarão com duas criadas. Que ano este que passamos juntos! Por que não podem os homens viver em harmonia? Por que não hão de se tolerar mutuamente os defeitos com paciência? Que ano este!! Será que faremos ainda uma vez a tolice de morar com outros? Só eu aguento o gênio de Renato. Só comigo ele poderia viver em paz! Que temperamento infeliz! Como João e Cecilia devem estar satisfeitos! D. Carlina esteve hoje aqui e deu-me um lindo lencinho.

Fiquei impaciente com o Sergio e dei-lhe um tapa respeitável na coxa! Estou arrependida, posto que ele o tivesse merecido.

[Dezembro 13]

Domingo. Este ano os aniversários, quase todos caíram num domingo. Hoje o meu. O ano passado estávamos em Poços de Caldas. Não me lembrei da data até o momento em que recebi um telegrama do Serra. Passou-me inteiramente desapercebido. Era sempre o Serra o primeiro a me felicitar. Este ano ele não mais está, nem o Victor Luis. No próximo, quem faltará? Como é triste a vida! Como meu filho me falta. Foi um dia triste. Passamo-lo todo em casa. À tarde choveu muito. À noite Ligia e Nonô vieram prosear conosco. Só eles, Helena, Oswaldo, mamãe e Conceição Ribeiro vieram me ver.

Estivemos cedo no cemitério. Estive um pouco com d. Joaninha, enquanto Renato e Sergio deram uma volta a pé.

Salomão passou o dia com o Sergio. Pintaram tanto que cansaram.

Renato deu-me uma linda caixa de madeira.

[Dezembro 14]

Passei o dia todo em casa. Amanheceu chovendo muito. O Sergio ficou na cama por estar meio resfriado. Distraí-me arrumando várias cousas, desocupando a cômoda que Cecilia vai levar. Mudei o Sergio para o quarto junto ao nosso. Foi o meu trabalho de hoje. Atendi duas pessoas que vieram ver a casa. Uma delas parece querer ficar com ela para um colégio. Depende agora da d. Noemia. Que mulher pau! Caso consigamos fazer negócio iremos a São Paulo pelo Natal.

A casa está muito vazia. Sinto uma angústia louca, neste casarão silencioso! Meu coração se oprime num pressentimento de cousas tristes. Não posso me queixar a ninguém e muito menos a Renato, que é impressionável e nervoso.

Que falta me faz meu filhote!

[Dezembro 15]

Amanheceu chovendo muito. Sergio não saiu da cama. Fui à ginástica, que fiz muito boa e voltei com Renato para o almoço. O resto do dia passei em casa. Fui coser no quarto do Sergio para fazer-lhe companhia. Consertei minha saia branca e acabei o paletozinho estampado. Estou com outra *toilette*.

O professor Martins veio novamente ver a casa. Parece-me que d. Noemia vai fechar negócio com ele.

À tarde Sergio levantou-se. Já está bom. Cecilia e Beatriz estiveram aqui um instante. Dindinha mandou-lhe de festas 1:000$000. Para ela vai ser muito bom, pois fez muitas despesas agora e poderá enfeitar a casa.

Pensei muito no Victor hoje. Lembrei-me dele com tal nitidez que tive a impressão de que estava vivo. Que aflição quando penso que nunca mais...

[**Dezembro 16**]

Hoje pela primeira vez fui à aula de sapateado. Gente muito heterogênea. Jucira ensina muito bem. Voltei com Renato; passei na chapeleira e fomos buscar o Sergio no colégio. Chegamos cedo. Estive um pouco no apartamento, aniversário de Oswaldo. Não quis ir lá à noite, para não deixar Renato sozinho. Ele fica muito triste neste casarão. Dei a Oswaldo quatro gravatas de Renato, uma carteirinha para cigarros e duas fôrmas de sorvete da geladeira. Tudo tão insignificante.

Demos um longo passeio pelo bairro. Estamos vivendo muito isolados.

Comprei hoje os brinquedos para o Sergio. Há dois anos que só compro para um... Que tristeza eu sinto. Valerá a pena viver assim?

[**Dezembro 17**]

Perdão, meu filhote! Esqueci-me hoje do seu dia! Que choque quando abri o livro e li 17 de dezembro! Catorze meses só e eu me esqueci da data! Maldito tempo que passa e me afasta cada vez mais do meu filho! Como me esqueci de hoje? Pela primeira vez deixei de ir ao cemitério nesta data de sua morte. Meu espírito anda tão preocupado com tantos problemas a resolver, que não tenho nem tempo de pensar no meu filhote, a não ser passageiramente. Mas meu castigo é a grande dor e remorso que sinto neste instante. Amanhã sem falta irei ao cemitério.

Estou nos meus dias tristes, em que nem sei se valerá a pena viver. Fui ao curso de manhã e à tarde.

Andei muito pela cidade à procura de presentes. Estou cansadíssima.

Voltei com Renato e passamos no colégio para trazer o Sergio. Choveu barbaramente à tarde.

[**Dezembro 18**]

Acordei muito cedo e preparei-me para ir ao cemitério. Levei palmas para o túmulo. Voltei para lavar a cabeça. Depois do almoço resolvi sair. Fui ao apartamento e depois à casa de Julinha levar os presentes para Wanda. De lá fui até à cidade com Celina fazer compras. Um horror de gente! Consegui em todo caso arranjar as quarenta prendas para as meninas do curso.

Acho tão interessante esta afobação para as festas de Natal! Toda gente com as fisionomias preocupadas como se a vida se resumisse em arranjar dinheiro para comprar presentes! Pobre humanidade!

João esteve aqui para apanhar as cartas de Cecilia. Não sei por que tenho tanta pena dele! Lutador que não venceu ainda, com tanta responsabilidade de família nas costas e tão moço, cheio de ideais que talvez nunca alcance!

[Dezembro 19]
Muito exaustivo meu dia hoje. Passei muito mal a noite e amanheci bem abatida. Fui cedo para a cidade e andei daqui prali à procura de presentes. Consegui tudo o que queria. Não fiz ginástica tão mole me sentia. Voltei com Renato para o almoço. Às três horas fui com Ligia assistir a confirmação de batismo da Wanda que fez hoje a primeira comunhão. Na volta estive em casa de Cecilia para ver João Carlos que levou um tombo e ficou com o rosto disforme de inchado. Cecilia levou um susto enorme. A casinha dela está bem boa. Voltei e iniciei com Sergio o arranjo das prendas de Natal para as alunas do curso. À noite estive no apartamento. Mamãe está resfriadíssima. Ando com uma pena de todo mundo! A humanidade é tão miserável! Valerá a pena viver?

[**Dezembro 20**]

Levantei-me hoje mais tarde. Passei a noite bem. Logo cedo estivemos no cemitério. Toda a manhã estive ocupada no arranjo das prendas para o Natal do curso. Depois do almoço continuei o serviço até quatro horas. Fiquei muito cansada, mas tudo está uma beleza.

À tarde fui à casa de d. Belinha. Nossa visita, porém, ficou lograda. Havia lá uma reunião de professores, de modo que não pudemos demorar.

Fizemos um passeio de auto e o resto da tarde proseamos em casa de d. Antonieta. À noite estive com mamãe no apartamento.

Lembrei-me muito do Victor Luis. Como ele gostaria de me ajudar nestes arranjos. Tão prestimoso ele era! Sergio ajudou-me um pouco, mas ainda é muito criança para compreender as cousas.

Meu filhote querido! Que Natal feliz passaríamos juntos!

[**Dezembro 21**]

Tive um dia bem afobado. Inteiro dediquei-o aos arranjos da festa de amanhã.

Passei à máquina meu discurso e auxiliada pelo Sergio e Marcelino, fiz um colosso de guirlandas, duas coroas; comprei uma porção de flores; fiz mais de cinquenta embrulhos! À tarde ainda estive no curso com Lotte combinando os últimos arranjos.

Depois do jantar meti tudo no automóvel e com Renato, Ligia, Nonô, Sergio e Maria Ligia, fomos para lá arrumar o salão. O pessoal que vai representar a comédia também foi ensaiar. Fizeram uma pândega. Voltei muito cansada, mas tudo ficou um amor. Todo o tempo pensei no Victor Luis. Quanto mais alegria sinto em torno de mim, mais falta ele me faz. Que auxiliar precioso, era nestas ocasiões!

[Dezembro 22]

Passei a noite muito mal. Fico tão excitada com estas cousas, que não durmo. Amanheci abatida. Carregando o saco com as prendas, fui cedinho para o curso. Lá estava Lotte, tão surpresa com tudo que não tinha fala. A festa foi ótima! Satisfez a todas, reinou a mais franca alegria. Meu discurso fez um sucesso. A distribuição dos presentes foi surpresa para muita gente. Lotte presenteou-me com umas gracinhas de cousas! A comédia fez rir toda a gente. Enfim, fiquei plenamente recompensada pelo meu esforço. Voltei pra casa mais morta que viva, quase não pude arrumar a mala. Só depois que tomei uma Aspirina e lavei os pés na água morna é que melhorei. À noite ainda fui me despedir do pessoal no apartamento. Às dezoito horas fui para a cama.

[Dezembro 23]

Embarcamos hoje de madrugada, quatro e meia para São Paulo. Levamos conosco o sr. Ernesto Koebner da Bayer que nos fez boa companhia. Fizemos a viagem em treze horas parando duas no caminho, o que equivale a ter ido em onze horas corridas, de Botafogo à Vila Mariana.

Encontramos todo o pessoal em forma.

Djalma e companhia chegaram no mesmo dia. A casa ficou logo um frege-moscas.

São Paulo está fresco, muito agradável.

[Dezembro 24]

Véspera de Natal! Trabalhei muito ajudando Dea nas arrumações e nas comidas. Jantar de família com peru e companhia. Comi demais. À noite Papai Noel veio trazer brinquedos para as crianças. Olga fez bem o papel, como sempre. Aqui no Rio a festa em casa de China foi monumental, trinta e seis crianças! Houve canto, são Nicolau, muito brinquedo e alegria. Nunca passo o Natal no Rio. Nem sinto prazer em passá-lo em parte alguma. Depois que o Victor Luis não mais está, nenhuma festa me atrai. Ajudo a arranjar, mexo-me, rio, pareço alegre. Mas ajo como um autômato. Deixo-me levar, sem nenhum entusiasmo real. Tudo aparência!

[Dezembro 25]

Natal hoje. Nada de festas para que as criadas descansem. Mesmo assim o jantar foi de estrondo. Não faço outra cousa senão dormir e comer. Esta noite passei muito mal. Tive uma indigestão, que me deixou mole. Já engordei com esta vida parada.

É verdade que ajudo muito Dea e passo horas de pé na cozinha a arranjar saladas, doces, etc.

Não sou uma hóspede muito incômoda.

[Dezembro 26]

Fui hoje à cidade com Dulce e Renato. Cismaram em comprar roupas paulistas para o Sergio, como se fossem melhores que as outras. Nada serviu no Sergio. Ele está tão comprido e magro que só mandando fazer sob medida. Acho-o muito abatido. — Está com uma tosse que não há nada que faça ceder.

Quanta preocupação dá um filho! Tenho um medo louco de perder o único que me resta! Deixei tão estupidamente morrer o Victor Luis, que se acontece o mesmo ao Sergio, não sei o que será de minha vida.

[Dezembro 27]

Domingo calmo. Demos um passeio de automóvel pela cidade.

Tanta flor vi hoje! Que jardins maravilhosos tem São Paulo!

[Dezembro 28]

É aniversário do Djalma. Toda a família reuniu-se. Trabalhei muito hoje, ajudando Dea. Ficou resolvido, que não iremos amanhã e sim no dia 2, sábado. Olga irá conosco e Cirano talvez. Os filhos gêmeos estão uns amores. Aliás os quatro de Cirano, são muito engraçadinhos.

[Dezembro 29]
Fomos ao teatro assistir *Anastácio* de Joracy Camargo, levada pela Companhia Procópio Ferreira. O autor procura mostrar como a moral cristã não serve mais para o nosso meio. Que é bela em teoria, mas na prática um desastre, pois o cristão *verdadeiro*, segundo a moral do evangelho, é um náufrago que se afogará, infalivelmente, na sociedade moderna. Peça boa, mas pouca gente poderá compreender a ironia, com que o autor disfarça o seu verdadeiro objetivo.

[Dezembro 30]
Janeiro 3-1-937
Fui ao cinema ver a vida de Florence Nightingale. Fita admirável, cheia de belíssimos ensinamentos. Isto no dia 30 de dezembro. Escrevo esta página já no Rio. Embarcamos no dia 2. Isto é, partimos de automóvel de Vila Mariana às cinco horas da madrugada e chegamos aqui às sete da noite, depois de uma viagem muito exaustiva. Paramos três horas durante o trajeto, por causa do calor. Olga veio conosco. Encontrei a casa encerada, tudo muito limpo e em ordem. Ainda não temos quem nos alugue a casa; mas não estamos com pressa. Aqui está muito

agradável e fresco, de maneira que vamos ficando o mais possível. Nossa viagem foi adiada para 20 de abril. É melhor assim, porque chegaremos na Europa com menos frio. Não sei por quê, ainda não consegui me animar. Acho tudo tão no ar!

Todos me receberam muito bem no curso. Encontrei tudo em ordem, e muita animação para a festa, no dia 25. Parece que vai ser muito bonita.

Vou terminar aqui meu diário. Não pretendia mais escrever no ano de 1937. Mas a viagem a São Paulo atrasou minha escrita e entrei uns dias no ano-novo. Escrevi 1935 o último ano de felicidade completa que tive, e 1936 o ano mais triste de minha vida. Agora *nunca mais* pretendo fazer diário. Fecho este assinalando, que minha vida, depois que deixei morrer meu filho, perdeu cinquenta por cento do valor que eu lhe dava.

Rio novembro 1939 — Escrevi nunca mais e não o devia ter feito. Já escrevi mais dois anos e pretendo continuar a escrever.

	70 000	Colégio	×	Gás	×	86 700
	30 000	Automóvel	×	Luz	×	98 400
×	30 000	D. Joaninha				
×	100 000	D. Lili	×	Armazém	×	377 200
×	8 500	Farmácia	×	Quitanda	×	134 300
×	25 000	Asilos		Carne		120 000
×	50 000	Prestação	×	Leite	×	43 500
×	110 000	Alfaiate	×	Flaviense	×	25 000
×	100 000	Mamãe	×	Seu João	×	14 800
×	50 000	Chapeleira	×	Laurentina	×	120 000
×	60 000	Flores	×	Yolanda	×	130 000
	——————		×	Jardineiro	×	40 000
	633 500	Festas	×	Albino	×	60 000
×	30 000 ↙ ↙		×	Enceradeira	×	50 000
×	100 000	Casa	×	Aluguel casa	×	746 000
	——————					———————
	763 500					2:045 900

2:045$900
763$500
——————————
2:809$400
57$500
——————————
2:866$900

10-1-937

Renato emprestou-me   300$000

	Flores
3	7 500
7	2 500
10	8 500
14	2 500
17	3 000
21	2 500
24	7 500
28	2 500
31	4 000

40 500

Lenços	7 500
laço	10 000
táxi	9 000
peixe	6 000
feira	15 000
Curso	10 000

57 500

flores	6 000
vestido d. Lili	15 300
" Francisca	11 600
Vestido eu	54 000
combinação	21 600
2 vestidos	65 800
pijamas	23 600
blusas	22 500
sapatos	60 000
meias	32 400
elástico	2 300
Uniforme	20 000
presente J. C.	13 000

404 600

POSFÁCIO

"De que fibra sou eu feita?"

Maria Rita Kehl

> As emoções acabam sendo finalmente controladas.
> A *sensibilidade burguesa se instaura*.
> MARIA ÂNGELA D'INCAO[1]

Minha avó assobiava. Pode parecer banal. Mas eram os anos 1950. Isso, quando a conheci; o ano em que Eunice nasceu foi 1901. Até a reviravolta dos costumes em meados da década de 1960, mulheres não assobiavam. Era "vulgar". Mas Eunice, sim. Aprendi com ela a assobiar — crianças imitam adultos —, mas nunca consegui trinar, em certas partes da melodia, como ela. Eunice também ouvia muito rádio (não havia televisão em sua casa). Quando estava em seu quartinho de costura, às seis da tarde, uma novela da qual não me recordo (só me lembro do revezamento das vozes masculinas e femininas, em várias entonações de humor diferentes, e das simulações de passos, bater de portas etc.) começava com os primeiros acordes da *Sinfonia n.º 1* de Tchaikóvski. Para mim, aquela era a música mais linda do mundo. Na minha memória sensorial, ela vem sempre acompanhada do tec-tec-tec da máquina de costura de Eunice. Eu tinha uma enorme ânsia de conversar. Não só com ela, claro. Não sei o quanto minha avó prestava atenção no meu blá-blá-blá, mas ela me deixava falar. E eu... falava muito. Verdade que, de vez em quando, ela dizia: "Menina, você me deixa zonza!".

Convivi bastante com Eunice a partir de 1958, quando meu pai comprou, com a ajuda dos pais dele, uma casa na rua Mourato Coelho, em São Paulo. Para quem conhece o bairro de Pinheiros, o terreno de nossa antiga casa é hoje o estacionamento do supermercado Pão de Açúcar — nos anos 1960, se chamava Bazar 13, loja de mil e uma utilidades pertencente à família Nassar, de comerciantes locais. Os três filhos do velho Nassar herdaram o negócio, menos um, sem vocação para isso. Então o patriarca criou um jornalzinho de bairro para Raduan dirigir. Mais tarde, como o leitor já terá adivinhado, Raduan Nassar se tornou um dos maiores escritores brasileiros. Mas ainda estamos em 1958. Outro irmão Nassar tinha olhos verdes e, por um comentário muito sutil de minha avó, entendi que ele costumava olhar com especial interesse para os olhos também verdes, ou esverdeados, dela. Ela tampouco fazia esforço para esconder de mim que isso a agradava.

O terreno de nossa casa era enorme, havia sido sede da Hípica Paulista. Morávamos no sobrado grande: meus pais e nós quatro, os filhos. Em 1959, meus avós tinham vendido a casa da praça Vilaboim, em Higienópolis — da qual me lembro muito bem —, para ajudar o único filho na compra da casa nova. Aliás, meu pai foi a razão da mudança da família do Rio de Janeiro para São Paulo, quando entrou na Faculdade de Engenharia da Escola Politécnica da USP, em 1945.

Depois de venderem a casa da Vilaboim, meus avós vieram morar conosco, num apartamento no quintal, no andar superior da área que ocupava os quartos das empregadas (sim, no plural!), lavanderia e garagem. Todo esse conjunto era resultado da reforma das casinhas dos cavalariços da Hípica, feita antes de nos mudarmos para lá. O apartamento de meus avós ia de muro a muro — os aposentos se enfileiravam: sala, cozinha, banheiro, dormitório do casal, o cômodo que minha avó fez de quarto de costura e, encerrando a fila, um terracinho com o tanque de lavar roupas. Era uma casa muito mais modesta do que o sobrado de Higienópolis.

Meu avô aceitou vender a casa para ajudar meu pai, mas não se conformou em ir morar num lugar menor. Ele era um tipo queixoso. Médico que tinha horror a doenças, Renato Kehl ficou conhecido como o introdutor da eugenia no Brasil, a escabrosa teoria sobre a superioridade ariana em relação às demais raças e que tinha os judeus como principal exemplo de "raça degenerada". Escreveu, como gostava de dizer, mais de trinta livros. Para além de queixoso, talvez fosse um melancólico, sujeito aos momentos da ira que acompanha as melancolias.

Eunice, que também teria "todos os motivos menos um de ser triste",[2] parecia adaptada ao novo lar, que ela mesma faxinava toda semana. Com seu metro e meio, era uma mulherzinha muito ativa — acho que herdei dela, e de meu pai, esse traço. O leitor dos diários há de ter percebido o quanto essa disposição ao trabalho, essa capacidade de "inventar o que fazer" diariamente, foi seu "veneno antimonotonia".[3] E antimelancolia.

Toda tarde, depois da escola, eu subia a escadinha lateral que ia dar na casa de minha avó para conversar com ela. Eunice tinha uma paciência infinita com o meu falatório infantil. O melhor de tudo é que me contava coisas dela também. Não chegavam a ser confidências. Mas quase. De minha parte, aos seis anos, gostava daquele tratamento "adulto". Mesmo com tanta atividade, às vezes os dispositivos de Eunice falhavam e ela tinha momentos de melancolia. Mais tarde entendi por quê.

O QUE NÃO TEM NOME

Na parede do quarto dos meus avós — ou seria da sala de visitas? (sala de jantar não existia, a mesa das refeições ficava na cozinha) —, havia um retrato de meu pai, Sergio, adolescente, e outro de um menino lindo: Victor Luis, o primogênito, que, como o leitor ou a leitora já sabe, morreu muito cedo. Meu pai também foi um garoto bonito, mas Victor Luis era mais. Fui um pouco apaixonada pela imagem do tio eternamente adolescente que não conheci.

A morte do tio que não conheci acontece no primeiro caderno destes diários. Antes disso, ficamos sabendo que o filho mais velho era da pá virada: "Bati no Victor Luis, cousa que há anos não faço. Dei-lhe um 'coque' que me deixou com o dedo roxo, para lembrança do meu gesto irrefletido de impaciência. Nada me faz sofrer tanto, como o ser obrigada a estes extremos" (p. 59). Ao mesmo tempo, o compreende e diz que Victor tem sofrido prisões injustas na escola. "É um menino de forte personalidade e muito brio" (p. 49). Em outra entrada dos diários, Eunice orgulha-se do filho que saiu e voltou sozinho de bonde, "muito senhor de si, como se fosse um grande homem" (p. 65). Apesar do temperamento rebelde, Victor parece um menino encantador, e mais carismático — na época — que seu irmão, Sergio, quatro anos mais novo.

Em outubro de 1935, ao voltar de férias na fazenda do avô materno, Victor começa a padecer com uma série de furúnculos. Eunice se preocupa, mas meu avô, médico, diz que não há perigo. Grave erro: a infecção evolui para uma septicemia e, poucos dias depois, seu filho está morto. Como se chama a mãe que perde um filho? Repare, leitor: não existe um nome para isso. Filhos que perdem pais são órfãos. Esposos(as) que perdem o cônjuge são viúvos, viúvas. Mas pais que perdem

Maria Augusta Chaves, mãe de Eunice, visita o marido, Belisário Penna, durante sua prisão, em 1924, no quartel do Corpo de Bombeiros do Rio de Janeiro

A casa de Águas Férreas (atualmente, Cosme Velho), em fevereiro de 1927

Eunice e Victor Luis em 1928, na casa em Águas Férreas

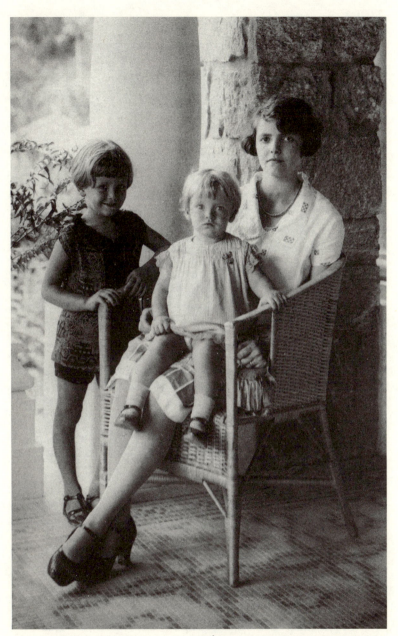
Victor, Sergio e Eunice em 1927 na casa em Águas Férreas, recém-inaugurada

Eunice na cozinha da casa em Águas Férreas, 21 de abril de 1930

Victor, Sergio e Eunice em 28 de julho de 1931

Sergio e Victor na casa no Cosme Velho, 1935

Eunice e Sergio em passeio no Königssee (ou Lago do Rei), na Alemanha, em 1937

filhos não se chamam nada. A morte de um filho cujos pais estão vivos é um evento que não deveria ocorrer.

Uma vez minha avó desabafou comigo, dizendo que Renato teria demorado a tomar providências sérias contra a doença de Victor Luis. Talvez meu avô também remoesse essa culpa e, por isso, acabava se voltando contra o filho sobrevivente. Às vezes soltava: "Velho é trapo", denunciando um suposto abandono por parte de meu pai — que os levou para morar conosco! Mesmo criança, eu achava cruel quando o ouvia dizer a meu pai: "Se o Victor Luis estivesse vivo, não me abandonaria assim". Sempre considerei isso injusto. Meu pai nunca deixava de fazer uma visita aos pais toda noite depois do jantar, para grande insatisfação de minha mãe. Quando meu avô Renato reclamava do "abandono" desse filho, minha avó só pedia: "Renato, *please...*". Eu entendia o que estava subentendido: "Não seja chato!".

Esse "Renato, *please*" era acionado em várias outras situações em que meu avô implicava com pequenos contratempos da vida. A leitura dos diários me fez compreender que a melancolia dele não começou na velhice. Já nas primeiras páginas, Eunice comenta: "Nunca vi ninguém ficar tão abatido como Renato com qualquer distúrbio nervoso" (p. 43). Ela se queixa de que essa atitude do marido a contagiava.

Mas em 1935, ano da morte do filho mais velho, também ela cai em grande abatimento. Sabe que precisa se ocupar intensamente, para aguentar o desespero. Uma vez, depois de um passeio bonito, diz sobre Victor Luis: "Como ele gostava de passear! Eu queria que os meus olhos nunca mais pudessem ver, aquilo que ele também nunca mais poderá apreciar!" (p. 105). "Terá ele percebido que ia morrer? Como isto me atormenta!" (p. 168). Às vezes chora demais à noite — e agradece por Renato não notar. Na manhã seguinte ele pergunta se ela está resfriada. Apesar de hipocondríaco e muito sensível a seus próprios problemas e angústias, meu avô parece *não querer perceber* o sofrimento da sua querida mulherzinha. Na época em que convivi mais com ele, continuava a ser um homem que tentava se poupar de tudo — de um resfriado a uma notícia ruim.

Em outras ocasiões, como numa entrada no diário de 1938, Eunice desabafa que está com o "breque frouxo", expressão também empregada por meu pai quando percebia um dos filhos manhoso. No caso dela, esse "breque frouxo" parece ser um problema que ameaça sua estabilidade emocional ao permitir que a dor a empurre, sem freios, ladeira abaixo: "Minha vontade é ficar num quarto escuro sem ver ninguém, nem falar" (p. 166). Mais adiante: "Sinto às vezes uma vontade imperiosa de não mais sentir nada, morrer! Covardia?" (p. 170).

A perda de Victor Luis e o sofrimento de outras crianças também levam minha avó, nos momentos mais difíceis, a comentar seu próprio ateísmo: "Como é possível acreditar-se em providência divina, anjo da guarda, etc.? No tempo em que eu acreditava em Deus, estas cousas me deixavam perplexa" (p. 161). Mas ela não menciona nenhuma tentativa de adotar uma religião. Além disso, sente culpa por "contaminar" Sergio, o caçula, com sua melancolia: "Será que ando muito tristonha? Perceberá ele que penso muito no Victor Luis?" (p. 174).

Seu antidepressivo, a julgar por estes diários, era o trabalho. Eunice se atarefava por vontade própria. Não apenas para suportar o luto: por temperamento também. Era uma mulher sempre em busca de projetos interessantes em que pudesse se empenhar. Porém, sua azáfama doméstica e a vida social, por sinal bastante animada, não eram suficientes para afastar a tristeza nem apaziguar seu desejo de empreender algo que fosse útil (a palavra é dela), para além do círculo familiar.

Ainda no Rio, a família teve um cachorro de quem Eunice gostava muito, o Baiaco. Quando ele morre, em dezembro de 1942, ela registra: "Baiaco morto. Como bom guarda faleceu deitado diante da porta de entrada da nossa casa [...] o quanto nos é doloroso perder este fiel companheiro de oito anos, amigo de Victor Luis". Uma vez me disse que sofreu mais com a morte do cão do que com a morte do filho. Isso me impressionou. Sei que não devemos subestimar o amor dos humanos por seus animais domésticos. Mas hoje penso que aquela declaração pode ter sido uma tentativa de se desviar do maior foco de seu sofrimento, a morte do filho. Esse luto tem fim? Se considerarmos uma observação que Eunice escreveu,

em caderno posterior aos publicados aqui, é possível que sim:
"O tempo mata os mortos".

EMPRESÁRIA!

No mesmo ano em que perde o filho mais velho, Eunice começa a realizar seu desejo de fazer "coisas úteis" que também a ajudariam a atravessar o luto: inventa e funda, junto com a sócia, Lotte, uma academia de ginástica para mulheres, à qual se refere como "curso" em seus diários. Se hoje isso parece banal, peço ao leitor e à leitora que tentem avaliar a ousadia dessa iniciativa no Rio de Janeiro dos anos 1930. E, mais ainda, tendo um marido como meu avô, que desaprovou fortemente o projeto. Chamou-a de *desmiolada, filha de Belisário Penna* [...] *um dom-quixote explorado pelos outros!*" (p. 135). O insulto fez com que ela reagisse, nos diários, dizendo que morava "*onde não gosto, com quem não quero*", chama o marido de neurastênico e derrotista, alguém que acha "*todo mundo ruim, cheio de defeitos, só ele uma perfeição.* [...] *Ao menos no curso todos me gostam e me admiram*" (p. 135).

Em diversas passagens Eunice reclama do mau humor e dos ciúmes do marido em relação ao projeto da academia de ginástica. De fato, no início Renato não pareceu compreender que a academia era uma saída inventada por Eunice para atravessar seu luto sem desmoronar. Depois de cada problema prático resolvido no trabalho, ela escreve que voltam umas "saudades loucas" (p. 131) de Victor Luis. Ao arrumar o salão para as futuras alunas, comenta que vê o filho ali, como se ele a observasse, interessado. Não se trata de um delírio; ela sabe que é sua fantasia. E se pergunta: "Por que é que o mundo continua a rodar?" (p. 155).

Mas não pensem que essas confissões ficaram restritas às páginas dos diários: ela quis que Renato lesse — e ele compreendeu! Então, na iminência de concretizar o projeto da academia, sentiu-se amedrontada. No entanto, acabou seguindo em frente.

Embora não precisasse trabalhar para complementar o orçamento da família, Eunice envolveu-se seriamente com a academia; muitas entradas dos diários revelam o empenho em manter o negócio, que em alguns meses se sustentava apenas com a mensalidade das alunas — "É preciso que nos renda dinheiro, pelo menos para os alfinetes"[4] (p. 150) — e, em outros, ficava em situação periclitante. No compasso dos altos e baixos da academia, acompanhamos as oscilações da relação entre Eunice e Lotte. Era um relacionamento ambivalente, e minha avó sofria com isso na mesma proporção em que idolatrava a amiga e sócia.

A impressão que se tem, ao ler os desabafos de Eunice, é que a amiga mantinha com ela uma relação que hoje chamaríamos de abusiva. Em 1938, ela escreve: "Lotte está se tornando uma obsessão na minha vida! Preciso acabar com isso!". Não temos acesso à versão de Lotte, que ora condenava Eunice a longos períodos de frieza, ora a tratava de um modo que minha avó sentia como desprezo. E, se minha avó se distanciava, Lotte sempre conseguia reconquistá-la. Algumas de suas queixas, quando a sócia se tornava fria com ela, lembram dissabores com decepções amorosas, assim como suas reações às reaproximações de Lotte lembram a alegria de uma reconciliação com o ser amado. A academia começa bem, mas no fim fracassa. A relação entre as sócias azedara. A instabilidade de Lotte acabou por afastar Eunice de uma empreitada que já estava difícil sustentar: em alguns momentos os recursos eram insuficientes para pagar o aluguel do espaço. Ela lamenta a perda da academia, como se tivesse perdido uma pessoa querida. Ainda em 1938, faz as pazes com Lotte e escreve: "Por que gosto tanto dela?".

Finda a parceria, Eunice não passou a se dedicar com exclusividade ao lar: tempos depois, fundou uma nova academia, com uma nova sócia. Ela não se deixava abater. Também em família, mesmo dispondo de uma *criada*,[5] era uma dona de casa "laboriosa", como bem observou Marta Garcia, editora da Chão. Em minhas lembranças, minha avó foi excelente cozinheira. Gosto de imaginar que a sócia implicante tenha perdido mais que ela com o fim da sociedade.

No conjunto dos diários de Eunice, falta o ano de 1937. O caderno seguinte é um *Five Year Diary*, bem mais longo, que vai de 1938 a 1942 e que não está reproduzido nesta edição. Não sabemos se o de 1937 se perdeu, se Eunice o destruiu ou se simplesmente não o escreveu. Faça suas apostas, lance suas hipóteses. Teria ela traído o marido? Pouco provável. Embora Eunice fosse muito descontraída no trato com as pessoas e ousada para sua geração — nas opiniões, na informalidade que partilhava com todos os Penna (sua família paterna), na liberdade com que traçou seus caminhos —, e mesmo reclamando de Renato e se deixando galantear por algum "pirata" que a elogiasse, a avó que eu conheci parecia valorizar seu casamento. Também é provável que naquele 1937 ela tenha tentado responder à pergunta que um dia se faria: por que gostava tanto de Lotte? Prefiro convidar o leitor e a leitora a partilharem de minha ignorância sobre as razões do caderno faltante. Para que anular esse pequeno mistério?

Há uma entrada de julho de 1938 em que ela se queixa: "*Spleen!*, *spleen!*, *spleen!*[6] [sim, três vezes] Se alguém me tivesse oferecido, hoje, um remédio para dormir e não mais acordar, eu teria aceitado de bom grado!". Não acredito que Eunice fosse capaz de se suicidar — tanto que... não fez isso. Mas espantei-me com esse raro momento de dramaticidade nos diários dessa mulher tão resiliente.

Depois de apresentar algumas qualidades e aspectos bastante originais da personalidade de minha avó, serei obrigada a comentar, mais adiante, o "lado b" de suas ideias, que muito me constrangeu ao ler os diários.

DE UM MÉDICO A OUTRO

Meu bisavô Belisário Penna, mineiro, foi médico sanitarista. Antes de se mudar para o Rio, a família viveu no interior de Minas Gerais. Minha avó contava histórias da infância em Lassance, onde os mais novos de seus dez irmãos comiam numa mesma bacia, no chão da casa. Não era pobreza, como imaginei quando ouvi essa história pela primeira vez. Os Penna tinham um padrão de vida razoável. Ao que parece, botar a criançada para comer no chão, com as mãos, todos na mesma bacia, era o modo interiorano de alimentar uma prole numerosa. Numerosa e travessa. Eunice me contou que às vezes as meninas mais velhas brincavam de despir Vavá, o caçula dos homens, e mandá-lo entrar no mato — que devia ser um capinzal, não uma mata cerrada. Dessa incursão involuntária, meu tio-avô Vavá regressava cheio de carrapatos. A diversão das irmãs era, então, catar os carrapatos grudados no corpo do caçula.

Lembro-me de ter visto só uma vez esse tio baixinho e gorducho, que morreu do coração quando eu ainda era pequena.

Foi na ocasião em que meus pais nos levaram para conhecer o Rio de Janeiro. Depois de quase dez horas de viagem de carro, por uma rodovia Dutra de uma pista só, chegamos à noite à casa de uma das irmãs Penna. Tia Ondina morava num casarão velho, com um quintal de terra batida cheio de mangueiras, na rua Real Grandeza, no bairro de Botafogo. A lembrança do cheiro das mangueiras ao anoitecer permanece em minha memória. No porão, morava tio Vavá, solteiro e boêmio. Naquela noite ele tocava violão. Tenho a letra e a melodia de cor, no mesmo arquivo mnêmico e sensorial onde guardo o cheiro das mangas e das folhas no chão: "O amor que me deste/ É chuva de verão/ Que passa depressa/ E nem molha o chão// Tu foste borboleta inconstante/ Que na flor só para um instante...".

Como sanitarista, Belisário teve participação no projeto de saneamento da Zona do Mangue, no Rio de Janeiro. Foi, também, um dos impulsionadores da campanha de vacinação em massa da população, contra a varíola. A campanha, capitaneada por Oswaldo Cruz, resultou na famosa Revolta da Vacina, no Rio, em 1904 (Eunice tinha três anos). Em 1924, Belisário se manifestou a favor dos levantes tenentistas deflagrados contra o governo de Artur Bernardes, o que o levou à prisão por alguns meses. Dessa experiência, ele, que era um homem divertido e irreverente, contou em cartas para a família que na cadeia só se conseguia tomar "banho de cara, pé e cu". A expressão foi adotada pelos Penna na forma do neologismo "carapecu". Na minha infância, quando chegávamos tarde à casa da Mourato Coelho, depois de alguma viagem, Eunice nos recebia dizendo: "Ih, essa criançada está morrendo de sono. Hoje, só banho de carapecu". Meu bisavô morreu antes da Segunda Guerra Mundial, mas gosto de pensar que ele não teria embarcado na tenebrosa luta pela vitória da "raça pura".

MARIDO

A filha do médico sanitarista casou-se com outro médico. Meu avô Renato era um especialista em doenças de pele que tinha horror a elas. Desde que me lembro dele, já não atendia havia muito tempo e era um dos diretores da Bayer do Brasil. Isso garantiu ao casal uma vida de classe média de bom padrão e algumas viagens de trabalho em que meu avô levava também a esposa e o filho para a Alemanha, sede da Bayer. Iam e voltavam de navio. Além do intercâmbio através da Bayer, meu avô Renato tinha outra afinidade com a Alemanha dos anos 1930: a eugenia, que ele defendia como um avanço da ciência e que era então considerada uma teoria progressista, tendo sido abraçada por parte da intelectualidade brasileira.

É provável que as ideias do genro eugenista não fossem do gosto de Belisário Penna. E vice-versa. Renato, quando queria criticar o empreendedorismo de Eunice, dizia, como mencionei, que ela era como o pai, uma sonhadora que vivia fora da realidade. De minha parte, sinto grande simpatia pelo traço quixotesco de meu bisavô.

No período abrangido por estes diários e pelos imediatamente seguintes, Eunice parece feliz no casamento. Sente uma saudade imensa de Renato, quando ele precisa viajar a trabalho. O casal era unido e levava, no Rio de Janeiro dos anos 1930, intensa vida social. Quase toda ela em família. Eunice tinha dois irmãos e oito irmãs, todos viviam no Rio, pelo menos na época da escrita destes cadernos. O casal também convivia com colegas de trabalho de Renato e com as três irmãs solteiras dele — Olga, Dulce e Dea —, que moravam em São Paulo e que às vezes iam visitá-los. Em algumas ocasiões, meus avós iam a São Paulo de trem (que saudade sinto daquele trem! Foi desativado mais tarde, como parte da malha ferroviária do Brasil, no Governo Fernando Henrique Cardoso). Há relatos, ainda, de estadias de Renato e Eunice em "estações de águas", uma novidade em matéria de saúde no começo do século xx.

Cidades do interior paulista como Águas da Prata, Poços de Caldas e Águas de Lindoia contavam com hotéis imensos onde turistas, doentes ou não, passavam períodos dedicados à saúde, numa rotina que estabelecia diversos horários para que, diariamente, os hóspedes se banhassem nas termas e bebessem vários copos da água curativa.

Desde pequena conheci, e compreendi, o senso de humor cheio de ironia de minha avó. Nos diários encontrei passagens engraçadas. Numa das primeiras entradas, ela descreve um dia de chuva: "Ficamos todos a nos amolar uns aos outros, cousa bastante divertida" (p. 61). Em outra ocasião, ao mencionar um desentendimento com Olga, uma das irmãs carolas de Renato, conclui que não vale a pena brigar com ela: "Como discutir seriamente com uma pessoa que acredita no DIABO?!!" (p. 94). Como já comentei, ela era inabalavelmente ateia, uma característica rara em mulheres da sua geração mas compreensível numa filha do irreverente Belisário Penna. Quando uma de suas irmãs perdeu o bebê no meio da gravidez, o médico descobriu na placenta vestígios de sífilis, o que só poderia indicar infidelidade do marido. Nos diários, Eunice comenta: "Grande cousa a religião! Crer em Deus é eximir-se da responsabilidade dos próprios erros!" (p. 195). *Touché.*

Eunice era bonita. Olhos verdes, nariz um tantinho arrebitado. Baixinha — todos os filhos do médico Belisário Penna tinham baixa estatura como ele —, seu corpo era bem-feito, todo curvilíneo, como se dizia, discretamente, na época. Uma vez Renato me contou que ela, na juventude, "tinha uns seios...", e com as mãos fez o gesto de quem pega os seios da mulher amada. Ela ralhou protocolarmente: "Renato, *please!*".

Eunice em março de 1936. A foto foi feita na casa do pintor João Baptista da Costa, autor do quadro atrás dela

Renato Kehl na Pensão Schacemann, em Berlim (1937)

Renato Kehl em Berlim (1928)

Eunice e Renato em Berlim, em retrato feito por um fotógrafo de rua (1928)

A avó que conheci era bastante crítica em relação às queixas e exigências do marido, o que me fez pensar que também não compartilharia as tendências racistas dele. Lendo os diários, percebo que me iludi — ou teria ela mudado de opinião mais tarde?

Uma vez levei um colega para estudar em casa; meu avô bateu o olho no adolescente e, depois, veio me alertar: "É judeu!", como se eu tivesse me arriscado a ser contaminada por uma doença grave. Aqui também Eunice disparou o seu "Renato, *please!*", diante do marido intolerante e declaradamente racista.

Por conta dessas e de outras admoestações feitas ao meu avô, nunca imaginei que, durante muitos anos, ela também tivesse abraçado "ideais" de purificação da raça. Para mim foi uma surpresa me confrontar com o fato de Eunice não criticar a adoção que meu avô fizera da teoria do "aperfeiçoamento da raça". Felizmente a eugenia perdeu lugar no panteão das ciências humanas e os livros de Renato caíram no esquecimento.

O leitor pode ter encontrado alguns comentários racistas ou eugenistas de minha avó ao longo do livro. Assim como me surpreendi com eles, também não gostei de saber, ao ler o *Five Year Diary* de 1938-42, que, mesmo condenando o absurdo da guerra de maneira geral, Eunice nutria simpatias pela Alemanha. Minha avó era progressista nos costumes e muito livre em suas observações a respeito das pessoas e de si mesma, como se constata na leitura dos diários. Descobrir, tantos anos após sua morte, que tenha sido fã da eugenia e simpatizante da Alemanha durante a guerra foi para mim uma grande decepção.

Pronto: cumpri a tarefa de informar o leitor desse traço problemático de minha avó, certamente por influência de meu avô. Eu sabia, desde criança, do racismo de meu avô, que nunca afetou nem o filho nem os netos dele. Não entendo muito bem como ficamos imunes, mas talvez o fato de minha avó, com o passar do tempo, já ter enjoado das idiossincrasias do marido em relação a judeus, negros e mulatos tenha impedido qualquer possibilidade de a eugenia — assim como outras formas de racismo — nos seduzir.

SERGIO

Numa das entradas dos diários, depois de escrever que às vezes tem vontade de morrer, Eunice se acusa de covardia. Sergio, o filho que "sobrou" (a expressão é minha), em certos momentos evita a mãe, que se pergunta se ele, de algum modo, percebe o quanto ela ainda pensa no filho morto. Apesar desse afastamento de Sergio, ela também comenta que meu pai era um filho alegre e carinhoso.[7] Para mim, foi estranho constatar que a leitura dos diários pouco acrescentou ao que eu sabia sobre a infância de meu pai, contada por ele mesmo. Na maior parte dos registros em que Sergio aparece, seu papel é quase o de um figurante. Bastante querido, mas figurante. De quando em quando Eunice elogia o bom desempenho do filho na escola ou, ao comprar uma roupa nova para ele, observa que ficou muito bonitinho. E se zanga quando Renato é severo demais com Sergio. Uma ocasião em que o filho se queixa de dor nos pés, nos joelhos e na cabeça, Eunice anota: "susto medonho" (p. 114).

Sem dúvida, a morte do irmão mais velho afetou meu pai, muito mais do que a mãe enlutada era capaz de perceber. Não subestimemos o efeito da perda de um irmão, principalmente numa criança; a morte de alguém da mesma linha geracional expõe, para aquele que fica, a sinistra realidade de que não há hora certa para morrer. Mas é possível que Sergio tenha sofrido mais com a tristeza de seus pais do que com a perda do irmão. Nas fotos domésticas ou de viagens em família, ele aparece sempre sorridente, em poses engraçadas, como se quisesse alegrá-los.

Na vida adulta, já como nosso pai, Sergio demonstrava muita preocupação com todos os perigos que podiam rondar os filhos. Mas não era superprotetor nem rígido. O modo como elaborou sua angústia junto a nós, a meu ver, foi através de seu esforço permanente (no qual minha mãe, por motivos diferentes, era parceira) em nos propiciar uma vida saudável. "Vão brincar lá fora" era uma ordem frequente nos dias de tempo firme. Ficar "enfurnados em casa" não era benéfico. Passeios de carro aos domingos e nas férias de verão na praia eram obrigatórios. Tanto ele como minha mãe, aliás, tiveram uma infância e adolescência voltadas para atividades esportivas — o valor do "ar livre" para a saúde das crianças era uma descoberta recente em meados do século xx.

Meus avós se empenharam como puderam para que meu pai não fosse totalmente contaminado pela tristeza deles. Sergio foi escoteiro, fez aulas de natação (era bom nisso) e de harmônica,[8] e era autorizado a brincar muitas vezes na casa de seus inumeráveis primos. Nesse aspecto, e com a ajuda da grande família Penna, a infância de meu pai foi cheia de alegrias e oportunidades de se divertir, para quebrar a melancolia da situação indesejada de filho único de pais enlutados.

Uma das irmãs de minha avó, Ernestina (tia China), mãe de seis filhos e muito divertida e irreverente, criou em sua casa uma espécie de clube, para reunir a penca de sobrinhos; chamava-se Clube dos Pajés. Meu pai falava com entusiasmo desse clube, cuja sede era o quintal da casa de tia China, que, assim como o quintal do casarão de tia Ondina, devia ser bastante espaçoso. As atividades que ela inventava para a garotada, pelo que me recordo das histórias que meu pai contava (ele falava bem menos de sua infância do que minha mãe — por razões óbvias), variavam de treinos esportivos a jogos de esconder, de adivinhar, de caça ao tesouro. O clube

Victor Luis em retrato feito na escola em 1932

Sergio nos Alpes suíços (1937)

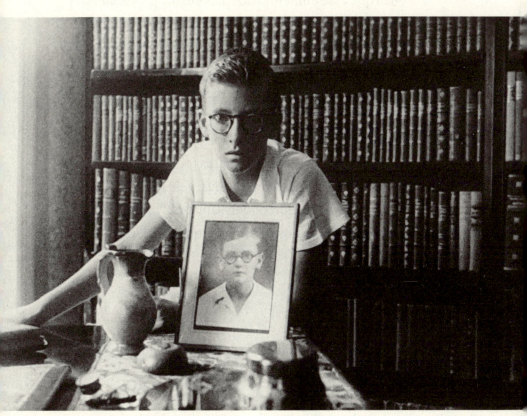
Sergio na casa em Águas Férreas junto a um retrato de Victor Luis (1938)

inventado por tia China deve ter contribuído muito para que meu pai não se tornasse um homem triste e taciturno como o pai dele.

Penso que esse empenho dos pais em lhe propiciar atividades interessantes, além do alegre convívio com um monte de primos, modulou a angústia de meu pai após a perda do irmão e lhe forneceu vários recursos para enfrentá-la. Mas na convivência conosco havia ocasiões, no meio do blá-blá-blá alvoroçado de nossas refeições, em que ele parecia "sair do ar" e ficava com o olhar perdido sabe lá onde. A mistura de empenho, bom humor e angústia marca todas as recordações que tenho de meu pai. Ou quase todas: vale mencionar que, quando ele queria nos repreender, sabia ser "bravo" — palavra que usávamos para nos referir a ele quando dava broncas.

ALGUMAS IRMÃS PENNA

A personalidade de tia China, a "cacique" do Clube dos Pajés, vale que eu abra um espaço para ela. Lacerdista roxa — talvez não fosse a única da família —, era a mais desembaraçada das Penna e, quando queria alguma coisa, conseguia. Na passagem da rainha Elizabeth pelo Rio de Janeiro, na década de 1960, Ernestina cismou que iria conhecê-la de perto. Candidatou-se a uma vaga para cuidar do banheiro do Copacabana Palace, onde haveria uma recepção para o casal real britânico. Em algum momento a rainha teria que usar o banheiro. Dito e feito: Elizabeth entrou e tia China a cumprimentou — e foi cumprimentada pela rainha da Inglaterra!

Outra irmã de Eunice, tia Julinha, teve o filho Marcos preso pela ditadura e ele ficou desaparecido durante algum tempo. Assim como outras mães e pais de presos políticos, tia Julinha empenhou-se em encontrar o filho, que felizmente não acabou como uma das vítimas da ditadura militar, e em 2021 comemorou oitenta anos. Marcos não fazia cerimônia e chamava, para quem quisesse ouvir, o general Augusto Rademaker (que deve ter sido o responsável por sua prisão) de "Rademerda", puxando muitos *rr* com força.

Todas as filhas de Belisário Penna eram desinibidas. Uma vez, já na década de 1960, tia Celina (a segunda filha do primeiro casamento) foi a um velório e voltou de madrugada para casa. Sozinha no ponto de ônibus, sofreu uma tentativa de assalto. Estava toda de preto, ainda com o véu no rosto, e teve o expediente de dizer, aparentando calma: "Engraçado, desde que morri é a primeira vez que me assaltam...". O assaltante fugiu. Este era o naipe das Penna: despachadas, bravas e um tantinho desbocadas.

Eunice costumava falar com sinceridade tudo o que queria, mas não saía da linha — nem no casamento nem na vida social. Tenho a impressão de que, mesmo partilhando esses traços de extroversão e espontaneidade com as irmãs, minha avó aburguesou-se mais do que elas no casamento com meu avô.

No período compreendido por estes diários, o casal Kehl parece ter vivido uma situação financeira mais confortável que a de seus parentes próximos. O leitor há de ter encontrado algumas declarações a respeito de tia Helena, uma das irmãs mais novas de minha avó. Eu sabia que essa tia era uma boleira extraordinária — em viagens ao Rio, devo ter comido bolos feitos por ela —, só não sabia que trabalhava para ajudar o marido. Esse fato enchia Eunice de compaixão. Trabalhar, para ela, não era um problema; mas sentia pena de que a irmã trabalhasse por necessidade, para complementar o orçamento da família. Naquela época, era uma vergonha um homem não ser o esteio da casa.

Um dos dois irmãos Penna, João — o outro era Vavá (Oswaldo) —, se casou com uma das quatro irmãs de meu avô Renato. Imagino que tia Cecilia teve sorte: o convívio com os Penna com certeza era mais leve do que o humor melancólico dos Kehl e seu rigor germânico, que, indiretamente, pode ter provocado a trágica morte do irmão de meu avô.

Ainda tenho comigo um broche de latão que roubei de meu avô, estampado com a foto de um rapaz lindo, de traços delicados. Esse belo homem é Vladimir, um dos filhos do velho Joachim Kehl, que se suicidou muito jovem. Em 1938, a anotação de Eunice sobre a morte de Vavi, como o chamavam, é por demais discreta, mas, desde que vi a foto dele no broche, entendi que talvez esse tio-avô fosse homossexual, o que explicaria o comentário velado de minha avó ao lamentar seu fim. Se minha impressão estiver certa, imagine a angústia que sentiu esse filho da severa família Kehl, ao se perceber inclinado ao "amor que não ousa dizer seu nome".[9]

Na passagem de um ano da morte do cunhado, ela comenta: "Só agora compreendo e sinto a angústia que ele sofreu para chegar ao gesto que o libertou do horror de sofrer tanto". Com essa demonstração de empatia, Eunice revela sua mentalidade mais livre, à altura de uma filha de Belisário Penna.

SONHOS E RESIGNAÇÃO

Como os diários praticamente se inauguram com a perda de Victor Luis, não temos como saber se o ideal de Eunice de levar uma vida *produtiva* e fazer coisas *úteis* (transmitido mais tarde a esta neta), que se expressava em várias modalidades — costurar, assar bolos, faxinar a casa, administrar uma academia de ginástica, dar aulas de alemão e até, na falta de coisa melhor, encerar as capas das centenas de livros que partilhava com meu avô —, já existia antes da tragédia familiar. De todo modo, é provável que tenha se tornado mais evidente com a necessidade de suportar (superar seria impossível) a morte do filho. O fato é que muitas entradas de seus diários começam com um lamento pela sensação de vazio, de inutilidade, para depois, numa anotação no fim do dia, a vermos desfiar uma série de atividades que a faziam se sentir *útil*. Ela não gostava de "dias perdidos".

Se o trabalho funcionava como uma espécie de antidepressivo, a escrita do diário a consolava por ter renunciado ao sonho de ser escritora. A escrita é uma atividade que se pode exercer no ambiente doméstico.[10] Não se pode considerar que para uma mulher, salvo raras exceções, escrever suas confidências seja uma atividade profissional.[11] Se fosse, talvez Eunice não tivesse levado adiante a escrita de seus diários, que se prolongou até 1970. O leitor há de ter notado que ela abre mão de seu projeto de tornar-se escritora já na linha seguinte daquela em que confessa esse desejo. A escrita secreta dos diários, Eunice afirma, será o único destino — e consolo — de seu desejo interditado. Ela conhece bem a vaidade de Renato. "O homem raramente se conforma com o sucesso literário da esposa, por mais que a ame. É um sentimento tão natural, tão humano e tão... masculino [...]" (p. 19). Alega que não quer estragar seu casamento competindo profissionalmente com o marido, que àquela altura já era um autor razoavelmente reconhecido. Nesse aspecto, minha avó irreverente se mostrava bem convencional: sim, ela era *"une femme comme il faut"*.[12]

Consigo perdoar seu recuo conservador — mas só até esse ponto.

Nas páginas iniciais, quando ela registra o ano de 1935 e tinha 34 anos, constatamos que a autora foge também de outras tentações, talvez mais difíceis, de viés romântico. Ela anota: "fui ao dr. Brito Cunha. Tivemos uma longa prosa. Ele mostra e diz ter por mim grande admiração e demonstra-o em termos por demais calorosos. Sincero? Pirata?" (p. 36). Se ficou contente com o interesse de outro homem, nem às paredes confessou. Não que ela imaginasse que seus diários seriam publicados um dia — talvez, se estivesse viva, até ficasse chateada comigo por sugerir publicá-los. Ou não? Pois, apesar da renúncia a competir com o marido, Eunice não deixa de acrescentar que "continua no meu subconsciente a ideia fixa de que um dia, ainda remoto, serei uma grande escritora" (p. 20). Sua ambivalência em relação a esse desejo a faz oscilar. Depois de reafirmar essa "ideia fixa", ela a desautoriza, pois uma mulher "quando muito pode atingir um outro coração de mulher e nada mais. Meu desejo seria abranger horizontes mais largos. [...] O banal me enerva" (p. 20). E se pergunta, numa tentativa de consolação, se acalentar esse desejo e expressá-lo em seu diário não seria uma maneira de "vivê-lo a meio" (p. 21). Passadas oito décadas, esta neta vem reabilitar estes diários como uma forma de realizar um pouco do desejo a que sua avó renunciou.

A relação mais *passional* de Eunice — no sentido que inclui, no laço afetivo, certa dose de *páthos* — não foi com o marido, e sim com Lotte, sua sócia na academia de ginástica (que já apareceu aqui), mesmo não havendo nada de expressamente sensual em seu apego à amiga.

SONHOS E MÁQUINA DE COSTURA

Mesmo com a perda de Victor Luis, Eunice conseguiu compatibilizar seus momentos "spleenéticos" (a expressão é dela) com a invenção de uma vida relativamente agradável. Tenta criar uma vida mais interessante que a de uma dona de casa de classe média, indo além dos afazeres domésticos. Como já vimos, deixa escapar alguma fantasia romântica aqui e ali. Sente "necessidade absoluta de conversar com gente inteligente" (p. 182). Não que o marido fosse medíocre, mas talvez não acompanhasse os temas de interesse dela ou não desse importância a tudo o que ocupava seu pensamento. Ela não se excluía, como as esposas convencionais, quando meu avô conversava com algum amigo ou colega de profissão. Renato, entretanto, estaria feliz se sua mulherzinha se contentasse com a vida do lar.

Ela sempre costurou. Muito antes de eles irem morar conosco na rua Mourato Coelho em São Paulo, quando ainda vivia no Rio, Eunice já costurava. O leitor e a leitora destes diários hão de ter constatado a quantidade de peças que ela costurava toda semana. Além de consertar, apertar ou alargar roupas de meu avô e dos filhos, Eunice criava seus próprios vestidos e às vezes também fazia algum com que presenteava uma amiga ou uma irmã. Em dias de tédio, fazia um vestido numa tarde. Por isso não entendi quando Eunice se refere ao "sacrifício [...] de coser" (p. 43). Ela costurava porque gostava, porque era boa naquilo e porque precisava se ocupar. A não ser no horário da sua sagrada sonequinha depois do almoço (que, segundo ela, retarda o envelhecimento), nunca a vi sem fazer nada.

Numa das viagens do casal a São Paulo (quase sempre de trem), Eunice comenta que fizeram muitas visitas. Após uma semana de "distrações", de volta à sua casa, amanheceu chorando. De novo sua vida normal — e sua tristeza. Precisa de uma atividade mental para se consolar.

Uma vez em que foi "às compras na cidade",[13] meu avô reclamou e ela se chateou com ele. Queria ver em Renato "um amigo de verdade" (p. 126); em seguida escreveu que esse amigo seria o Victor Luis — uma ilusão possível de cultivar apenas por quem perdeu um filho adolescente.

Em outra passagem, Eunice recrimina sua capacidade de superar a dor: "De que fibra sou eu feita, para já estar tão conformada com a vida, depois da desgraça que me atingiu? [...] sofro de não saber sofrer" (p. 162). No entanto, ela sabe, sim.

Sabe sofrer sem desmoronar. Mas esses são os dias em que ela se culpa sem descanso. Penso que, para ela, talvez fosse necessário assumir toda a culpa pela morte do filho para não ter que enfrentar um conflito inevitável caso admitisse a si própria o trágico erro médico do marido, que não viu gravidade no estágio inicial da doença de Victor Luis. Tal atitude não seria de estranhar numa pessoa como ela, muito exigente consigo mesma.

"SPLEEN NÃO MATA, MAS DÁ VONTADE DE MORRER"

Talvez ela não tenha se dado conta de que o que restou de sua luta contra a tristeza se manifestava como tédio, a versão nacional do *spleen*. Em 22 de julho de 1939, em caderno não transcrito nesta edição, ela escreve: "Dizem que o tédio é próprio das pessoas medíocres e incultas. Não creio. Não sou medíocre nem inculta, no entanto sinto um tédio medonho. Não gosto de mim". A crítica "sofro de não saber sofrer" que Eunice se faz talvez complemente a lógica do desabafo posterior. O tédio, por vezes, é a manifestação de outra dor (paralisante?) que o sujeito não é capaz de reconhecer.

Em março de 1938, Eunice registra que a família Penna Kehl vendeu a casa — por 165 mil-réis. Eunice se revolta com o patriarcalismo... "E eu não tenho dinheiro para montar o curso! *Tudo* é de Renato!" Quando o marido viaja a trabalho — para fazer suas conferências sobre eugenia —, Eunice chama algumas amigas para almoçar, montam um novo projeto de academia de ginástica e alugam um novo espaço! Na volta de Renato, ela se mostra interessada na viagem, pergunta se as conferências foram um sucesso, e continua desejando que o marido seja mais seu amigo também. Quando escreve, em março de 1939, "tenho tudo e não sei o que me falta", não estaria se referindo à falta de cumplicidade entre eles? Mas... talvez não. Nesse caso, ela *sabe* o que lhe falta. De vez em quando diz "algumas verdades" ao marido. Meu avô sabia ser implicante. Em novembro de 1939, Eunice comenta: "Renato me convenceu de tal forma que minha letra é feia que não sei mais assinar meu nome".

Pouco depois da morte de Belisário Penna (teve um ataque cardíaco, sozinho na fazenda), ela escreve em novembro de 1939 que "Renato está com uma cara de mata-mouros. Não sei o que tem. Quase não fala". Teria o genro hipocondríaco somatizado a morte do sogro? Naquele ano a família Penna Kehl passa o Natal em São Paulo, comemorado na casa das três irmãs solteiras de meu avô (apenas uma das quatro se casou). Até na velhice delas, Eunice continua chamando Olga, Dulce e Dea de "as meninas".

EUGENIA E OUTROS RACISMOS

A avó que conheci quando moramos na rua Mourato Coelho não era chorosa, apesar de seus momentos tristonhos, nos quais imagino que se voltava para lembranças da perda do filho, ocorrida quase trinta anos antes. Para mim ela não mencionava as razões dessa tristeza. Não me lembro se alguma vez flagrei minha avó chorando. Acho que não. E, quando estava alegre, como comentei no início, assobiava como uma cotovia.

A despeito de sua inteligência inquieta e das críticas ao marido, ela parecia realizada no casamento. Uma vez me disse que Renato, sendo médico, "sabia como contentar uma mulher". Não entendi direito, era criança, mas meio que captei a ideia — e nunca me esqueci. Nos diários, percebe-se que Eunice era feliz na vida conjugal e que ficava muito sensível quando meu avô, por curtos períodos, se desinteressava um pouco dela, ou viajava a trabalho. Por outro lado, não escondia o quanto Renato era aborrecido, além, claro, de melancólico, exigente e... queixoso. Também se mostrava bastante vaidoso de sua produção escrita: na minha infância, gabava-se dos tantos livros que escrevera e reclamava da falta de reconhecimento de seu valor nos anos 1950-60. Pudera! A guerra acabara em 1945, Hitler fora derrotado e, junto com ele, a eugenia.

Muitos livros de Renato Kehl eram sobre eugenia. Me recordo de dois títulos: *Como escolher uma boa esposa* e *Como escolher um bom marido*. Os títulos sugerem singelos manuais de aconselhamento conjugal — só que não. A eugenia, vulgo "boa raça", era o critério que guiava os conselhos matrimoniais de meu avô. Tenho pena de sua melancolia; mas não tenho como considerar injustas as razões de seu exílio intelectual involuntário. A eugenia, nos anos 1960, havia perdido prestígio. Mas no período em que o casal viveu no Rio, em que se deu a ascensão de Hitler e depois a Segunda Guerra, a ciência da "boa raça" estava em alta. Meu avô publicava livros e tinha reconhecimento. Eunice, fã de *Mein Kampf*, o livro escrito por Hitler, entre 1939 e 1942 comemora em seu diário cada vitória nazista. Imaginem o que significava no Brasil, onde a Abolição ainda não completara cem anos, a "esperança" de que os arianos dominassem o mundo. Pois, para meu espanto e decepção, minha avó alimentava essa esperança.

Na política, as escolhas do casal Penna Kehl já eram conservadoras. A partir de 1932, Eunice e Renato alimentaram simpatias integralistas quando, naquele ano, foi criada a Ação Integralista Brasileira, organização que despontou, mais tarde, como o primeiro partido de massas no Brasil, com "capacidade de inserção nacional, crença corporativa, culto à liderança política e ao domínio do Estado e disposição para fazer ecoar o *discurso* antissemita uma oitava acima do que já era corrente na sociedade brasileira".[14] O partido chegou a reunir entre 100 mil e 200 mil adeptos no país.[15] Em outubro de 1936, Eunice registra que João "nos contou a cerimônia integralista dos 'tambores silenciosos'. O Governo está tratando de os agradar, pois já percebeu que é a única força organizada contra o comunismo" (p. 271). Mais adiante, escreve: "Pela manhã li o livro sobre Plínio Salgado e estou gostando do homem. É realmente inteligente!" (p. 306).

Em 1933, o Brasil teve sua primeira Assembleia Constituinte, que em 1934 elegeu Getúlio Vargas presidente, por voto indireto. Também em 1933, na Alemanha, Hitler foi nomeado chanceler pelo presidente Hindenburg. O Parlamento alemão foi incendiado em fevereiro de 1934, e o resto dessa história já se conhece.

No Brasil, o opositor à esquerda de Getúlio foi, quem diria, Carlos Lacerda, da ANL, Aliança Nacional Libertadora. Em 1935, Lacerda leu o manifesto de Prestes que repudiava o Governo Vargas: "Por um governo nacional, popular e revolucionário! Todo poder à Aliança Nacional Libertadora!".[16] A prisão de Prestes e a deportação de sua companheira judia, Olga Benário, para a Alemanha nazista, onde ela morreria num campo de concentração, são fatos conhecidos por aqui, sobretudo depois da publicação, em 1985,[17] do livro *Olga*, de Fernando Morais.

O RIO NAS DÉCADAS DE 1930 E 1940

A cidade do Rio de Janeiro, então capital do país, também foi personagem de acontecimentos da vida de minha avó. O Congresso brasileiro tinha limitado o mandato do presidente Getúlio Vargas, um gaúcho, a quatro anos.[18] "Vargas sabia que era impossível ignorar o movimento (integralista). Pragmático, ele pretendia usar a máquina fascista de acordo com suas próprias conveniências e fazer do integralismo um aliado tático contra as novas forças que se organizavam na oposição — em especial, a Aliança Nacional Libertadora (ANL) e os comunistas."[19]

Em 1935, com Luís Carlos Prestes de volta do exílio, o Partido Comunista promove a famosa Intentona, tentativa de golpe contra o Governo Vargas, o que levou o presidente a conseguir, junto ao Congresso, a aprovação do estado de sítio. Um mês depois, Vargas criou a Comissão de Repressão ao Comunismo e obteve a aprovação do Congresso para a decretação de um estado de guerra que deveria durar noventa dias mas foi prorrogado até julho de 1937. Prestes foi preso junto com membros da ANL e outros comunistas, entre os quais o então prefeito da cidade alagoana de Palmeira dos Índios, chamado Graciliano Ramos.

Eunice inicia a escrita de seus diários em 1935, um ano após a eleição de Vargas. Mas naquele ano a morte do filho mais velho não lhe deixa espaço para se ocupar da política, que ela aborda apenas por um comentário aqui, outro ali.

O leitor mais jovem há de ter se espantado com as descrições da vida no Rio de Janeiro no período abarcado por estes diários. Meus avós, por exemplo, davam passeios noturnos a pé pelo bairro onde moravam, o Cosme Velho. Mais tarde eles se mudaram para Ipanema, onde continuaram a dar seus passeios. Essa, aliás, era uma forma de lazer muito comum, mas sua frequência foi diminuindo à medida que a cidade se tornou mais perigosa; ao mesmo tempo, as noites passaram a ser preenchidas pela programação da televisão. Além de andar a pé, o casal mantinha o hábito de passear de carro nos fins de semana. Iam à floresta da Tijuca e a praias mais distantes.

Sergio ia com eles nesses passeios de fim de semana. Foi um dos hábitos que meu pai levou para nossa família: também nós seis, nos domingos de bom tempo, passeávamos de carro. O curioso é que, na minha lembrança, raramente descíamos do automóvel para percorrer uma trilha ou apreciar a vista do alto de algum lugar, um mirante, por exemplo. O passeio era dentro do carro; a farra era pegar uma estrada.

No período em que os diários aqui publicados foram escritos — 1935 e 1936 —, a televisão ainda não chegara ao Brasil. O lazer das famílias era mais diversificado e em geral desfrutado fora de casa. Além dos passeios, que hoje chamamos de caminhadas e cujo objetivo maior é o cuidado com a saúde física — bem diferente, portanto, da antiga *flânerie* pelas ruas tranquilas do Rio —, ia-se muito ao cinema. Vivia-se o apogeu do entusiasmo pela novidade que representavam os filmes, chamados, na época, de "fitas". Ir à cidade, isto é, ao centro, também era considerado um passeio. "Jantar no [Hotel] Glória, passeio de automóvel por Copacabana", Eunice escreve em 11 de novembro de 1938. "Calor infame. Chá na Colombo." Mas nada de ir à cidade nos dias de Carnaval: "Muita negrada nas ruas!", ela explica, sem constrangimento.

Três ou quatro vezes por semana, à tarde ou à noite, o casal ia ao cinema. Depois, minha avó anotava nos diários o nome de cada filme, acrescido de um comentário, elogioso ou crítico. Às vezes ela e Renato faziam o programa na companhia de algum casal da numerosa parentela de Eunice. Outras vezes levavam meu pai a uma sessão infantil. Com certa frequência, ela menciona sentir pena de Sergio, por seu destino de filho único de um casal enlutado. E não só do filho. Eunice também costuma manifestar sua compaixão pelas pessoas. Quando morre d. Joaninha, uma senhora que ela costumava visitar, escreve, em 1938: "Qual o velho que vou adotar agora?".

A moça do interior de Minas Gerais e o jovem do interior paulista se conheceram no Rio de Janeiro, onde Renato Kehl estudava medicina. Em 1935, a elite e as classes médias da capital do Brasil estavam empenhadas em adquirir hábitos cosmopolitas. A Revolução de 1930 pertencia a um passado ainda recente. Um ano depois dela, o Rio pareceu desafiar a rival São Paulo ao erguer, no alto do morro do Corcovado, a enorme estátua do Cristo Redentor. Enquanto São Paulo penava com a crise do café, a classe média carioca, formada majoritariamente por servidores públicos, vivia razoavelmente bem. Copacabana, hoje habitado sobretudo pela classe média baixa, era o bairro da moda e Botafogo era considerado o melhor ponto comercial. Do outro lado, as favelas se multiplicavam.

Para muitos cariocas, a proliferação de automóveis e de linhas de ônibus — que aumentavam exponencialmente o barulho da cidade — estava tornando o Rio inabitável. Renato e Eunice viviam numa casa de bom padrão, mas no período englobado por estes diários a cidade se verticalizava e o número de estabelecimentos comerciais crescia. A partir de 1938, indústrias se expandiram nos subúrbios e Noel Rosa compunha "Três apitos": "Quando o apito da fábrica de tecidos/ Vem ferir os meus ouvidos/ Eu me lembro de você…". Na estrofe seguinte, uma nota irônica sobre o então mais recente símbolo da prosperidade carioca: "Você que atende ao apito/ De uma chaminé de barro/ Por que não atende ao grito tão aflito/ Da buzina do meu carro".

Cinco anos antes de Eunice começar a escrever seus diários, a cidade já contava mais de um milhão de habitantes. E muito antes disso, desde 1903, as reformas empreendidas pelo prefeito Pereira Passos (batizadas pelos cariocas de Bota-Abaixo) expulsaram do centro histórico a população miúda, que passou a se abrigar nos morros. Eunice não menciona as favelas em suas anotações. O seu Rio de Janeiro é o que lhe propicia visitas agradáveis ao centro da cidade, cinema em família ou chá com as amigas. O Hotel Copacabana Palace, outro ponto chique carioca, construído na beira da praia, tinha sido inaugurado na década anterior, em 1923.

A segregação "espontânea" da população mais pobre renovou a aparência do Rio. Para a classe média do entreguerras, era uma cidade aprazível. A pobreza estava longe dos olhos.

No plano dos costumes, a família brasileira também evoluía. O desquite, por exemplo, foi introduzido no Código Civil; e a legalização da anulação de casamentos é igualmente dessa época. A família nuclear já havia substituído o modelo das aglomerações de parentes num mesmo lar.[20] Formações familiares extensas, com um número grande de pessoas, em que três ou até quatro gerações conviviam numa casa — além de criados e dos eventuais *agregados*, descendentes de escravizados, primos pobres acolhidos para ajudar no serviço doméstico —, foram paulatinamente substituídas por formações menores, como no caso de meus avós e de seus dois filhos.

Com a verticalização da cidade a partir de 1940, casarões antigos como o de tia Ondina, que abrigava sua filharada e o irmão agregado, começam a dar lugar a edifícios de vários andares.

EPÍLOGO

Eunice passou os anos 1930 e parte dos 1940 nesse cenário carioca. Em 1945 foi para São Paulo e, em 1959, ela e Renato vieram morar conosco. Desse tempo, trago duas lembranças marcantes, dentre as muitas que guardo dela: além de assobiar e trinar enquanto cozinhava ou costurava, ela se comovia com o pôr do sol. Nos fins de tarde, no terracinho onde ficava o tanque de lavar roupas, olhando o horizonte, ela dizia: "O céu está tão bonito... essa hora me dá uma vontade de chorar!".

Penso que a vontade de chorar se chamava Victor Luis. Terá, mais tarde, passado a se chamar Renato? Meu avô morreu de um infarto fulminante em 1974, pouco mais de cinco anos antes dela. A partir daí Eunice foi ficando cada vez mais esquecida — alguns anos depois desenvolveu mal de Alzheimer. Uma vez me perguntou: "Como se chamava aquele homem que morava aqui comigo? Chato, coitado...!".

Sim, meu avô era muito obsessivo e foi se tornando mais e mais chato e cheio de manias com a idade. Quando ele resolvia

implicar com alguém, minha avó lançava mão de seu bordão —
"Renato, *please!*". Nunca os vi brigar.

Na parede de sua casa na rua Mourato Coelho me lembro
de dois quadrinhos iguais, talvez de porcelana. Num deles estava escrito, com letra rebuscada: *"L'amour fait passer le temps"*,
o amor faz passar o tempo, e, no outro, *"Le temps fait passer
l'amour"*, o tempo faz passar o amor. Havia também um azu-
lejo decorado com flores azuis, onde se lia: *"Ein fröhlich Herz
heilt allen Schmerz"*. Um coração alegre cura todas as dores.

NOTAS

___

DIÁRIOS (P. 9-329)

1 Nesta edição, atualizou-se a ortografia e mantiveram-se a pontuação e a sintaxe do manuscrito. Pequenas dúvidas de leitura estão entre colchetes. Palavras estrangeiras foram italicizadas, assim como títulos de filmes e livros. Formas abreviadas foram desenvolvidas, inclusive de nomes próprios. Eventuais equívocos de concordância nominal foram corrigidos.

___

POSFÁCIO (P. 331-387)

1 Maria Ângela D'Incao, "Mulher e família burguesa", in: Mary del Priore (org.), *História das mulheres no Brasil*. São Paulo: Unesp; Contexto, 1977.

2 Verso de Manuel Bandeira no poema "Não sei dançar".

3 De um verso da letra composta por Cazuza para a canção "Todo o amor que houver nessa vida", de autoria de Roberto Frejat.

4 Era o modo como as famílias do começo do século passado se referiam ao fruto insignificante do trabalho que a mãe de família empreendia fora de casa: "um dinheirinho para os alfinetes".

5 Derivação de "cria da casa". Assim eram conhecidas, desde meninas, as filhas das escravizadas que depois da abolição continuaram a servir seus patrões.

6 Designação que vem de longe: lembre-se que um dos conjuntos de poemas de Baudelaire se chama *O spleen de Paris*.

7 O pai que conheci era cheio de vida, muito empenhado não apenas em nossa educação, como também em nos proporcionar *experiências*. Demonstrava amor de diversas maneiras, mas não posso dizer que fosse exatamente carinhoso. Minha mãe, sim.

8 A harmônica o acompanhou durante o casamento com minha mãe. Quando, em casa, pegava o instrumento para tocar, ficávamos muito contentes. Uma de suas músicas prediletas era "Saudades de Matão", de Jorge Galati, com letra de Raul Torres. Começava assim: "Neste mundo choro a dor/ Por uma paixão sem fim/ Ninguém conhece a razão/ Por que eu choro no mundo assim...". Agora me dou conta de que a letra parece se referir ao empenho de Sergio em alegrar seus pais.

9 Definição do escritor irlandês Oscar Wilde.

10 Vale lembrar o ensaio *Um quarto só seu*, escrito por Virginia Woolf em 1929.

11 Vide o exemplo de *Minha vida de menina*, título dos extraordinários diários da brasileira Alice Dayrell Caldeira Brant, escritos entre 1893 e 1895, em sua adolescência, na cidade mineira de Diamantina, que só foram publicados em 1942, sob o pseudônimo de Helena Morley.

12 A expressão é de Balzac.

13 "A cidade" era o modo como, na época, as pessoas se referiam ao centro comercial. Em São Paulo, às vezes minha mãe me chamava para ir com ela à cidade. Íamos de bonde ao Mappin, para depois encontrarmos meu pai no escritório e voltarmos de carro com ele.

14 Ver Heloisa M. Starling e Lilia M. Schwarcz, *Brasil: uma biografia*. São Paulo: Companhia das Letras, 2015, p. 367.

15 Ibidem, p. 368.

16 Ibidem, p. 370.

17 Primeira publicação, pela Editora Ômega.

18 Heloisa M. Starling e Lilia M. Schwarcz, *Brasil: uma biografia*, op. cit., p. 366.

19 Ibidem, p. 368.

20 Ver Elza Berquó, "Arranjos familiares no Brasil: uma visão demográfica", in: Fernando A. Novais (dir.), *História da vida privada no Brasil*, v. 4 — *Contrastes da intimidade contemporânea* (org. Lilia Moritz Schwarcz). São Paulo: Companhia das Letras, 1998, p. 412-38, citação nas p. 414 e 415.

Este livro foi composto em Freight text em outubro de 2022.